高校教育管理信息化建设的措施探索

韩鸣飞　陈艾嘉　韩晓洁◎著

吉林文史出版社

图书在版编目（CIP）数据

高校教育管理信息化建设的措施探索／韩鸣飞，陈
艾嘉，韩晓洁著 . -- 长春：吉林文史出版社，2024.8.
ISBN 978-7-5752-0610-5

Ⅰ . G647.3

中国国家版本馆 CIP 数据核字第 20245VN428 号

GAOXIAO JIAOYU GUANLI XINXIHUA JIANSHE DE CUOSHI TANSUO

书　　名	高校教育管理信息化建设的措施探索	
作　　者	韩鸣飞　陈艾嘉　韩晓洁	
责任编辑	孙佳琪	
出版发行	吉林文史出版社	
地　　址	长春市福祉大路 5788 号	
网　　址	www.jlws.com.cn	
印　　刷	北京四海锦诚印刷技术有限公司	
开　　本	710mm×1000mm　1/16	
印　　张	20.75	
字　　数	357 千字	
版　　次	2025 年 3 月第 1 版	
印　　次	2025 年 3 月第 1 次印刷	
定　　价	58.00 元	
书　　号	ISBN 978-7-5752-0610-5	

前　言

在当今时代，信息化技术得到了日新月异的发展，并且越来越多地融入各行各业的工作中，高等教育也概莫能外。为了形成新型教育体系、转变教学理念、培养更加优质的人才，高校开始引入信息化技术进行校园管理工作，旨在优化高校教学质量，全面提升高校科研水平，提升对学生的服务质量，辅助高校运营管理，培养更多的优秀人才，提升高校的办学能力以及核心竞争力，实现高校管理的现代化转变。

应用信息化技术手段对高等院校进行管理工作的建设和开展，能够促进学校本身的教育管理效果，提升学生的接受程度，促进学校、教师、学生三者之间的共同发展与成长。

本书属于数字技术下高校教育管理信息化改革方面的著作，首先对高校教育管理的信息化建设进行了论述，内容上先从高等教育改革及其信息化发展的背景进行解读，对高校教育管理的相关内容和高校信息化管理的基础理论进行概述，然后结合信息化的背景，对高校教学管理、高校学生事务管理、高校创业教育管理等的建设实践进行分项解读，并针对大数据环境下高校教育信息化平台建设做了重点论述，最后本书探索了高校数字化智能校园的信息安全建设，分析了互联网信息时代高校教育管理模式的创新发展。全书主要研究大数据环境下高校教育管理信息化改革，探索大数据环境下促进高校教育管理工作质量不断提升的可靠途径。本书观点新颖、结构合理、内容丰富，基于信息时代高校教育管理发展背景，充分借助互联网技术对高校教育管理进行分析，以期提高高校教育的精准度，丰富高校教育管理资源。

本书在撰写过程中，借鉴了许多专家和学者的研究成果，在此表示衷心的感谢。本书研究的课题涉及的内容十分宽泛，尽管作者在写作过程中力求完美，但仍难免存在疏漏，恳请各位专家批评指正。

作　者

2024 年 2 月

目　录

第一章　高等教育改革及其信息化发展

进入 21 世纪后，"信息""信息时代""信息化"等词汇充斥于整个社会，可见信息对社会的影响之深、之大。面对世界范围内扑面而来的信息化浪潮，教育系统正面临着严峻的挑战。现代信息技术进入教育领域，引起了教育系统尤其是高等教育系统的一系列巨大变化。本章主要对高等教育改革及其信息化发展的基本情况进行研究。

第一节　教育信息化的内涵及其实现方法

一、教育信息化的内涵

（一）教育信息化的概念

"教育信息化"概念并不算新鲜，早在 20 世纪 90 年代就流行于我国教育界。目前我国学界也没有统一界定"教育信息化"的概念。随着研究的深入，研究者们从技术的角度理解教育信息化的概念，逐渐转向了个体、观念、组织管理和制度方面，继而发展到系统的组织和机构层面。

教育信息化是针对教育教学过程中对信息的获取、传递、加工、再生和利用而言的，其以信息网络为基础，信息资源是核心，而信息资源和信息技术的广泛应用是目的。当然，信息化作为一个社会过程，必然也要受制于人们的观念、理想、意志、技能以及团体利益、社会组织机构等。因此，教育信息化应有与之相应的保障体系和保障机制。

（二）教育信息化的特点

作为教育现代化过程，教育信息化有以下几方面的特点。

1. 教育信息处理数字化

在现代信息技术的支持下，信息处理只用 1 和 0 两个代码，处理的信息保真度高、存储量大、处理速度快，处理系统设备简单、性能可靠，而且标准统一。

2. 教育信息传输立体化

在信息技术的软硬件支持下，教育活动时空不受或较少受到限制，通过网络，立体化的教育信息传输使得全世界的教育资源连成一个信息海洋，网络用户都能使用到这些信息，实现了教育信息资源的共享。

3. 教育信息系统智能化

在多媒体计算机技术中，融入了现代人工智能技术，创立了智能化的教育信息系统，使得教学行为更加人性化，人与设备仪器之间的通信更加自然化，各种繁杂的教学任务实现代理化。

4. 教育信息呈现多媒体化

在多媒体技术的支持下，单一表征信息的媒体可以被整合起来，不但有文字、图片、声音，还有动画、录像、模拟等景象，使得教学内容更加生动化、形象化，更加吸引学生，更能调动学生的学习积极性。

5. 学生地位主体化

现代社会，学生主体观念深入人心，教育信息系统的智能化、信息多媒体化和信息可扩充化等，使学生不再被动地学习，而通过类似超文本/超媒体的电子教材和其他手段、工具就可以积极主动地建构知识，还可以与同伴或教师开展协商学习。

此外，教育信息化还呈现出教育资源全球化、教学个性化、管理自动化、教学环境虚拟化等特点。

二、教育信息化的实现方法

(一) 信息素质的获取

由于信息素质不是与生俱来的，是经过培训和教育获取的，所以信息素质教育是信息消费者获取信息素质的主要途径。信息素质教育解决了信息消费者获取信息消费理论与方法的问题，但理论与方法最终要用到实践中，在实践中得到检验。

1. 学生信息素质的获取

一般来说，可以通过以下途径来培养、提高学生的信息素质。

（1）一般教学过程信息素质培养

第一，重视信息意识和信息观念的培养。这是培养学生信息素质的关键。要解决这一问题，应从两方面着手：一是要增强教师的信息意识和信息观念，并以此影响学生的学习，让学生逐步摆脱对于教师面授辅导的依赖；二是要提高学生的信息意识和信息观念，只有解决了学生的信息意识和信息观念问题，才能从根本上解决目前教学过程中学生对教师的依赖性，转而依靠多种媒体教材、网上教学资源开展自主学习。

第二，加强对学生信息技术的培养。随着信息技术的发展，世界上几乎所有的国家都开设了信息技术方面的课程。专门开设信息技术课程是培养学生信息素质的主要途径。

第三，创造良好的条件和环境。要着力创造条件以培养学生获取信息、利用信息、创新信息的能力。此外，还须加大资金的投入，提供信息化教育所需的、起码的物质基础。

（2）文献检索教学

文献信息检索课程的培养目标是提高高校学生获取信息以及应用信息技术的能力，课程内容注重信息技术的运用，尤其是利用计算机网络获取文献信息资源的途径和方法，课程的方向是网络教学。以素质教育为目标的文献信息检索课程将成为素质教育的重要手段。

首先，单独作为一门课程。文献信息检索课程将与信息素质教育有关内容以课程形式，由教师讲授并指导实践。教师应在教学活动中要求学生掌握相应的应用技术和技能，以便能解决实际问题。

其次，在专业课中加入信息素质的内容。将学科内容与信息技术结合起来，通过学习掌握本学科领域的信息源、信息评估标准等。教师还可以结合实际，以学科信息的获取、处理加工、交流传递和利用为出发点来培养学生的信息意识。

最后，作为图书馆读者培训的一部分，通过图书馆员讲座、培训、一对一辅导等形式开展。这种方法的优点是图书馆员有较高的主动性，可以按照自己的经验设计程序，可以得到第一手学生信息能力的数据。

（3）实践中自学

除了可以从一般教学过程和文献检索教学中获取信息素质之外，高校学生还可以通过实践中自学的方式获取信息素质。因为在一般教学过程和文献检索教学中获取了一定信息素质之后，如果没有从事过信息检索的实践活动，那么，获取的信息素质仅仅是理论上的知识，没有实践经验的积累，学生依然很难检索到实际需要的信息和知识。

2. 教师信息素质的获取

教师应具备的信息素质包括强烈的信息意识，对信息有较强的敏感度，能够有效地吸收、存储、快速提取和发送信息，能准确、高效地解读信息和批判性地评价信息，能对相关信息进行有效整合，有较强的信息道德意识和信息安全意识、外语知识。

教育信息化的关键是教师信息素质的提高。而加强教师信息技术培训则是提高学校教师信息素养的必由之路。政府不仅重视设备、资源的信息化，更重视教育思想、教学方法和教学理念的更新，把教师信息技术的培训作为教育现代化的一个重点工作来抓，使广大教师能够真正在现代教育观念下使用现代教育手段和教育资源来进行教学，革新教学模式，从而成为教育改革的切入点。

（二）建设校园网

1. 校园"信息化"为提高学生信息素质提供良好的环境

校园信息化是指以校园网为背景的融教学、管理、娱乐为一体的新型信息化的工作、学习和生活环境。在校园中，无论教师还是学生，使用网络更加便利，时时处处感受到信息社会带给他们的学习、生活上的方便。校园信息化的突出特点体现在三方面：网络化、智能化以及个性化。随着信息技术的迅速发展与广泛应用，校园网作为数字空间中学校与外界沟通的窗口，已逐步成为学校在虚拟电子世界中的地位和形象的重要代表。通过校园网，不仅能够及时地向社会展示学校的教学、科研和社会服务等方面的最新成果，有利于外界对学校的了解，还可以促进教育信息化的实现。

2. 建设校园网是校园"信息化"的基础

所谓校园网就是利用先进的技术构建安全、可靠、便捷的信息传输线路，规划综合管理系统的网络应用环境；利用全面的校园网络管理软件、网络教学软件为学校提供教学、管理、决策三个不同层次所需求的数据、信息和知识，覆盖全校管理机构和教学机构的基于 Internet/Intranet 技术的大型网络系统。建立适应多媒体教学所需要的宽带多媒体校园网。信息化校园可实现学校的现代化管理，通过校园教育信息管理系统，实现信息资源的高度共享，实现校园管理现代化，实现全校的教学、财务、设备及学生的统一管理。

(三) 多媒体课件教学

多媒体课件就是利用计算机将教学所需要的文本、图像、动画、声音、视频等多媒体信息按照一定的教学策略、教学方式组合而成的教学程序，它是一项复杂的系统工程。运用计算机作为信息储存设备和课件制作平台，利用网络系统及计算机辅助设备（如扫描仪、数码照相机等）收集大量信息，有助于教师有意识地精选课堂内容，突出重点，节省学时。一个好的多媒体课件，能使学生的联想思维活跃起来，在开阔思路、活跃思维、锻炼分析能力和判断能力，以及提高教学效益、学习质量、智能发展、教与学的关系等方面都具有突出的优势。课件的设计包含很多方面，如课件的提出、课件的制作分析、课件流程的设计、课件的编码（具体制作）、课件的测试、课件的修改维护等。

第二节 教育信息化与教育改革

一、信息技术环境下的教育信息化

信息化是将信息构成某一系统、某一领域的基本要素，并对该系统、该领域中信息的生成、分析、处理、传递和利用所进行的有意义活动的总称。对信息的生成、分析、处理、传递和利用被称为信息技术。所谓教育信息化，则是将信息作为教育系统的一种基本的构成要素，并在教育的各个领域广泛地应用信息技术，促进教育现代化的过程。

关于教育信息化的概念，当今学术界还没有一个统一的观点。由于学者们的研究角度不同，其对于教育信息化的定义也是各不相同，可谓见仁见智，众说纷纭。

二、信息技术对传统教育的革新

现代信息技术运用于教育领域，对"读、写、算"这一传统教育的"三大基石"产生了巨大冲击，推动了传统教育教学从内容到形式都发生了新的变化，具体表现为以下几方面。

（一）教育形式开放化

在现代信息技术支持下，特别是网络技术的发展和广泛使用，极大扩展了教育资源的使用范围和利用率，而且可以打破教育资源的时空限制，打破传统单一的面对面的教学形式，使远程教育成为现代教育的一个重要组成部分。

（二）教育资源共享化

现代教学中，教学内容和资源不仅以多媒体形式存在，而且大量内容和资源经数字化后贮存。数字化资源的共享不再局限于小范围，而是在更广泛的范围内共享，甚至实现全球资源共享。

（三）教育手段多样化

利用现代信息技术，教学活动可采用多种教学方式，如采用多媒体课件教学和自学、投影教学、利用网络进行远程教学等。这些教学形式和手段主要是根据教学内容选择，从文字、图表、动画、声音等多个角度去刺激学生，加深学生对新理论、新知识、新观点的理解、记忆、思考和掌握，最大限度地调动学生的求学、求知兴趣，激发其学习的积极性、主动性和创造性，促进学生综合素质的全面提高。

（四）教育内容多元化

信息技术在教育中的应用，给传统教育内容的结构带来了强力的冲击，这主要表现在以下几方面。

首先，强调知识内在联系、基本理论，与真实世界相关的教育内容变得越来越重要，而大量脱离实际、简单的知识传授和技术培训的内容，则成为一种冗余和障碍。

其次，教育内容的表现形式发生了很大变化，即由原来的文本性、线性结构形式变为多媒化、超链接结构形式。在信息技术的支持下，教学内容以及教学资料可以采用文字、图像、声音、视频、动画等媒体形式存在。

最后，现代教育技术能以最快的速度、最准确的信息、最灵活的方式和最佳的效果更新教学内容，使教学内容始终保持科学性、新颖性、系统性和综合性等特点，以适应培养高素质人才的需要。

（五）教育过程个性化

首先，在现代信息技术支持下的教学中，教师在组织教学时呈现出个性化的特点，教师可以根据教学内容、教学对象、个人的习惯和技能等，选择有个性的教学方法。

其次，现代信息技术为学生的自主学习提供物质条件和技术保障。在教学过程中，学生可以根据自己的学习情况和需求，决定学习的内容及其顺序，决定学习的次数，学生成为学习的主人。学生的学习具有鲜明的自主性和个性。

（六）管理模式丰富化

信息技术的崛起对传统的教育管理模式发起了挑战。如果说传统的教育管理（特别是学校管理）是在校园的四角天空中进行的话，那么信息社会的教育管理就超越了时空的限制，而在信息可以到达的领域任意驰骋。信息的共享性给教育管理带来了无限生机，可以由无到有，由少到多，由单一到多样，由落后到先进。可以说，管理者需要了解什么样的理念、方法、策略、变化趋势等，都可以从网上获得。同时，管理者面对的被管理者也同样具有这种机遇。管理内容的丰富性、价值标准的多元性、传播渠道的多样性、信息的质和量的变动性等，要求教育管理变得更具有专业性、灵敏性和技术性。

此外，由于计算机的使用以及网络的普及，信息不再具有独占性，信息的流动性急剧增强，这使得学校行政管理工作一方面要加强保密工作，另一方面又得考虑如何利用信息技术产品来传播自己想要传播的信息。人们获取信息的途径增多，学校工作的透明度加大、规范性增强，这也必然要求学校行政管理人员改变自己的管理态度与管理方式，从而增强工作程序的规范性与工作方式的民主性。

三、信息技术环境下教育改革的注意事项

教育信息化虽然展示了未来教育的美好前景，但是我们必须清醒地认识到，信息技术的应用不会自然而然地创造教育奇迹，它可以被用于促进教育革新，也可以被用于强化传统教育，因为任何技术的社会作用都取决于它的使用者。我们的观点是，教育技术变了，教学方法也得相应变革，而教学方法的选择是由教师的教育观念所支配的。对我国广大教师来说，面临汹涌而来的教育信息化浪潮，认清教育改革的大方向，从战略高度来理解教育信息化的重要意义，是十分必要的。

现代信息技术给教育革新带来了很多可能。但是我们也应该清醒地看到，教育信息化也给教育带来了严峻的挑战，甚至隐藏着可怕的风险。近年来，我国在教育信息技术方面的投入很大，如何让这些投入真正发挥作用，让信息技术在教学过程中得到有效的使用，为此，应该注意以下几点：

第一，防止将信息技术设备空置不用，尽量让广大教师和学生多使用已有的设备。大家都知道，现代信息技术设备不比古董家具，如果不用它们，原封不动地放在那儿，几年以后就会成为一堆过时的废物。所以，学校要采取鼓励性、开放性的措施，让师生多使用信息技术设备。

第二，避免信息技术的盲目滥用。信息技术的最大教育价值在于使学生获得

学习上的自由，变被动的接受式学习为主动的探索式学习。如果一味地采取传统的灌输式教学，只是将电脑作为"电灌"的工具，不仅很难发挥新技术的特长，还可能造成适得其反的效果。要解决这个问题，很大程度上与教师培训相关。国外一些研究报告指出，合理、有效地使用计算机的最大障碍是教师培训的不足。

第三，注意系统的功能性开发。这需要加大应用软件配置、信息资源开发、人员培训方面的投入强度。

四、信息技术环境下教育的新形态——信息化教育

所谓信息化教育，就是在现代教育思想和理论的指导下，主要运用现代信息技术，开发教育资源，优化教育过程，以培养和提高学生信息素养为重要目标的一种新的教育方式。

（一）信息化教育的特征

信息化教育具有如下特征。

1. 以现代教育观念为指导

现代教育观念是在传统教育观念的基础上发展起来的，随着社会需求所决定的教育价值取向的变化，教育观念也随之改变。现代教育观念强调教与学的辩证统一，既重视教师教的作用，也重视学生学的作用。现代教育观念指导下的教学不再停留在封闭式地传授知识和技能上，而是以素质教育为指向，强调创新精神与实践能力的培养。

2. 以新型教学模式为核心

信息化教育以基于现代教育技术构建的新型教学模式为核心。在信息化教育中，学生、教师、教学信息、学习环境等因素相互作用、相互联系，构成一个开放的、系统化的信息化教学模式。在信息化教育的新型教学模式中，学生是整个教育活动的主体，是认知结构的主动建构者，而不是外部刺激的被动接受者和被灌输对象，教学目标的确定、教学过程的设计、教学资源的选择与组合，都是以学生为中心的。

3. 以现代信息技术为支撑

信息化教育必须以现代信息技术为支撑。通过多媒体技术、计算机技术和网络技术，以学习者最容易接受的方式呈现信息，以最快捷的方式传递信息，以最符合人的思维规律和思维习惯的方式处理信息。

4. 以丰富的教育信息资源为基础

信息化教育中，教学资源是关键，特别是利用超文本、超媒体技术建立起的教学内容结构化、动态化、形象化的教育资源尤为重要。

（二）信息化教育的目的

信息化教育以素质教育为最高目标，因而信息化教育的目的是培养面向 21 世纪、能够参与国际化竞争的人才和具有创新精神及实践能力的劳动者，提高全民族的综合素质，加速弥合"数字鸿沟"。

1. 培养学习者的信息素养

信息化教育的首要目标是提高学习者的信息素养。信息化教育应该培养学习者利用信息系统主动获取信息的能力、对信息进行分析和评价的能力、对信息进行处理和运用的能力，并帮助学习者养成良好的信息伦理道德观念。

2. 培养学习者的创新精神与实践能力

首先，信息化教育是以培养人的创新精神和创新能力为基本价值取向的教育。创新性与主体性密不可分，创新精神是主体性体现的最高层次。信息化教育应充分发挥学生的主体作用，学生主动思考、探索、发现、创造，成为学习的主人。

其次，信息化教育以现代教育技术为支撑，强调信息技术与学科课程教学的有机融合，强调要把信息技术作为促进学生自主学习的认知工具和情感激励工具，利用信息技术所提供的自主探索、多重交互、合作学习、资源共享等学习环境，把学生的主动性、积极性充分调动起来，使学生的创新思维与实践能力在整合过程中得到有效的锻炼。

3. 培养学习者的自主学习能力与协作学习能力

自主学习能力与协作学习能力的培养也是信息化教育的重要目标之一。信息化教育让学生真正成为学习的主体，让学生积极主动地参与教学活动，并进行学习认识和学习实践活动。

在信息化教育中，现代信息技术的应用改变了学生认识事物的过程，改变了传统的教学模式，能产生由学生控制的非线性的发现式学习环境，更利于学生的自主探索学习，培养自主学习能力。

信息化教育中，现代信息技术，尤其是多媒体和网络通信技术的应用，为实现协作式学习、培养学习者的合作精神与协作能力提供了良好的技术基础和支持环境，极大扩充了协作的范围，有效地推动了学习者协作学习能力的培养。

4. 培养学习者终身学习的能力

在信息化教育中，以网络技术、多媒体技术及计算机技术为代表的信息技术为终身学习理想的实现提供了一个全新的教育平台，终身教育正在由理念变为现实。信息化教育秉承终身学习的理念，不仅要求教师在课程教学中注重学生终身学习能力的培养，教会他们学习的方法和技能，同时，要营造一个宽松、和谐、民主的文化氛围，以利于终身学习的进行。

第三节　教育信息化与高等教育发展

改革开放以来，党和国家始终将教育放在优先发展的战略地位，并促使高等教育充分发挥其在人才培养和科技创新方面的急先锋作用。而高等教育要充分发挥自己的这一作用，必须在发展的过程中紧跟时代，以确保培养的人才符合社会发展需要。自20世纪90年代以来，教育信息化在教育改革领域受到了越来越多的关注，并促使教育改革收到了良好成效。面对这一现状，高等教育在发展的过程中也将教育信息化作为了发展主流。截至目前，高等教育信息化发展既取得了不少成就，也存在一定问题，在未来还须进一步对高等教育信息化的发展路径进行深入探讨。

一、高等教育信息化取得的成果

就当前而言，高等教育信息化建设取得的成果主要有以下几个。

（一）高等教育信息化的基础设施建设基本到位

当前，高校信息化基础设施建设获得了长足发展，无论是计算机数量还是网络覆盖情况都有了很大的提高。特别是在社会移动网络迅速普及的情况下，高校的互联网接入覆盖的范围越来越广泛，几乎所有的学校都已经连接了互联网，而且有越来越多的高校在学生活动集中区域布置无线网络。此外，高校校园网内的主干网带宽利用率都在60%左右，而出口带宽利用率则都接近或超过75%，均已经超过网络带宽利用率60%的警戒线，并向80%冲刺。这表明，高校学生越来越依赖互联网，尤其是在线学习的发展，更是以前所未有的态势冲击整个高校网络。这就要求高校校园网络必须畅通，若是存在拥堵现象，势必会影响学习资源的利用。因此，高校在今后进行教育信息化建设时，要始终将网络扩容和升级作为一项重要的工作。

（二）高等教育信息化的安全工作得到了越来越多的关注

高等教育信息化的建设与发展对网络有着很大的依赖性，而网络并不是完全安全的，而是存在一些漏洞，可能被一些人利用，继而造成巨大损失。因此，当前的高校在教育信息化的发展过程中越来越重视信息化安全工作，几乎所有的高校都成立了信息化安全工作小组，并积极采取有效的措施来确保信息化的顺利开展。

（三）高等教育信息化应用系统涵盖了越来越多的业务

目前，高校信息化应用系统已经涵盖到教学、科研、管理等学校主要业务上。在各高校的综合管理信息化进程中，各个种类的应用系统建设此起彼伏，不断更新换代。这些应用系统以业务部门纵向的业务为主，以校务核心业务为主，包括公共信息服务平台系统应用、教务教学管理系统应用、科研管理系统应用、后勤管理信息应用等，并且在各个应用的发展中，也出现了资源整合、业务融合的趋势，这将有助于未来体现融合意志的统一的身份认证、数据共享平台、信息门户等相关的系统逐渐走进高校信息化舞台中心。

（四）高等教育信息化系统日益重视数据的共享与交换

数据共享的建设是信息化工作发展到一定阶段的需要，数据共享环境的好坏直接影响到以此为基础的教学、科研、管理、社区服务等方面的信息化工作。因此，当前不少高校开始探索信息系统的数据共享与交换。

（五）高校越来越重视信息门户系统的建设

高校信息门户是面向高校教师、学生、职员和校友的大型专用网站。现阶段的门户技术包括统一用户认证、集成服务、安全访问控制和授权管理等。部分高校的信息门户实现了应用集成和信息的集成，可进行内容管理与知识管理，为各类用户提供业务操作的统一入口。目前，已经开始有一些高校在探索更高层次的数据集成和云服务应用集成，以更好地对信息门户进行开发与维护。

（六）高校信息化相关部门日渐融合与完善

随着信息技术的发展，高校信息化相关部门率先开始了机构重组和流程改造。当前，基本上所有高校都已经建立相关的信息化建设与规划部门，并且有不少高校已经设立了专职信息化管理的部门来负责规划制定、IT 项目与经费管理、与院系部处信息化关系协调等工作。所有这些都表明，高校信息化相关部门日渐融合与完善，这对于高等教育信息化的进一步发展具有重要的作用。

（七）高等教育的信息化经费投入趋于稳定

在当前，高等教育的信息化专项经费与常规经费基本保持稳定并略有增长趋势，这使得高等教育的信息化建设水平得到了很大的提升。而高等教育信息化建设资金的来源，主要是专项财政预算资金和单位自筹资金。

二、高等教育信息化进一步发展的策略

高等教育信息化是一项系统工程，需要经过较长时期才能得到不断完善。针对高等教育信息化建设在当前存在的问题，在今后应积极采取以下几个策略来推动高等教育信息化的进一步发展。

（一）要为高等教育信息化的发展营造良好氛围

人们对高等教育信息化的重视程度影响国家高等教育信息化的发展方向，国家应从体制改革和经济投资入手为高等教育信息化营造良好的发展氛围。具体而言，国家和各级地方政府在为高等教育信息化的发展营造良好氛围时，可从以下几方面着手。

第一，国家和各级地方政府要做好高等教育信息化相关工作的宣传，对高等教育工作进行整体安排，做好高等教育信息化工作的总体规划，加大对高等教育信息化的投资力度，引入市场竞争机制，将高等教育信息化管理投放到市场，充分发挥市场在信息资源中的调节配置作用。

第二，国家和各级地方政府要注意建立专门的管理机构，如高等教育信息资源中心、高等教育信息培训中心、高等教育信息管理中心等，各部门分权分责协同工作，充分发挥各部门和整体的功能，才能真正推动高等教育信息化的进一步发展。

第三，国家和各级地方政府要建立健全的制度保障，建立完善的管理制度，尽快出台高等教育信息化工作的标准和管理规范。

第四，国家和各级地方政府要加强高等教育信息服务系统建设，为管理人员提供完善的教学管理系统。

第五，高校要帮助教师学习信息技术、新思想，并为学生建设网上多媒体自主学习环境。

（二）不断加强高等教育信息资源建设

高等教育信息化不仅需要互联网信息技术支撑，更需要用于高等教育信息化

的各种高等教育信息资源。高等教育信息资源建设是一项长期的任务，它是高等教育信息化的重要组成部分。

具体而言，可从以下几方面着手进行高等教育信息资源的建设。

第一，政府应制定和落实高等教育信息化相关政策和法规，并推动各级教育行政部门和各级各类学校制定教育信息化优先发展的配套政策措施，对高等教育信息资源的生产、交换、分配和消费实现宏观调控与规范。政府还应建立一个统一的管理组织，或者鼓励第三方的独立部门参与甚至主导高等教育信息资源建设工作，确保高等教育信息的公正、客观。

第二，在网络管理方面要解决好信息资源短缺与用户需求增多之间的矛盾。互联网上各种教育类型种类繁多，人们淹没在信息海洋里却常常找不到自己所需的信息，亟须建立一个能系统地将个人信息或机构的丰富资料汇总到一起，经过加工处理，有序化的高等教育信息资源数据库提供给大众。

第三，高等教育信息内容要加强收集和整理环节。信息收集要"广"，要收集"最新"的高等教育信息动态，收集过程中还要确保信息的准确无误，根据信息价值的高低快速为使用者提供最有用的信息。整理环节主要包括将收集来的信息进行筛选、留下最有用的信息，然后将这些信息进行分门别类，最终将这些信息储存下来，作为重要的学习资源。

（三）不断提高高校教师的信息素质能力

就高等教育信息化的建设与发展而言，一个重要的环节就是不断提高教师的信息素质能力。具体而言，高校教师应具备的信息素质能力包括以下几方面。

第一，对信息具有良好的自我意识和敏感度。

第二，能够全面、科学、深入地认识信息。

第三，能熟练运用现代科技工具，以更加方便地获取所需信息。

第四，能对信息进行有效地组织、分析与加工，并提炼出自身需要的信息，在教学实践中予以有效运用。

第二章 高校教育管理概述

高校教育管理作为高等教育体系中的关键环节，涵盖了对教育活动进行组织、指导、协调和控制的一系列复杂过程。其内涵不仅包括确保教育质量，还涉及到对教育资源的合理分配和利用。教育管理的价值体现在通过有效的管理实践，促进学生全面发展，提高教育效率，并实现教育目标。在理念与原则上，高校教育管理强调以人为本，注重公平与效率的平衡，倡导创新与持续改进。过程与方法上，高校教育管理采用科学的方法论，结合现代信息技术，实现管理的系统化和规范化。随着社会的发展，高校教育管理也在不断探索新的发展路径，通过创新管理模式，应对教育领域的新挑战，以适应快速变化的社会需求。

第一节 高校教育管理的内涵与价值

一、高校学生教育管理的内涵

（一）高校学生教育管理的含义

管理，就其字面意义而言，就是管辖、处理的意思。管理的涉及面极其广泛，人们往往按照某种需要、从某种角度来看待和谈论管理，因此，对管理也就形成了多种不同的解释。即使是在管理学界，对管理也有多种不同的定义。有的从管理职能和过程的角度，认为管理是由计划、组织、指挥、协调和控制等职能为要素组成的过程；有的强调管理的协调作用，认为管理是在某一组织中，为完成目标而从事的对人与物质资源的协调活动；有的突出组织中的人际关系和人的行为，认为管理就是协调人际关系，激发人的积极性，以达到共同目标的一种活动；有的从决策在管理中的重要地位的角度出发，认为管理就是决策；有的从系统论的角度出发，认为管理就是根据一个系统所固有的客观规律，施加影响于这个系统，从而使这个系统呈现一种新的状态的过程。这些不同的定义，从各个不同的角度揭示了管理活动的特性。

综上所述，我们可以对管理的概念做以下表述：管理是在一定的社会组织中，人们通过决策、计划、组织和控制，有效地利用人力、物力、财力、时间和信息等各种资源，以达到预定目标的一种社会活动过程。

高校学生教育管理是高等学校管理的一个重要组成部分，也是高等学校人才培养工作的一个重要环节。因此，高校学生教育管理既具有管理的一般本质，又有其自身的特殊本质。这主要表现在以下几点。

一是高校学生教育管理是在高等学校这一特定的社会组织中进行的。

任何管理活动都是在一定的社会组织中进行的。高等学校是系统培养专门人才的社会组织，高校学生的教育和培养是其首要的和基本的任务。高校学生教育管理也就是高等学校为实现这一任务而进行的特殊的管理活动。

二是高校学生教育管理的目的是实现高等学校的人才培养目标，促进高校学生的全面发展。

管理总是有一定的目的，管理的目的就是要实现一定社会组织的某种预定目标。世界上既不存在无目标的管理，也不可能实现无管理的目标。高校学生教育管理作为高等学校人才培养工作的一个重要环节，其目的就是要实现高等学校在人才培养方面的预定目标，促进高校学生的全面发展，使之成为德智体美劳全面发展、富有创新精神和实践能力的中国特色社会主义事业的建设者和接班人。

三是高校学生教育管理的实质是要有效地利用学校的各种资源，为高校学生的成长成才提供指导和服务。

高校学生教育管理的任务是要为高校学生顺利完成学业、健康成长成才提供各方面的指导和服务，包括对高校学生行为和高校学生群体的引导，为家庭经济困难学生提供的资助服务，为毕业生提供的就业服务等。为此，就需要通过科学的决策、计划、组织和控制，有效地利用学校的各种资源，包括人力、物力、财力、时间和信息，等等。综上所述，高校学生教育管理是指高等学校为实现人才培养目标，促进高校学生全面发展，通过决策、计划、组织和控制，有效地利用各种资源，为高校学生成长成才提供各种指导和服务的社会活动过程。

（二）高校学生教育管理的特点

高校学生教育管理作为高等学校为实现人才培养目标而为高校学生提供的引导与服务，有其自身显著的特点。

1. 突出的教育功能

高校学生教育管理是高等学校人才培养工作的重要组成部分，因此，高校学生教育管理既具有管理的属性，又具有教育的属性，有着突出的教育功能。

（1）高校学生教育管理的目标服从和服务于高校学生教育的目标

高校学生是为了接受高等教育而跨进学校大门的，高校学生教育管理则是高等学校为实现高校学生教育目标，促进学生圆满完成学业而实施的特殊管理活动，因此，高校学生教育管理的目标必然服从和服务于高校学生教育的目标。一方面，高校学生教育目标是制定学生教育管理目标的基本依据。实际上，高校学生教育管理目标也就是学生教育目标在高校学生教育管理活动中的贯彻和体现，是其在高校学生教育管理领域的分目标。离开了教育目标，高校学生教育管理也就偏离了方向。另一方面，高校学生教育目标的实现有待于学生教育管理目标的实现。高校学生教育管理是实现高校学生教育目标的重要手段，只有通过有效的管理，建立和保持正常的教育教学和生活秩序，充分调动高校学生学习的积极性和主动性，为高校学生提供各种必要的指导和服务，才能保证学校教育教学活动的顺利进行和学生的健康成长。没有有效的高校学生教育管理，教育目标也就不可能实现。

（2）教育方法在高校学生教育管理方法体系中具有突出的作用

教育方法是包括高校学生教育管理在内的现代管理活动中最经常、最广泛使用的一种基本手段。这是因为一切管理活动都离不开人，而人是有思想的，人的活动总是由一定的思想意识支配的。因此，任何管理活动都要坚持思想领先的原则，注意做好人的思想工作，通过影响人的思想去引导和制约人们的活动。而高校学生教育管理作为学生教育和培养工作系统中的一个重要组成部分，也就必然要更加注重运用教育的手段，以增强高校学生教育管理的实效性。同时，教育方法也是高校学生教育管理中其他方法顺利实施并收到实效的基础。高校学生教育管理的法律方法、行政方法和经济方法的实施，一般都要加以思想道德教育，才能取得良好的效果。

（3）高校学生教育管理过程也是教育学生的过程

高等学校是教育和培养专门人才的场所，高等学校的一切工作都应当对学生起到良好的教育和影响作用。直接面向高校学生所实施的学生教育管理工作，当然更是如此。事实上，在高校学生教育管理过程中包含着十分丰富的教育因素。高校学生教育管理过程中所贯彻的以人为本、民主法治、公正和谐的理念，所体现的从学校和学生的实际出发、遵循教育规律和管理规律、实事求是的科学精神，所采用的民主管理、依法管理、科学管理的方法等都会对学生起到潜移默化的影响。高校学生教育管理过程中所实行的依据学生成长成才的规律和要求制定的各项规章制度，都会对高校学生起到思想导向、动机激励和行为规范的作用。高校学生教育管理过程中管理人员的情感、态度和言行也会对学生起到表率和示范作用。由此可见，高校学生教育管理的过程也是教育学生的过程，并直接影响着高校学生思想品德的形成与发展。

2．鲜明的价值导向

高校学生教育管理总是为一定社会培养人才提供服务的，高校学生教育管理的目的、管理体制和管理形式总是受到社会的经济基础、政治制度和意识形态的制约。因此，高校学生教育管理必然具有鲜明的价值导向，它总是贯穿并体现着一定社会的主导价值体系，并直接影响着学生价值观的形成、变化与发展。我国是人民民主专政的社会主义国家，我国的高等学校是为社会主义建设事业培养专门人才的。这就决定了我国的高校学生教育管理必然要坚持社会主义的价值导向。具体来说，高校学生教育管理的价值导向主要体现在以下几方面：

（1）高校学生教育管理的价值导向集中体现在管理目标中

目的性是人类实践活动的基本特征。而人的实践活动的目的，总是基于一定的需要和对实践对象的属性及其变化趋势的认识与判断，因此，总是体现着一定的价值观念。高校学生教育管理的目的同样如此。事实上，高校学生教育管理的目的及作为其具体展开的整个目标体系，都是基于一定的价值观念确定和设计的，都贯穿和体现着一定的价值观念和价值追求。因此，高校学生教育管理的价值导向不仅对管理者的管理行为和高校学生的日常行为起着导向、激励和评价作用，而且会对高校学生价值观的形成和发展起到重要的引导和促进作用。例如建立和维护良好的教育教学和生活秩序是高校学生教育管理的重要目标，这一目标就体现了"有序"的价值，因此这一目标的执行，又会促进高校学生形成"有序"的观念。同时，学生教育管理是高校学生教育的重要环节。为谁培养人，培养什么样的人，始终是高校学生教育的首要问题，当然也是高校学生教育管理的首要问题。显然，对这个问题的解决，必然鲜明地体现着一定的价值观念和价值追求。在我国现阶段，也就是要体现社会主义核心价值体系，体现实现中国特色社会主义的共同理想对人才培养的要求。

（2）高校学生教育管理的价值导向突出体现在管理理念中

高校学生教育管理理念是高校学生教育管理的指导思想，直接制约着高校学生教育管理的原则和方法。而高校学生教育管理理念也总是体现了社会的价值体系，并往往是社会的先进的价值观念在高校学生教育管理中的贯彻和体现。例如高校学生教育管理中的"以人为本"的理念，就是我们党所坚持的"以人为本"的价值观念在高校学生教育管理中的贯彻和体现。在高校学生教育管理中全面贯彻"以人为本"的理念，坚持做到"关心人、尊重人、依靠人、发展人、为了人"，必然会对学生正确认识人的价值，确立"以人为本"的价值观念产生积极的影响。

（3）高校学生教育管理的价值导向具体体现在管理制度中

科学而又严密的规章制度，是高校学生教育管理的基本手段，也是高校学生教育管理规范化、制度化和法制化的基本保证和主要标志。而管理规章制度总是人们在一定的价值观念指导和影响下制定出来的，总是体现着一定的价值导向，具体表现为要求学生做什么，不做什么；鼓励和提倡做什么，反对和禁止做什么；奖励什么样的行为和表现，惩罚什么样的行为和表现；等等。高校学生教育管理制度中的这些规定无不体现着鲜明的价值导向。

3. 复杂的系统工程

和任何管理活动一样，高校学生教育管理也是一项系统工程，具有整体性、层次性、动态性和开放性。同时，高校学生教育管理又有其特殊的复杂性，因此是一项十分复杂的系统工程。

（1）高校学生教育管理的任务是复杂的

既要紧紧围绕高校学生的中心任务，加强对学生学习行为和实践活动的管理和引导，又要切实为高校学生的健康成长着想，加强对学生日常行为包括交往行为、消费行为、网络行为的管理和引导，及时发现、校正和妥善处理学生的异常行为；既要加强对高校学生现实群体包括学生班级、学生党团组织、学生社团和学生生活园区的管理和引导，又要适应网络时代的新情况，加强对高校学生以网络为平台形成的虚拟群体的管理和引导；既要对高校学生在校园内的安全加强管理和引导，又要为高校学生在校外的安全提供必要的指导和督促；既要做好面向全体学生的奖学金评定工作，以充分调动学生的学习积极性，又要做好面向家庭经济困难学生的资助工作，以帮助他们顺利完成学业；既要引导新生科学制订职业生涯规划，明确努力的具体目标，又要为毕业生提供就业、创业指导和服务，使学生能够在合适的岗位上施展自己的身手、实现自身的价值。总之，高校学生教育管理渗透于高校学生专业学习和日常生活的各方面，贯穿高校学生培养工作的所有环节和全部过程，其任务是复杂而又艰巨的。

（2）高校学生是具有明显差异和鲜明个性的

高校学生各有其特殊的精神世界和思想感情，有着不同的气质、性格、兴趣、爱好和习惯。即使是同一个年级、专业、班级的学生，由于他们各有其特殊的生活条件和生活经历，他们的思想行为也各有其特点。同时，随着自主意识的增强，高校学生普遍崇尚个性，追求个性的自由发展和完善。对同一学生而言，在成长变化不同的历史时期有着不同的特点。因此，高校学生教育管理就不可能按照完全统一的要求、规格和程序来进行，而要善于根据高校学生的个性特点，因人制宜，因势利导，有针对性地开展工作。这就使高校学生教育管理具有特殊的复杂性。

（3）影响高校学生成长的因素是复杂的

高校学生教育管理的目的是要促进高校学生的健康成长，而影响高校学生成长的，不仅有学校教育因素，还有外部环境因素。外部环境的构成因素是复杂的。在现实世界中，所有与高校学生的学习、生活、活动和交往有关的环境因素，都会或多或少地对高校学生的成长发生影响。其中，既有社会的因素，也有自然的因素；既有物质的因素，也有精神的因素；既有经济的、政治的因素，也有文化的因素；既有国际的、国内的因素，也有家庭的、学校周边社区的因素；既有现实的因素，也有历史的因素。尤其是随着现代信息技术的迅猛发展，世界越来越紧密地联系在一起，高校学生可以方便快捷地获取来自世界各地的信息，因此影响高校学生思想行为及其成长的环境因素也就更广泛、更复杂。同时，外部环境对高校学生的影响也是复杂的。一是其影响的性质具有多重性。其中，有积极影响，也有消极影响，二者往往交织在一起，同时发生作用。同样的环境因素相对于不同的高校学生可能会发生不同性质的影响。例如富裕的家庭经济条件对许多高校学生是顺利完成学业的有利条件，但对有的高校学生则成为铺张浪费、过度消费甚至不思进取、荒废学业的重要原因。二是其影响的方式具有多样性。有直接的影响，也有间接的影响；有显性的影响，也有隐性的影响；有通过对高校学生思想情感的熏陶发生作用的，也有通过对高校学生行为的约束发生作用的。凡此种种，不一而足。因此，在高校学生教育管理过程中，管理者不仅要善于对高校学生的学习和生活进行正确的指导，而且要善于正确认识和有效调控各种环境因素对高校学生的影响，尽可能地充分利用其对高校学生的积极影响，防止、抵御和转化其消极影响。显然，这是一项十分复杂的工作。

二、高校学生教育管理的价值

高校学生教育管理对社会进步、高等学校发展和高校学生成长成才都有着重要的意义和价值。全面认识高校学生教育管理的价值，是高校学生教育管理研究的重要课题，也是切实加强和改进高校学生教育管理的重要思想基础。

（一）高校学生教育管理价值概述

价值本来是一个经济学的范畴。它是随着商品生产的出现而产生的。

在经济学领域中，价值指的是凝结在商品中的无差别的人类劳动。现在，价值范畴已经广泛地运用于社会政治、法律、道德、科技、教育和管理等各个领域中，成了人们评价一切事物的一个普遍的范畴。因此，价值范畴又具有了哲学意义上的新的内涵。在哲学意义上，价值是指客体对于主体的作用和意义，它体现了客体的属性和功能与主体的需要之间的一种特定关系，即客体属性和功能对主体需要的满足关系。价值作为一个关系范畴，不能离开主客体中任何一方而存在。一方面，价值离不开主体，主体的需要是衡量价值的尺度，只有能够满足主体需要的事物或对象，才具有价值；另一方面，价值也离不开客体，客体的属性和功能是价值的载体。价值的实质，也就是客体的属性和功能对主体需要的满足。

高校学生教育管理价值的客体是高校学生教育管理本身。高校学生教育管理具有能够对高校学生的成长和发展、对高等学校实现教育目标、对培养社会合格人才发挥作用的属性与功能。正是高校学生教育管理的这些属性和功能构成了高校学生教育管理价值的基础，高校学生教育管理价值的主体是社会、高等学校和高校学生。高等学校是高校学生教育管理的实施者。高等学校之所以要实施高校学生教育管理，是因为实现教育目标的需要，而高校学生教育管理则具有能够满足这种需要的属性和功能。因此，高等学校也就成为高校学生教育管理价值的主体。同时，高等学校的教育目标又是依据社会对专门人才的要求和高校学生自身发展的需要制定的，因此，社会和高校学生也就都成为高校学生教育管理的主体。高校学生教育管理价值所体现的就是高校学生教育管理的属性和功能对社会、高等学校和高校学生需要的满足关系。

高校学生教育管理价值有以下显著特点。

1. 直接性与间接性

高校学生教育管理对其价值主体的作用，就其作用的形式而言，有直接作用和间接作用。因此，高校学生教育管理价值也就具有直接性和间接性的特点。高校学生教育管理价值的直接性是指高校学生教育管理能够不经过中介环节而直接作用于价值主体，以满足一定的需要。一般来说，高校学生教育管理对学生的影响和作用往往就是直接地发生的。高校学生教育管理价值的间接性是指高校学生教育管理需要通过一定的中介环节而间接作用于价值主体，以满足一定的需要。一般来说，高校学生教育管理对于社会的影响和作用往往就是通过对学生的影响和作用而间接地发生的。

2. 即时性与积累性

高校学生教育管理价值的实现即高校学生教育管理以自身的属性和功能对价值主体某种需要的满足总要经过一个或短或长的过程，因此，高校学生教育管理价值也就具有即时性与积累性的特点。高校学生教育管理价值的即时性是指高校学生教育管理活动在短时间内就能够迅速达到目标，从而满足价值主体的某种需要。例如及时办理新生中家庭经济困难学生的助学贷款，以使他们能够跨进学校、安心学习；及时处理学生中发生的突发事件，以保障学生安全和校园稳定等。高校学生教育管理价值的积累性是指高校学生教育管理往往要经过一个相当长的过程，通过长期的工作积累，才能达到目标，从而满足价值主体的需要。例如建立良好的教育教学秩序，以满足高等学校人才培养工作的需要；培养学生良好的思想品德和行为习惯，以满足社会发展与学生自身发展的需要等。这些就不是一朝一夕所能实现的，而是需要长期的工作积累。

3. 受制性与扩展性

高校学生教育管理价值的受制性是指高校学生教育管理价值的实现要受到其他各种因素的影响。因为高校学生教育管理价值就是对学生成长成才的作用和意义，而学生的成长成才则还要受到高等学校内部其他因素和外部环境因素的影响。因此，高校学生教育管理在学生成长成才中作用的发挥，也就必然要受到其他各种因素的制约。当其他因素对高校学生的影响与学生教育管理的作用方向不一致，高校学生教育管理就容易收到实效，高校学生教育管理的价值也就易于实现。反之，如果其他因素对高校学生的影响与高校学生教育管理的作用方向不一致，高校学生教育管理就难以收到实效，高校学生教育管理的价值也就难以实现。高校学生教育管理价值的扩展性是指高校学生教育管理可以通过高校学生的活动和影响对高等学校内部其他工作和外部环境因素发生作用，从而使自身价值得到扩展。例如高校学生教育管理通过对学生科技创新和创业活动的鼓励和支持，激发学生科技创新和创业的积极性，这就必然会推动学校的教学创新，以提高学生的科技创新能力和创业能力。再如高校学生教育管理通过对学生日常行为的引导，使学生养成了遵守社会公共道德规范、自觉维护公共秩序和环境卫生的行为习惯，这就必然会对学校周边环境的优化产生积极的影响。

4．系统性与开放性

高校学生教育管理价值的系统性是指高校学生教育管理的价值是一个由多种维度、多种类型的内容构成的有机整体。按价值的主体，可分为社会价值、高校集体价值和个体价值。社会价值是高校学生教育管理对社会运行和发展的作用和意义；高校集体价值是高校学生教育管理对高等学校运行和发展的作用和意义；个体价值是高校学生教育管理对学生个体成长和发展的作用和意义。按价值存在的形态，可分为理想价值和现实价值。理想价值是高校学生教育管理价值的应有状态，即高校学生教育管理所追求的最终价值；现实价值是高校学生教育管理的实有状态，即在现实条件下已经实现或正在实现的价值。还可以按价值的性质，分为正向价值和负向价值；按价值的大小，分为高价值和低价值等。高校学生教育管理价值就是由上述各种价值组成的系统。高校学生教育管理价值的开放性是指高校学生教育管理的价值会随着价值主体需要和高校学生教育管理功能的变化发展而变化发展。随着社会的发展，高校学生教育管理服务对象的需要在变化发展，这就必然会促使高校学生教育管理的功能发生相应的变化和发展，从而使高校学生教育管理的价值得到增强和拓展。例如随着计算机网络的发展及其对高校学生的双重影响，要求高校学生教育管理必须加强对学生网络活动的管理和服务，从而使高校学生教育管理的价值拓展到网络空间中。

（二）高校学生教育管理的社会价值

高校学生教育管理的社会价值是指高校学生教育管理对社会运行与发展的作用和意义，即高校学生教育管理的属性和功能对社会运行与发展需要的满足。高校学生教育管理的社会价值集中表现在，它既是培养中国特色社会主义建设合格人才的重要手段，也是构建社会主义和谐社会的内在要求。

1．培养合格人才的重要手段

中国特色社会主义事业的发展需要数以亿计的高素质的劳动者、数以千万计的专门人才和一大批拔尖创新人才。高等学校是人才培养的重要基地，其中心任务就是要为中国特色社会主义建设培养合格的专门人才。而高校学生教育管理则是高等学校人才培养工作的重要手段，在培养合格人才中发挥着不可或缺的重要作用。

（1）维护正常的教育教学秩序

高等学校的教育教学活动总是按照一定的制度和规章有目的、有计划、有组织地进行的，建立和维护正常的教育教学秩序是高等学校教育教学工作的内在要求和基本条件。这就需要有严格的、科学的管理，包括高校学生教育管理。高校学生教育管理在维持高等学校教育教学秩序中具有特殊的重要作用。在高校学生教育管理中，实行严格的学籍管理，按照一定的制度和规定，有序地做好有关学生入学与注册、课程和各种教育环节的考核与成绩记载、转专业与转学、休学与复学、退学、毕业与结业等各项工作，是建立正常的教育教学秩序的基础。实施系统的学习管理，引导学生明确学习目的，提高学习的主动性和自觉性，规范学生的学习行为，督促学生自觉遵守学习纪律和考试纪律，形成良好的学风，是建立正常的教育教学秩序的关键。加强对学生班级、学生社团等学生群体的管理，引导学生紧紧围绕学校的教育教学目标，有序地开展班级活动、社团活动和其他课余活动，是建立正常的教育教学秩序的重要条件。

总之，高校学生教育管理是建立和维护正常的教育教学秩序的重要保证。没有有效的高校学生教育管理，就不可能有正常的教育教学秩序。

（2）激励、指导和保障学生的学习行为

高等学校教育教学的过程是教师与学生双向互动、"教"与"学"辩证统一的过程。其中，"教"是主导，"学"是关键。学习是高校学生的主要任务，是学生能否成为合格人才的关键。而高校学生教育管理则对学生的学习行为起着重要的激励、指导和保障作用。高校学生教育管理对学生学习行为的激励作用主要表现在：引导学生充分认识学校学习的社会意义和个体价值，明确学习目的，以激发学生的学习动机；运用颁发奖学金和授予荣誉称号等方式，表彰学业优秀的学生，以鼓励学生勤奋学习；把竞争机制引入学生的学习活动中，围绕学生的专业学习，组织各种竞赛活动，以激发学生的学习热情。高校学生教育管理对学生学习行为的指导作用主要表现在：指导新生了解高校阶段学习的特点和要求，促进他们尽快实现学习方式从被动性学习到自主性学习的转变；指导学生根据社会需求和自身实际制订职业生涯规划，确定自己的职业生涯发展方向，从而明确学习的目标；指导学生掌握科学的学习方法，养成良好的学习习惯，不断提高自主学习的能力和学习效率；指导学生积极开展社会实践活动。注重在实践中加深对专业理论知识的理解，在实践中提高自己的专业技能。高校学生教育管理对学生学习行为的保障作用主要表现在：加强资助管理，切实做好助学贷款和助学金的发放工作，组织和指导学生的勤工助学活动，为家庭经济困难学生安心学习、顺利完成学业提供必要的经济条件；开展学生学习心理的辅导，帮助学生克服学业焦虑等各种消极心理，以积极健康的心态对待学习等等。

（3）培养学生的思想品德

中国特色社会主义建设所需要的合格人才，不仅要具备良好的专业知识和能力素养，还要具备良好的思想品德。思想品德是指人在一定的思想体系指导下，按照社会的言行规范行动时，表现在个人身上的相对稳定的特征。它是以心理因素为基础的思想与行为的统一体。培养高校学生良好的思想品德，不仅需要深入细致的思想政治教育，还需要有效的管理。这是因为人们良好思想品德和行为习惯的形成，有一个由他律到自律的过程。高校学生各方面还未成熟，发展尚未稳定，加之各个学生的思想基础不同，接受教育的主动性、积极性和自觉性各不相同，因此高校学生自我管理、自我约束的能力尚有欠缺并存在差异。要帮助高校学生提高自理、自律的水平，使他们能够自觉地遵循社会的思想规范、政治规范、道德规范和法纪规范，并形成良好的行为习惯，就必须在加强思想政治教育的同时，加强对高校学生各方面的管理，注重高校学生日常行为规范的训练。通过高校学生教育管理，科学制定并严格执行各项规章制度，强化行为管理和纪律约束，使高校学生的学习、交往等各方面的行为都能够按照一定的规范有序地进行，这不仅有助于培养高校学生良好的行为习惯，也可以为思想政治教育创造良好的环境条件，从而增强思想政治教育的效果。

2. 构建和谐社会的内在要求

实现社会和谐，始终是人类孜孜以求的社会理想，也是中国共产党和中国人民不懈奋斗的重要目标。社会和谐是中国特色社会主义的本质属性，构建社会主义和谐社会是发展中国特色社会主义的基本要求和重要保证。高校学生教育管理作为对高校学生这一特殊社会群体提供引导和服务的社会活动，在构建社会主义和谐社会中发挥着特有的重要作用，具有特殊的重要价值。

（1）高校学生教育管理是维护社会稳定、实现社会安定有序的重要保证

我们所要建设的社会主义和谐社会应该是民主法治、公平正义、诚实友爱、充满活力、安定有序、人与自然和谐共处的社会。安定有序是社会主义和谐社会的内在要求和重要特征，也是实现社会和谐的基本条件。社会稳定则是安定有序的基本内容和重要表现，也是改革、发展的前提。我国在推进改革开放的过程中，反复强调稳定是压倒一切的，没有稳定的环境，什么都搞不成。而高校稳定是社会稳定的重要条件，高校稳定的关键则又在于高校学生。这是因为高校学生的思想尚未成熟，存在着显著的矛盾性。他们关心国家发展，关注时事政治，追求民主自由，并具有较强的政治参与意识，但尚缺乏政治经验和社会生活经验，政治辨别能力不强，因此容易受到社会上错误思潮和不良倾向的影响。同时，高校学生正处于青年期，情感具有强烈性。

这既使高校学生热情奔放，勇往直前，也使高校学生易于冲动，甚至失去理智。成千上万的高校学生集中在校园内，如果缺乏正确的引导和有效的管理，一些不良的倾向和问题很容易在高校学生中扩散开来，并造成不良的社会影响。因此，切实加强高校学生教育管理，正确引导高校学生的社会活动和政治行为，妥善解决高校学生在学习、生活、交往和就业中碰到的各种矛盾和问题，及时处理高校学生中发生的各种突发事件，以保持高等学校的稳定，对于维护社会稳定、实现社会安定有序具有特殊的重要意义。

（2）高校学生教育管理是构建和谐校园的重要手段

高等学校是现代社会中不可或缺的重要社会组织，担负着培养人才、推进科技进步、传播先进文化的重要任务。构建和谐校园，是构建社会主义和谐社会题中应有之义，也是推进高等学校科学发展的内在要求。加强高校学生教育管理，引导和组织高校学生积极发挥在和谐校园建设中的主体作用，是构建和谐校园的重要保证。加强高校学生教育管理，建立和完善学生参与民主管理的组织形式，引导、支持和组织学生依法参与学校的民主管理和实行自主管理，切实维护和保障学生在校期间享有的权利，引导和督促学生全面履行法律规定的义务，自觉遵守国家法律和学校管理制度，能够有力地推进高等学校的民主法治建设。加强高校学生教育管理，妥善地协调学生与学校、学生与教师之间的关系，维护学生的

正当利益，实事求是地评价学生的思想品德和学业成绩，公正地实施奖励和处分，正确地处理学生中的各种矛盾和问题，可以使公平正义在校园中得到弘扬。加强高校学生教育管理，督促学生在学习考试、科学研究、人际交往和日常生活中坚持诚实守信，做到不作弊、不剽窃，引导学生尊敬师长、友爱同学、团结互助，才能在校园中形成诚信友爱的良好风气。通过高校学生教育管理，充分调动学生的积极性和创造性，围绕专业学习，开展丰富多彩的社团活动和社会实践活动，鼓励、组织和支持学生开展科学研究、进行创造发明、尝试创业活动，才能使校园真正充满活力。通过高校学生教育管理，建立和维护学校正常的教育教学秩序和生活秩序，加强学生的安全教育和管理，保障学生的身心健康，有效地预防和妥善地处理学生中的突发事件，努力建设平安校园，才能使校园实现安定有序。通过高校学生教育管理，引导和督促学生自觉维护校园环境，节约使用水、电等各种资源，才能使校园成为人与自然和谐共处的生态校园。

（3）高校学生教育管理是促进高校学生集体和谐发展的重要手段

包括高校学生党团组织、班级、学生会、社团等在内的高校学生集体，是高校学生政治、学习和日常生活的基本组织形式，直接影响着高校学生的思想和行为，是高校学生思想政治教育和管理的重要载体。高校学生集体的和谐发展，不仅直接关系着高校学生个体的健康成长和全面发展，也直接关系着高等学校的和谐稳定与科学发展。高校学生教育管理内在地包含着对高校学生集体的管理，因此，在促进高校学生集体和谐发展中具有十分重要的作用。通过高校学生教育管理，引导高校学生集体自觉遵循学校的有关制度和规定，紧紧围绕学校的人才培养目标和学生成长成才的需要，积极开展丰富多彩的集体活动，充分发挥自身在高校学生自我教育、自我管理中的作用，可以促进高校学生集体的发展与学校发展的和谐与统一。通过高校学生教育管理，切实加强高校学生集体的思想建设、组织建设、制度建设和作风建设，引导高校学生增强集体意识，主动关心集体发展，积极参与集体活动，弘扬团结互助精神，不断增进学生之间的友谊，注重相互沟通与交流，及时化解各类矛盾，可以促进各个高校学生集体自身的和谐发展。通过高校学生教育管理，引导高校学生党团组织、班级、学生会、社团等各类高校学生集体正确处理相互之间的关系，加强相互之间的沟通和协调，做到相互配合、相互支持，形成高校学生自我教育、自我管理的合力，可以促进各类高校学生集体的相互和谐与共同发展。

（三）高校学生教育管理的个体价值

高校学生教育管理的个体价值是指高校学生教育管理对高校学生个体成长与发展的作用和意义，即高校学生教育管理的属性和功能对高校学生个体成长与发展需要的满足。高校学生教育管理的个体价值主要表现为引导方向、激发动力、规范行为、完善人格和开发潜能五方面。

1. 引导方向

高校学生教育管理具有突出的导向功能，对高校学生的成长和发展起到重要的导向作用。高校学生教育管理的导向作用，主要表现为以下三方面。

（1）引导政治方向

政治方向是政治立场、政治观念、政治态度、政治品质和政治信念的综合体，是人的素质中的首要因素，决定着人们思想和行为的基本倾向。我们党历来强调在人才培养中必须把坚定正确的政治方向放在第一位。当今世界，随着经济全球化和信息技术的迅速发展，国际政治斗争趋于复杂，西方意识形态的渗透日益加剧。引导高校学生确立坚定正确的政治方向即坚持中国特色社会主义的方向，是高等学校的一项极为重要而又十分紧迫的任务。要实现这一任务，先要加强高校学生思想政治教育，同时要加强高校学生教育管理。这是因为高校学生教育管理的社会属性决定了高校学生教育管理必然具有鲜明的政治方向性，并对学生的政治方向发挥引导作用。事实上，我国《普通高等学校学生管理规定》和《高等学校学生行为准则》都明确要求高校学生，应当"确立在中国共产党领导下走中国特色社会主义道路、实现中华民族伟大复兴的共同理想和坚定信念"。加强高校学生教育管理，严格执行高等学校学生管理规定，引导和督促高校学生自觉遵守高等学校学生行为准则，加强对高校学生的行为尤其是政治行为的管理和指导，引导学生正确行使依法享有的政治权利，防止和抵制各种腐朽意识形态对高校学生的影响，及时纠正校园中出现的错误倾向，维护和保障校园的政治稳定和政治安全，对引导高校学生坚持坚定正确的政治方向无疑具有重要的作用。

（2）引导价值取向

价值取向是指人们基于自己的价值观在面对或处理各种矛盾、冲突、关系时，所持的基本价值立场、价值态度及所表现出来的基本价值倾向。价值取向决定和支配着人的价值选择，制约着人们思想和行为的方向。现阶段我国市场经济的发展，在促进社会生产发展和人们思想观念更新的同时，其盲目性和滞后性也容易诱发人们产生利己主义、拜金主义和享乐主义的价值观念；随着经济全球化的发展和我国国际交往的扩大，西方的各种价值观念也渗透进来。因此，引导高校学生掌握社会主义核心价值体系，坚持正确的价值取向，有着尤为重要的意义。如前文所说，鲜明的价值导向是高校学生教育管理的一个显著特点。高校学生教育管理通过坚持和贯彻体现社会主义核心价值体系的管理理念，制定和执行以培养社会主义建设合格人才为根本宗旨的管理目标体系和管理规章制度，对高校学生的价值取向起到重要的引导作用。

（3）引导业务发展方向

引导高校学生确定既符合社会需要又符合自身实际的奋斗目标，明确业务发展的方向，可以引导他们把自己的主要精力和时间投入实现既定目标的业务学习和实践活动中，从而促进他们早日成才。高校学生教育管理在引导学生业务发展方向方面的作用集中表现在：通过对学生学习活动的指导，引导学生根据相关专业的要求和自己的兴趣爱好，确定专业学习的目标，从而明确在专业学习方面努力的方向；通过对高校学生职业生涯规划的指导，引导学生根据社会需求、职业发展的趋势和自身的主观条件与愿望，确定自己的职业理想，从而明确自己职业生涯发展的方向。

2. 激发动力

高等学校的系统教育为高校学生的成长和发展提供了良好的条件，而高校学生能否健康成长和全面发展，关键在于学生自身的主观努力即主观能动性的发挥。因此，要促进高校学生的成长和发展，就必须注重激发学生的内在动力，充分调动他们的主动性和积极性。高校学生教育管理具有显著的激励功能，在激发学生内在动力方面具有突出的作用。高校学生教育管理对学生的激励作用，主要是通过以下三种路径实现的。

（1）需要激励

需要是人的行为动力的源泉，也是行为动机产生和形成的基础。人的积极性的发挥及其发挥的程度，归根结底取决于其需要能否得到满足及满足的程度。高校学生教育管理坚持以人为本的管理理念和服务学生的管理原则，关心学生的实际需要，维护学生的正当利益，扎扎实实地为高校学生的成长和发展提供各方面的指导和全方位的服务，因此，也就必然会对高校学生发挥重要的激励作用。

（2）目标激励

人的行为总是指向一定目标的，目标是人们期望达到的成果和成就，能够激发人的内在积极性，鼓励人们奋发努力。人们对目标的实现满足自身需要的价值看得越大，估计目标能够实现的可能性越大，目标的激发力量也就越大。高校学生教育管理遵循社会发展要求与高校学生自身发展需要相统一的原则，科学地制定管理目标，着力引导高校学生根据社会需要和自己的兴趣爱好、主观条件合理地确定自己的学习目标和发展目标，从而对高校学生发挥着重要的激励作用。

（3）奖惩激励

奖励和惩罚是高校学生教育管理的重要方法，其目的是通过运用正、负强化手段，控制高校学生行为结果的反馈调节作用，以维持和增强高校学生努力学习和践行高校学生行为准则的主动性和积极性。奖励是通过奖赏、赞扬、信任等褒奖形式，使其感到满足和喜悦，从而更加奋发努力的正强化手段；惩罚是通过造成被惩罚者某种需要的不满足而使其感到痛苦和警醒，从而变消极行为为积极行为的负强化手段。高校学生教育管理通过恰当运用奖励和惩罚，鼓励先进，鞭策后进，从而激励全体高校学生奋发努力。

3. 规范行为

高校学生教育管理的一项重要任务就是要科学制定和严格执行各项管理规章制度和纪律，以规范学生的行为，促进其形成文明的行为方式和良好的行为习惯。高校学生教育管理在规范学生行为方面的作用，主要是通过以下三种途径实现的。

（1）加强制度建设

制度建设是高校学生教育管理的重要内容。高校学生教育管理中的制度建设，就是要依据社会发展要求、人才培养目标和学生健康成长与发展的需要，科学制定和不断完善各项规章制度，使学生明确应该做什么，不应该做什么，应该怎么做，不应该怎么做，并引导和督促学生用于规范自己的行为，逐步形成文明的行为方式。

（2）严格纪律约束

纪律是一定的社会组织为实现组织目标，而要求其全体成员必须共同遵守并赋有组织强制力的行为规范。它是建立正常秩序，维系组织成员共同生活的重要手段，也是完成各项任务，实现组织目标的重要保证，因此成为高校学生教育管理中不可或缺的重要手段。在高校学生教育管理中，通过严格执行学习、考试、科研、集体活动、校园生活、安全保卫等各方面的纪律，以约束和调整学生的行为，并对违纪行为及时做出恰当的处罚，可以有效地引导和规范学生的行为，促进其良好行为习惯的养成。

（3）引导自我管理

自我管理是高校学生教育管理的重要路径。自我管理的一项重要内容就是要启发学生的自觉性和主动性，引导学生自觉遵守管理制度，主动地用体现社会要求的高校学生行为准则规范的行为，实行自我约束和自我监督。这种自我约束和自我监督，既体现在高校学生个体的自我管理中，也体现在高校学生群体的自我管理中。在高校学生班级、寝室、社团等群体的管理中，充分发挥学生的主体作用，引导学生在民主讨论的基础上，形成全体成员共同遵守的规章制度，并相互监督执行，这不仅有助于营造良好的群体氛围，实现群体的目标，而且有助于提高全体成员规范和约束自己行为的自觉性。

4．完善人格

人格是一个人所具有的稳定而统一的心理特征的总和。通俗地讲，人格是指一个人的品格、思想境界、情感格调、行为风格、道德品质、精神面貌等。人格既是个人发展状况的集中表现，也是个人发展的内在主观条件。人的全面发展内在地包含着人格的健全和完善。高校学生教育管理以促进学生的全面发展为根本目的，因此，必然要注重培育学生健全的人格，以促进他们形成崇高丰富的精神境界、高尚优秀的道德品质、积极健康的心理品格。高校学生教育管理在完善学生人格方面的作用，主要表现为以下两方面。

（1）扩大环境影响

环境是影响高校学生人格形成和发展的重要因素，对高校学生的人格具有陶冶和感染的重要作用。"近朱者赤，近墨者黑"，说的就是这个道理。高校学生教育管理在营造良好的校园环境、扩大校园环境影响方面具有重要的作用。高校学生教育管理通过制定和执行合理的规章制度，建立和维护正常的校园秩序；通过有效的学习管理和班级管理，促进良好学风和班风的形成；通过对高校学生交往活动的管理和引导，优化校园的人际环境；通过对高校学生网络活动的管理和指导，净化校园的网络环境；通过对学生社团和学生课余活动的管理和指导，形成积极向上、丰富多彩的校园文化生活环境；通过对学生生活园区的管理和学生日常行为的指导，为学生营造安定有序、文明健康的日常生活环境；等等。

（2）指导行为实践

实践是高校学生人格形成和发展的基本途径。高校学生所接受的各种教育影响，只有在实践中通过他们亲身的体验，才能真正为他们所理解、消化和吸收。高校学生行为习惯的养成、实践能力的提高等，更是自身长期实践活动的结果。因此，高校学生教育管理通过对学生行为和实践活动的管理和指导，也就必然会对高校学生人格的完善发挥重要的作用。

5. 开发潜能

人的潜能是指人所具有的有待开发、发掘的处于潜伏状态的能力。它包括人的生理潜能、智力潜能和心理潜能。人的潜能是人的现实活动力量的潜伏状态和内在源泉，人的能力的发展在一定的意义上也就是开发潜能，使之转化为现实活动力量即显能的过程。人的潜能是巨大的。美国心理学家威廉·詹姆斯（William James）认为，一个正常人还有 90% 的潜能尚未利用。由此可见，人的潜能的开发具有十分广阔的前景。高校学生正处于成长和发展的关键时期，着力开发他们身上所蕴藏的丰富潜能，将他们内在的潜能转化为从事社会建设的实际能力和现实力量，是高校学生培养工作的重要任务。高校学生教育管理作为学生培养工作的重要组成部分，在开发高校学生内在潜能方面发挥着不可或缺的作用。高校学生教育管理在开发学生潜能方面的作用，主要是通过以下三种途径实现的。

（1）指导学习训练

学习和训练是开发潜能的基础。只有通过系统的学习和训练，掌握必要的知识和方法，才能使潜能得到正确的、有效的发挥。高校学生教育管理通过对学生的学习活动的管理和指导，引导高校学生确立正确的学习目的，掌握科学的学习方法，不仅可以充分发掘高校学生在学习方面的潜能，以提高他们的学习能力，而且可以促进高校学生系统地掌握专业理论知识和方法，从而使他们在专业方面的潜能得到开发和发展。

（2）运用激励机制

激励是开发潜力的重要手段。通过激励，可以充分调动人的主观能动性，打破安于现状的消极心态，振奋人的精神，转变人的态度，激发人的兴趣，调整人的行为模式，从而达到开发潜能的目的。因此，激励是高校学生教育管理的重要手段。高校学生教育管理运用激励机制，通过引导学生明确努力方向和成才目标，奖励成绩优异、表现突出的学生，可以调动高校学生的主动性和积极性，激发他们奋发向上的进取精神，从而促进他们不断地开发自身内在的潜能。

（3）组织实践活动

实践是潜能转化为显能的中介和桥梁。人的潜能只有在实践中，才能逐步显现出来，得到实际发挥，从而转化为显能。高校学生教育管理通过支持和指导学生的社团活动和社会实践活动，鼓励和引导学生的科技服务和科技创新活动等，可以为高校学生提供丰富多样的参与实践活动的机会，使他们的潜能在实践中得到开发和发展。

第二节 高校教育管理的理念与原则

一、高校学生教育管理的理念

（一）人本管理的理念

理性化和人性化一直是管理发展中的两条重要线索。泰罗（Tyor）及其科学管理理论是理性主义的典型代表，并长期居于管理思想的主流。自 20 世纪二三十年代以来，随着"人际关系理论""行为科学"的发展，人文主义逐渐占据管理思想的重要地位，人性和个人价值得到普遍认同。人本管理的思想要求在管理活动中，始终把人放在中心位置。在手段上，着眼于所有成员积极性发挥和人力资源的优化配置；在目的上，追求人的全面发展及由此带来的效益的最优化。

在高校学生教育管理工作中，坚持人本管理理念就是要以学生为本，就是要树立现代学生观，尊重学生的主体地位，促进学生的个性化发展，实现学生的多样化评价。在实际工作中尊重学生的主体性、差异性、丰富性、独特性，把学生当作有血有肉、有生命尊严、有思想感情的人；以学生成长成才为中心，真正尊重学生，理解学生，关心学生，引导学生。

1. 尊重学生主体需求，促进学生成长成才

要区分不同类型、不同层次学生的特点和需求，分层次、分阶段做深入细致的教育、管理和服务工作，建立起帮助学生成长，解决学生困难，方便学生办事，维护学生权益的高校学生教育管理工作体系，让学生受到最好的教育。因此，高校学生教育管理工作必须从学生的需求出发，把工作的需求与学生的成长成才需求紧密结合，把学生的当前需求与长远需求紧密结合，把学生个人的需求与群体的需求紧密结合，把表面的物质需求与深层次的精神需求紧密结合，努力培养德才兼备、品学兼优、知行合一的社会主义建设者和可靠接班人。

2. 体现学生的主体参与，实现学生的自主发展

要充分发挥学生的主体作用，引导学生参与管理实践，使学生成为管理的主人。学生参与管理的主要平台有学生会、班委会、团支部、社团联合会等学生组织，可以通过学生干部定期换届等方式，努力让每个学生都有机会参与管理。在就业管理、安全管理、资助管理等工作中，也要充分调动学生的积极性，引导学生参与相关政策制定和实施，真正实现管理依靠学生。

3. 实行民主管理

推行民主管理，尊重学生的主动性和首创性是人本理念的重要体现。因此，不仅要增强管理者和学生的民主管理意识，更要完善民主选举、决策和监督等民

主管理运行机制，畅通民主管理渠道。

（二）科学管理的理念

科学管理是 20 世纪初在西方工业国家影响最大、推广最普遍的一种管理思想，其代表人物泰罗被称为"科学管理之父"。科学管理的实质在于将实践积累的管理经验加以标准化、系统化、科学化，用科学管理代替经验管理。科学管理的主体思想包括三方面：一是提高劳动生产率，这是科学管理的中心问题，是确定各种科学管理原理和方法的基础；二是在管理实践中建立各种明确的规定、条例、标准，使管理科学化、制度化，这是提高工作效能、达到最高工作效率的关键；三是科学管理不仅在于具体的制度和方法，而且在于重大的精神变革。高校学生教育管理工作中的科学管理，特征是规范化、制度化和模式化，其价值核心在于提高学生管理的效率，强调建立完备的组织机构、详细的工作计划、严格的规章制度、明晰的职责分工。在这种管理方式下，高校学生的学习模式、纪律制度、行为准则、运作程序都实现了规范化；信息传递、各项学习生活实现了程序化，最大限度地引导学生接受正确的价值取向，实现管理效能的最大化。

1. 要用科学完备的制度规范引导人

尊重不等于放纵，没有规矩，不成方圆，养成良好的行为习惯是学生成才的重要维度。为此，要大力加强高校学生教育管理的制度文化建设，建立科学、人性的高校学生教育管理体制体系。

2. 要构建平等和谐的师生关系，在师生互动中实现管理的和谐

管理者不应是高高在上的发号施令者，而应是积极的引导者和平等的协商者。管理者要以学生为友，平等地与学生交流，尊重学生的个性，真诚地为学生提供学业指导、生活帮扶和心理辅导。管理者尤其是辅导员老师，要在管理过程中，创造性地展示自己的才华，在与学生交往、交流中实现自己的理想与人生价值，真正做到互为主体、教学相长。

3. 要建立一体化工作体制机制和运行模式

加强学生工作机构的建设，强化其组织协调功能，理顺学生管理系统各部

门、各层次、各岗位的职责权限关系，使管理工作与教学工作、课堂内的管理与课堂外的管理、学院与机关、机关各职能部门及各管理者之间坚持统一的标准、统一的声音，形成合力，互相促进。

（三） 依法管理的理念

依法管理是依法治国方略在高校的具体体现。高校学生教育管理中强调依法管理，是指高校学生教育管理必须以法律为依据，符合法律要求。也就是说，高校学生教育管理过程中的决策、计划、组织和控制，都必须纳入法律轨道，不能违法违规。高校学生教育管理坚持依法管理，是高校学生教育管理自身的发展需求。一方面，管理对象发生了较大变化，高校学生的维权意识显著增强；另一方面，管理工作面临诸多新情况、新问题。比如国家助学贷款违约、学生就业签约违约、在校学生结婚、学生意外伤害或死亡处理、学生心理问题及隐私保护等。这些新情况、新问题对高校学生的依法管理提出了迫切要求。

1. 要增强法律意识，加强法律知识学习

中华人民共和国成立以来，国家制定了《中华人民共和国教育法》《中华人民共和国高等教育法》《中华人民共和国教师法》等教育法律，国务院还颁布了《中华人民共和国学位条例》《普通高等学校学生管理规定》《教育行政处罚暂行实施办法》等200多个法规、规章，基本形成了以《中华人民共和国教育法》为核心的教育法律法规体系。作为高校学生教育管理者，不仅自身要认真学习这些法律条文，深刻理解，做到关键问题心中有数，疑难问题随时查询，还要注意引导学生积极学习各种常用的教育法律、法规和规章，了解自己的合法权利和义务，增强依法维权和依法履行义务意识，养成良好的学法、守法的习惯，为学生适应社会、推动国家法治建设夯实基础。

2. 要以法律为准绳，依法制定适用于学校实际的内部具体规章制度

目前，高校学生教育管理的一般性法律法规已经比较健全，但是不同类型、不同层次、不同地区的高校有着不同的学生管理具体实际，需要按照《普通高等学校学生管理规定》等法律法规，制定适合学校实际的内部具体规章制度。

3. 要严格遵守法律法规

要把对学生的规范管理与对学生合法权益的有效维护结合起来，既严格要求，又要充分尊重和平等对待。尤其是在处理违规违纪学生时，一定要做到事实清楚，证据确凿，使用法律法规正确恰当，处理程序符合相关法律规定。做到不滥用职权，不越权，不以权谋私，公平公正。

二、高校学生教育管理的原则

（一）方向性原则

高校学生教育管理坚持方向性原则，是涉及培养什么人、怎么培养人、为谁培养人的根本性问题。高校学生教育管理是高校办学的重要方面，是学校育人环节的重要一环，社会主义高校的主要目标是培养合格的社会主义事业建设者和可靠接班人，高校学生教育管理工作直接影响这一目标的实现。方向性原则是指确定高校学生教育管理的目标，进行高校学生教育管理活动，要与高校育人工作的总目标相一致，要与党和国家的教育方针、规范、政策和法律法规中规定的教育目标、管理目标等相一致。方向性原则是高校学生教育管理中具有决定意义的基本原则。只有坚持这一原则，才能促进高校学生教育管理沿着高等教育育人工作的总目标发展，才能保证高校学生教育管理方向正确，才能有利于培养全面发展的社会主义事业建设者和接班人。坚持方向性原则，是高校学生教育管理的社会属性决定的，也是我国高校学生教育管理历史经验的总结。

高校学生教育管理中坚持方向性原则，关键是做到以下三点。

1. 增强管理者的政治意识

高校学生教育管理是具有鲜明的政治方向、价值导向的。任何社会的高校学生教育管理都是为一定社会、阶级服务的。不同社会的高校学生教育管理目的、理念、任务、方式和方法等，是有着显著差异的。然而，在我们的管理理论和实践中，往往存在着忽视管理的政治功能和价值导向的现象。一些人甚至不认为高校学生教育管理有何方向性可言。因此，体现高校学生教育管理的方向性，首要的问题就是增强管理者本人的政治意识，促进管理者有意识地在管理过程中思考管理的政治方向和价值导向。管理者要把方向性要求贯穿在高校学生教育管理全过程和具体的活动中。引导广大学生积极投身改革开放和社会主义现代化建设，在为祖国、为人民的不懈奋斗中实现自己的人生价值。

2. 以制度的合法性体现管理的政治导向性

坚持方向性原则，就必须自觉接受党的领导，其核心是坚决贯彻党的方针、路线、政策。学校的各项制度是贯彻党的方针、路线、政策的主要载体，也是一定社会政治方向、价值导向等的具体体现。因此，学校层面制定的各类高校学生教育管理相关制度，一定要与国家的法律、法规相一致。通过合法制度来保障高校学生教育管理的方向性。要注重把方向性原则融入制度建设和执行的全过程，使学生坚定社会主义的理想信念，在实践中成长成才。

3. 按时代需求及时调整管理目标

坚持方向性原则不仅体现在政治方向上，而且体现在管理是否能为党和国家的中心任务服务。不同时期，党和国家的任务是不同的，对人才的需求也是不同的。这就要求高校学生教育管理要紧扣时代主题，不断调整管理目标，创新管理模式。目前，发展是时代主题，经济建设是党和国家的中心任务，要根据这一中心任务制定具体的高校学生教育管理目标。

（二）发展性原则

高校学生教育管理坚持发展性原则，包括两方面：一方面，是管理工作本身要不断发展；另一方面，是通过管理促进学生的全面发展。从管理工作本身来看，随着我国社会政治、经济、文化的不断发展，社会生活发生了复杂而深刻的变化，高校学生教育管理工作的形势、环境、对象、任务发生了深刻的变化，这就要求管理的体制、机制不断变化，管理方式、目标、途径及时调整，以确保高校学生教育管理工作的实效。

通过管理促进学生全面发展，关键是做到以下三点。

1. 要树立发展意识

思想是行动的先导，有什么样的发展理念，就会有与之相应的管理方式和结果。传统的高校学生教育管理重管理，把管住学生作为学生管理的出发点。个别管理者往往以强硬的制度规范、约束学生的行为，以训诫、命令代替沟通。这些方式往往会伤害学生的自尊心，挫伤学生的自主性，有悖于学生的全面发展。高校学生教育管理坚持发展性原则亟须转变传统的观念，要有意识地把学生全面发展作为管理活动开展的前提。在高校学生教育管理中，牢固树立促进学生全面发展的责任感和紧迫感，打破思维定式，以新的发展观念指导管理决策，设计管理计划，谋划学生的全面发展。

2. 要不断推动管理创新

通过管理促进学生全面发展，需要同时注重管理本身的发展，而管理的发展实际上是创新。服务于学生全面发展的管理创新就是在遵循高校学生教育管理规律的基础上，与时俱进，坚持继承与创新相结合，创造性地开展工作，促进学生全面成长成才。目前，高校学生教育管理的机制、途径、方法与载体都是在过去的环境条件下，针对过去的情况产生的。但是随着社会经济的迅速发展，高校学生教育管理工作面临着新环境、新问题，高校学生在思想上出现了困扰，在观念上呈现出多元化特点。如果固守原有的管理方法，必然不能较好地适应今天的需要，解决不了今天的问题。为此，创新高校学生教育管理工作成为时代和社会赋予的重任。

3. 要统筹各方面的资源形成促进学生发展的合力

长期以来，我们在高校管理的实践工作中都强调高校学生管理包括管理学生和服务学生两大方面。但在具体操作上，管理却总是多于服务。实践证明，把职业生涯规划、生活帮扶、高校学生就业指导、心理辅导等贯穿管理始终更易于发挥学生的主观能动性、激发学生的创造性，从而促进学生的发展。要理顺学校各管理部门关系，通过部门之间的相互协调、相互联系，从而将组织内部各个要素联结成一个有机整体，使人力、财力、物力、信息、资源等得以最佳配置，形成促进学生发展的合力。

（三）激励性原则

激励性原则是指高校学生教育管理中利用一定的物质手段或精神手段，引导学生思想行为的变化，调动学生的积极性、创造性，使学生的潜能得到最大限度的发挥，从而实现管理目标的基本准则。在高校学生教育管理中，恰当地运用激励性原则，将使管理活动更易于被学生接受，更好地实现管理的目标。

激励的效果取决于在激励过程中采取的手段、方式能否针对高校学生的发展实际，能否满足高校学生的需要，能否在高校学生内心形成自我激励的内在动力，等等。因此，在高校学生教育管理中贯彻激励性原则，需要做到以下三点。

1. 运用正向激励手段

高校在学生管理过程中，科学、合理地运用激励机制，有助于调动高校学生的能动性和创造性，改变高校学生的观念、行为。正向激励主要有两种：一种是物质上的，主要指金钱或实物，物质利益的需求和满足是人生存和发展的一个必备条件。对学生进行一定的物质激励，有助于调动学生积极性、主动性。另一种是精神上的，主要指通过各种形式的表扬，给予一定的荣誉。正向激励有助于学生将外部的推动力量转化为自我奋斗的动力，充分发挥自身潜能，从而有效地激励学生成长成才。在高校学生教育管理中，要协调好物质激励和精神激励的关系，依据学生的实际采取相应的激励手段，确保管理效果。

2. 在管理中树立典型，通过榜样进行激励

榜样使人有目标，有方向。因此，要善于树立榜样，培养榜样，宣传榜样，并鼓励学生学习榜样、争做榜样、成为榜样。

3. 采取情感激发的方式

情感是人格发展的诱因，也是青年追求美好生活的动力。要确保管理目标的实现，一般都要有感情的催化。当管理者与学生平等对待、敞开心扉、相处愉快时，管理活动就比较容易开展；当双方针锋相对、互不理解时，学生往往产生抵触情绪，管理效果就会大打折扣。因此，要求管理者不仅要以制度约束人，而且要以真情感染人，注重沟通，消除疑虑，用欣赏的眼光去看待学生，使每个学生的需求得以尊重，困惑得以解决，特长得以发挥。

（四）自主性原则

自主性原则是指高校在进行高校学生教育管理时，使高校学生参与管理过程

中，充分调动高校学生的积极性和创造性，进行民主管理，实现自我管理和自我服务。高校学生教育管理遵循自主性原则，是由两方面决定的：一方面，有利于育人目标的实现。管理的目标是育人，这就要求将外在的行为规范转化为内在的思想观念，从而支配管理对象的行为。如果不调动学生的主观能动性，学生就难于接受管理，管理的实效性就难以发挥。另一方面，有利于满足学生自主管理的现实需求。随着我国社会主义市场经济体制的不断完善，高等教育逐步走向经济社会发展的前台，市场经济的自主、平等、竞争、法治精神对高校师生的影响不断深化，高校学生自主意识不断增强。高校学生渴望在各项事务管理中充当主角，自己管理自己，充分发挥主观能动性，实现自我管理、自我服务。

高校学生教育管理中坚持自主性原则，要做到以下三点。

1. 唤醒学生的自主管理意识

在高校学生教育管理过程中，要营造轻松、愉快、快乐的氛围，使学生的自主需求得到尊重；同时，要使学生体会到自主管理的成就感，享受自主管理收获的成果。

2. 打造学生自主管理的平台

辅导员要抓好以班委会、团支部、学生会等学生组织为载体的自主管理平台，增强凝聚力、吸引力，建立定期流动机制和激励机制，充分保证学生广泛地参与到自主管理中。辅导员要敢于充分"放权"，敢于把高校学生教育管理工作交给学生，实现学生的自我管理、自我服务。

3. 加强对学生自主管理的指导

自主管理不等于放任自流，必须加强自主管理的指导，才能保证管理的方向和实效。怎样才能保证管理的方向和实效呢？有四方面的内涵，即明确方向，定准目标，告诉学生工作要达到的程度和要取得的效果；定好标准，明确思路，告诉学生怎样开展工作；做好监督，对学生任务执行情况进行跟踪观察，时刻关注工作进展情况；及时反馈，帮助学生及时调整方向，确保学生工作在正确的轨道上进行。

第三节　高校教育管理的过程与方法

一、高校学生教育管理的过程

(一) 高校学生教育管理过程的含义

高校学生教育管理过程，就是高校学生教育管理工作者对影响和制约高校学生发展和成长的各种因素及其相互关系及时做出相应调整，以实现整体目标的过程。高校学生教育管理过程的实质，就是要把握组织环境、管理对象变化、发展的情况，并根据组织目标，适时调节管理活动，在动态的情况下做好管理工作。充分认识和掌握管理过程，对于做好高校学生教育管理工作具有非常重要的意义。因为管理行为并不能直接达到管理的目的，管理行为是一种周而复始的动态运行过程，管理的目的就是在这种管理过程中实现和完成的。充分认识和理解高校学生教育管理过程，既能从局部上理解管理行为的各部分内容，有助于做好高校学生教育管理的各部分工作，又能从整体上理解由各部分内容结合而成的全部管理活动，有助于做好高校学生教育管理的全部工作。

(二) 高校学生教育管理过程的主要环节

1. 高校学生教育管理决策

高校学生教育管理决策是指高校学生教育管理工作者为了达到一定的目标，在掌握充分信息和对有关情况进行深刻分析的基础上，运用科学的方法，从两个以上的可行性方案中选择一个合理方案的分析判断过程。高校学生教育管理决策过程包括研究现状，明确问题和目标，制订、比较和选择方案等阶段性的工作内容。

(1) 研究现状

有问题有待解决才需要决策，也就是说，决策是为了解决一定的问题而制定的。因此，制定决策，先要分析问题是否已经存在，是何种性质的问题，这种问题是否已经对社会、对学校、对高校学生自身及未来发展产生了不利影响。分析高校学生学习、生活、各种能力的培养、实践活动及未来就业、创业等可能遇到的各种问题和面临的挑战，确定问题的性质，把问题作为决策的起点。当然，研究这些问题的主要人员应该是学校高层管理人员，这不仅是因为他们要对学校的发展负责、对学生的未来发展负责，而且由于他们在学校中所处的地位使他们能够通观全局，高屋建瓴，易于找出问题的关键所在。

（2）确立目标

在分析了高校学生学习、生活、各种能力培养、实践活动及未来就业和创业等可能遇到的各种问题、面临的挑战或不协调之后，还要进一步研究针对问题将要采取的各种措施应符合哪些要求，必须达到何种效果，也就是说，要明确决策的目标。这是因为确立决策目标具有以下作用：一是保证学校内部各种目标的一致性；二是为动员和分配学校的各种资源提供依据；三是形成一种普遍的思想状态或气氛，如促成一种井然有序的学习、生活秩序，形成积极投身社会实践的传统，营造一种开拓创新的良好氛围；四是帮助那些能够和学校目标保持一致的学生形成一个学习、实践活动和生活核心，同时为阻止那些不能与学校目标保持一致的学生进一步参与此类活动提供一种解释；五是促成把学校总目标和不同阶段目标转化为一种分工结构，包括在学校内部把任务分配到各个责任点上；六是用一种能够对组织各项活动的成本、时间和成效等参数加以确定和控制的方式，提供一份关于组织目的和把这种目的转化为分阶段目标的详细说明。

要确立目标，需要做好以下几方面的工作：一是提出目标。这一目标应该包括上限目标（理想目标）和下限目标（必须实现的目标）。二是明确多元目标之间的相互关系。高校学生教育管理目标是多重的，但是对不同年级、不同专业的学生来说，其目标的相对重要性是不同的。在特定时期，决策只能选择其中一项作为主要目标。然而，多元目标之间的关系是既相互联系又可能相互排斥的，如对毕业班的高校学生来说，考研究生和考公务员及求职之间就是这种既相互联系又相互排斥的关系。因此，在选择了主要目标后，还要明确它与非主要目标之间的关系，以避免在决策的实施过程中将主要精力和时间投放到非主要目标活动中，避免捡了芝麻丢了西瓜。三是限定目标。目标的执行有可能给学校和高校学生带来有利的结果，也可能带来不利的结果。限定目标就是要把目标执行的有利结果和不利结果加以权衡，规定不利结果在何种程度上是允许的，一旦超越这一程度则必须停止原计划，终止目标活动。一般来说，无论是何种目标，都必须符合三个基本特征：能够计量、规定期限和确定责任人。

（3）拟订决策方案

决策的关键在于选择，而要做出正确的选择，就必须提供多种可供选择的方案。从实践来看，任何目标都可以通过多种不同的活动来实现，而不拟订出几个实现它的抉择方案的情况是很少的。因为对主管人员而言，如果看来只有一种行事方法，那么这种方法很可能就是错误的。在此情况下，主管人员可能就不再努力去考虑其他能够使决策做得更好的方法。

决策方案描述了学校为实现目标拟采取的各种对策的具体措施和主要步骤，因为目标的实现可以采取多种不同的活动，所以应该拟订出不同的行动方案。在拟订方案的过程中，第一，要确保有足够多的方案可供选择。为了使方案的选择有意义，不同方案必须相互区别而不能相互包容。假如某个方案的活动能够包含在另一个方案中，那么这个方案就失去了存在的意义和价值。第二，形成初步方案。一般来说，任何一个方案的产生都应该建立在对环境的具体分析和发现问题的基础上，然后根据问题的具体性质及解决问题所要达到的目标，提出各种改进设想，并对诸设想进行分析、整理和归类，进而形成各种不同的初步方案。第三，形成一系列可行方案。在对各种初步方案进行遴选、补充的基础上，对遴选出来的方案做进一步完善，并预期其实施结果，这样便会形成一系列不同的可行方案。

（4）比较与选择

要选择方案，先要了解各种方案的优劣。为此，需要对不同方案加以评价和比较。这种评价和比较主要包括以下几方面：一是实施方案所需要的条件能否具备，具备这些条件需要付出何种成本；二是方案实施能够给学校和学生各自带来什么利益（包括长期利益和短期利益）；三是方案实施中可能遇到哪些问题，其导致活动失败的可能性有多大。根据上述评价和比较，便可以寻找出各种方案的差异，分析出各种方案的优劣。在此基础上进行的选择，不仅要确定能够产生综合优势的实施方案，而且要准备好环境发生变化时可以启用的备用方案。确定备用方案的目的是对可预测到的未来变化准备充分的必要措施和应急对策，避免在情况发生变化后因疲于应付而忙中添忙、忙中增乱，或束手无策而蒙受这样或那样的损失。

2. 高校学生教育管理计划

计划过程是决策的组织落实过程，决策一旦做出，计划就要紧紧跟上。

计划是对决策目标的进一步展开和落实，离开了计划，决策便失去了意义。

高校学生教育管理计划就是在决策既定目标的前提下，进一步根据实际情况，科学地、及时地预计和制订为达到一定的目标的未来行动方案。具体来说，就是通过将学校在一定时间内的活动任务分解给学生管理的每个部门、环节和个人，从而不仅为这些部门、环节和个人的工作及活动的检查与控制提供依据，而且为决策目标的实现提供组织保证。

高校学生教育管理计划是一种协调过程，它给学生管理部门和学生管理工作者及学生指明了方向。当所有有关人员了解了组织的目标和为达到目标他们必须做出的贡献时，他们便开始协调他们的活动，互相合作，形成团队。而缺乏计划则会走许多弯路，从而使实现目标的过程无效率可言。高校学生教育管理计划还可以促使学生管理部门和学生管理工作者展望未来，预见变化，以及制定适当的对策，同时减少不确定性、重叠性和浪费性的活动。高校学生教育管理计划还能通过设立目标和标准以便进行控制。在计划中必须设立目标，而在控制职能中，人们又会将实际的绩效与目标进行比较，发现可能发生的重大偏差，采取必要的校正行动。可以说，没有计划，就没有控制。

（1）高校学生教育管理计划的制订

一般来说，制订高校学生教育管理计划可遵循以下程序。

a. 收集资料，为计划的制订提供依据。计划是为决策的组织落实而制订的，了解决策者的选择，理解有关决策的特点和要求，分析决策制定的大环境和决策执行的条件要求，是制订行动计划的前提。由于计划安排的任务需要不同专业、不同年级的高校学生利用一定的资源去完成，因此，计划的制订者还应该收集反映不同专业和不同年级学生的活动能力及外部有关资源供应情况的资料，从而为计划制订提供依据。

b. 目标或任务分解。目标或任务分解是将决策确定的学校总体目标分解落实到各个部门、各个活动环节，将长期目标分解成各个阶段的分目标。通过分解，便可以确定学校的各个部分在未来各个时期的具体任务及完成这些任务应达到的具体要求。分解的结果是形成学校的目标结构（包括目标的时间结构和空间结构）。目标结构描述了学校中较高层次的目标（总体目标和长期目标）与较低层次目标（部门、环节、个人目标与各阶段目标）相互之间的指导（如总体目标对部门目标、长期目标对阶段目标）与保证（部门目标对整体目标或阶段目标对长期目标）关系。

c. 目标结构分析。目标结构分析是研究较低层次目标对较高层次目标的保证能否落实，即分析学校在各个时期的具体目标是否能够实现，能否保证长期目标的实现。学校的各个部分的具体目标是否能够实现，能否保证整体目标的实现。如果处于较低层次的某个具体目标尚不能实现，就应该考虑能否采取一些补救措施。倘若做不到这一点，就应该考虑调整较高层次的目标要求，有时甚至要对整个决策进行重新修订。

d. 综合平衡。一般而言，综合平衡工作应着眼于以下几点：一是分析由目标结构决定的或与目标结构对应的学校各部分在各时期的任务是否相互衔接和协调。具体来说，就是分析任务的时间平衡和空间平衡。时间平衡是要分析学校在各阶段的任务是否相互衔接，从而能否保证学校活动顺利进行；空间平衡则要研究学校的各个部分的任务是否保持相应的比例关系，从而能否保证学校的整体活动协调进行。二是研究学校活动的进行与资源供应的关系，分析学校能否在适当的时间筹集到适当品种和数量的资源，从而能否保证学校活动的连续性。三是分析不同环节在不同时间的任务与能力之间是否平衡，即研究学校的各个部分是否能够保证在任何时间都有足够的能力去完成规定的任务。由于学校的外部环境和活动条件会发生这样或那样的变化，这样就可能导致任务的调整，因此，在任务与能力平衡的同时，还应该留有一定的余地，以保证这种可能产生的调整在必要时能够顺利进行。

e. 制订并下达执行计划。在综合平衡的基础上，学校便可以为各个部门制订各个时段的行动计划（如长期行动计划、年度行动计划、季度行动计划），并下达执行。

（2）高校学生教育管理计划的执行

制订计划的目的在于执行计划，而计划的执行需依靠学生管理工作者和高校学生的共同努力。因此，能否保质保量完成计划，在很大程度上取决于在计划执行过程中，能否充分调动广大学生教育管理工作者和高校学生的积极性。

（3）高校学生教育管理计划的调整

计划在执行过程中，有时需要根据实际情况的变化进行调整。这不仅是因为计划活动所处的客观环境可能发生变化，而且可能因为人们对客观环境的主观认识有了这样或那样的改变。为了使高校学生的各种组织活动更加符合环境特点的要求，必须对计划进行适时的调整。而滚动计划就是为了保证计划在执行过程中能够根据情况变化适时修正和调整的一种现代计划方法。这种方法根据计划的执行情况和环境变化情况定期修订未来的计划，并逐期向前移动，使短期计划、中期计划有机结合起来。由于计划工作中很难准确地预测将来影响发展的各种变化因素，而随着计划的延长，这种不确定性就越来越大，如果一定要按几年以前的计划实施，可能会带来一些不必要的损失。采用滚动计划能够避免这种不确定性所带来的不良后果。滚动计划的基本做法是，制订好学校在一个时期的行动计划后，在执行过程中根据学校内外条件的变化定期地加以修改，使计划不断延伸，滚动向前。滚动计划方法主要应用于长期计划的制订和调整。这是因为，一般来说，长期计划面对的环境比较复杂，采用滚动计划可以根据环境变化和学校内部活动的实际进展情况适时进行调整，以便使学校始终有一个为各部门、各阶段活动导向的长期计划。当然，这种计划方式也可以应用于短期计划工作，如年度和季度计划的制订和修订。

3. 高校学生教育管理组织

高校学生教育管理组织就是高校学生管理机构和学生工作管理者为了有效地实施既定的计划，通过建立管理机构，确定职位、职责和职权，协调相互之间的联系，从而将组织内部各个要素联结成一个有机整体，使人力、财力、物力、信息、时间、技术等资源得以最佳配置和利用。

高校学生教育管理机构设置是否科学合理，组织工作是否有效，直接关系到学生的成长和未来发展，关系着学生教育管理目标的实现。要有效地实施高校学生教育管理，一定要使高校学生教育管理组织机构科学化、合理化，为此，就需要构建一套科学的高校学生教育管理机构并使之有效发挥其职能。

（1）高校学生教育管理机构及其职能

目前，各高校的学生管理工作已形成了比较一致的组织结构形式，具体表现为形成了由校党委副书记、副校长，学生工作处、团委、院系党总支副书记、一年级辅导员、学生会等由上至下的组织管理结构。

a. 学生工作处。学生工作处同时具有行政管理职能和思想政治教育职能，既负责学生的招生、就业、奖惩、生活指导、日常行为管理等行政管理工作，又负责新生入学教育、日常思想教育和毕业生就业思想教育，如此安排为管理和教育有机结合提供了组织保障，有益于全校学生工作在学校党委宏观的指导下有步骤、有计划地进行，避免管理和教育脱节的现象。

b. 团委。团委在高校学生教育管理方面的主要职能是：在学校党委的领导下，全面负责高校学生团组织的建设和管理；负责对学生会和学生社团的管理和指导；组织和指导学生的社会实践活动和志愿者活动；等等。

c. 学生会。学生会具有比较完整的组织系统，包括校学生会、院系学生会及各班级的班委会。学生会具有比较严密的管理系统，各部门、各成员之间既有分工也有合作，既是相对独立的又是一个整体。要使高校学生教育管理工作有效实施，必须完善、巩固和依靠学生会组织。对学生组织，学校上级管理部门除了给予必要的指导外，在财力上也要给予一定的支持。同时，还应该给予他们一定的权力和地位，充分发挥他们的积极性和主观能动性。因为学生会组织的结构设置涉及广大学生的方方面面，代表的是广大学生的利益，所以如何使学生会组织真正起到学生与学校之间的桥梁作用，对有效实施高校学生教育管理非常重要。

d. 高校学生自我管理委员会。目前，有一些高校开始尝试设置高校学生自我管理委员会，它一般挂靠在校学生处或团委，下面设立生活保障部、宿舍管理部和风纪监察部等机构。生活保障部的主要任务是参与创建文明食堂的宣传和教育，其目的在于美化就餐环境，维护就餐秩序，对不文明行为进行纠正和制止，创建文明的生活环境。宿舍管理部主要是与学校宿舍管理办公室或物业管理部门共同对宿舍进行管理，以求为广大学生营造一个清洁、安静、舒适的学习和生活环境。风纪监察部的主要职责在于整治校园环境，可定时、定点或随时随地对学生中发生的违纪行为进行监察，同时承担着维护食堂秩序、学校巡视及检查学生上课迟到、早退等方面的工作。

（2）高校学生教育管理工作者的职务设计

为了提升高校学生教育管理工作成效，各高校正在进行学生管理工作者的新的职务设计，力求实现学生管理工作者的"三化"——职业化、专业化和专家化。高校学生教育管理工作是集理论性、知识性、实践性、时代性和时效性于一身的工作，它致力于高校学生的成长和发展，应该成为一种专门的职业。学生管理工作者既应该是学生教育管理服务工作的多面手，又应该是学生就业指导、生活学习指导、成才指导、心理咨询、形势与政策教育等方面的专业人才，唯有如此，才能满足学生管理工作的需要，提高管理成效。在实际工作中，不仅能应付日常事务，还能认真研究学生工作中出现的新问题，要像专家和学者那样，把学生管理工作当作一种事业去经营、去追求，掌握学生管理工作的规律和艺术，成为学生管理工作方面的专家学者。

（3）高校学生教育管理队伍的人员配备

为了进一步提高高校学生管理的水平和成效，各高校应该根据教育部的要求和实际工作需要，科学合理地配备足够数量的学生管理工作队伍，在保证数量的基础上，专兼职相结合，不断优化结构。目前，各高校的学生管理工作基本上采取院系主要负责制，由院党委副书记、专职辅导员及兼职辅导员协同工作。此外，基于目前高校学生就业形势的日益严峻，不少高校在高校学生教育管理队伍中尝试配备职业指导人员，旨在为高校学生成功就业提供指导和必要的帮助。

二、高校学生教育管理的方法

（一）高校学生教育管理方法的内涵

高校学生教育管理方法是指在管理活动中为实现管理目标、保证管理活动顺利进行所采取的工作方式。管理方法是管理过程中不可缺少的运作工具，它来自管理实践，而又与管理理论的形成有着密切的关系。从某种意义上说，现代管理理论中一个又一个学派的出现，无不标志着管理方法的一次又一次创新。

管理方法作为管理理论、管理原理的自然延伸与具体化和实际化，是管理原理指导管理活动的必要中介和桥梁，是实现管理目标的途径和手段，管理理论必须通过管理方法才能在管理实践中发挥作用。管理方法的作用是任何管理理论、管理原理都无法替代的。如今，管理方法在吸收和运用多种学科理论和知识的基础上已逐步形成了一个相对独立、自成体系的领域。

（二）高校学生教育管理的主要方法

1. 目标管理的方法

目标管理是由管理大师彼得·德鲁克（Peter Drucker）提出来的，德鲁克认为，为了充分发挥不同组织成员在计划执行中的作用，协调他们的努力，必须把组织任务转化成总目标，并根据目标活动及组织结构的特点分解为各个部门和层次的分目标，组织的各级管理人员根据分目标的要求对下级的工作进行指导和控制。目标管理要求组织内的每个人、每个部门全力配合实现组织的目标，对于分内的工作自行设定目标、决定方针、编订制度，以最有效能的方法实现目标，并经由检查、绩效考核、评估目标实现状况及尚需改善之处，作为后续目标设定的参考依据。

（1）目标管理的程序

a. 设定目标。设定目标包括确定学校的总目标和各部门的分目标。总目标是学校在未来从事活动要达到的状况和水平，其实现有赖于全体成员的共同努力。为了协调高校学生在不同时间地点的努力，各个部门的各个成员都要建立和学校目标相结合的分目标。这样就形成了一个以学校目标为中心的一贯到底的目标体系。在设定每个部门和每个成员的目标时，高校学生教育管理部门和学生管理工作者要向学生提出自己的方针和目标，学生也要根据学生管理部门和学生管理工作者的方针和目标制订自己的目标方案，在此基础上进行协调，最后由学生管理部门和学生管理工作者综合考虑后做出决定。具体来说，设定目标就是要做到每个院系、每个班级在不同的阶段都要设定不同的目标，如学习目标、实践能力目标、纪律目标、卫生目标及道德修养和人生理想目标，并以此作为努力的方向。同时，还要注意目标的设定一定要明确清晰、能够量化。要求要适度，既要具有挑战性，又是通过努力可以实现的。最后，还要为目标的实现确定一定的时程，即目标实现要有一定的时间限定，不能无休止。

b. 执行目标。各层次、各院系的高校学生为了实现分目标，必须从事一定的活动，同时在活动中必须利用一定的资源。为了保证他们有条件组织目标活动，就必须赋予他们相应的权力，使之能够调动和利用必要的资源。有了目标，高校学生们便会明确努力的方向，而有了权力，就会产生强烈的与权力使用相应的责任心，从而充分发挥自己的判断能力和创造能力，使目标执行活动有效地进行。

c. 评价结果。成果评价既是实行奖惩的依据，也是上下左右沟通的机会，还是自我控制和自我激励的手段。成果评价包括学生管理机构和学生管理工作者对学生的评价，学生对学生管理机构和学生管理工作者的评价，同级关系部门相互之间的评价及各层次自我的评价。这种上下级之间的相互评价有利于信息和意见的沟通，也有益于组织活动的控制。而横向的关系部门相互之间的评价，也有利于保证不同环节的活动协调进行。而各层次中学生的自我评价，则有利于促进他们的自我激励、自我控制及自我完善。

d. 实行奖惩。学生管理部门和学生管理工作者对不同成员的奖惩，是以上述各种评价的综合结果为依据的。奖惩可以是物质的，也可以是精神的。公平合理的奖惩有利于维持和调动高校学生饱满的工作热情和积极性，奖惩有失公正，则会影响高校学生行为的改善。

e. 确定新目标。开始新的目标的管理循环。成果评价与成员行为奖赏，既是对某一阶段组织活动效果及成员贡献的总结，也为下一阶段的工作提供了参考和借鉴。在此基础上，为各组织及其各层次、部门的活动制定新的目标并组织实施，展开目标管理的新一轮循环。

（2）实施目标管理应遵循的原则

a. 授权原则。即在高校学生实施目标的过程中，学生工作管理者要能够给予学生适度授权。

b. 协助原则。即学生工作管理者要给学生提供有关资讯及协助，并且要帮助他们排除实际执行中的一些困难，解决一些问题。

c. 训练原则。作为高校学生工作管理者，一方面，要进行自我训练，以不断提高自己目标管理的水平；另一方面，要训练学生，帮助他们掌握相关的方法。

d. 控制原则。目标的实现是有期限的，为了确保目标的顺利实现，学生管理部门和学生工作管理者在每个阶段都要对学生的活动加以监督、检查，对出现的问题及时协助纠正。

e. 成果评价原则。成果评价原则由一系列原则构成，这些原则包括公开、公平、公正和成果共享原则。坚持公开原则就是要求公开评估，如学生进行自我评估，学生管理工作者进行客观评估。坚持公正和公平原则就是本着对事不对人的原则，对目标实现情况进行客观比较。坚持成果共享原则要求充分肯定学生的成绩，将成绩归于学生。

2. 民主管理的方法

当前的高校学生教育管理工作中，实施民主管理势在必行。对民主的追求是人的一种高层次追求。民主与人的素质有关，高校学生作为文化素质比较高的人群对民主会有更高、更切实的要求。对高校学生实施民主管理，不仅有助于高校学生学习、生活和社会实践活动的有效进行，也有利于高校学生实现自身的全面发展。实施民主管理，应着力做到以下几点。

（1）尊重学生的主体性

对高校学生进行民主管理，就是要求在对高校学生的管理中重视人的因素，也就是重视高校学生的主体性，把高校学生视为具有独立人格的个体。目前，有些学生工作管理者忽视学生的主体地位和平等独立的人格。例如部分规章制度都是在学生不知情的情况下制定出来并要求学生遵守的，学生在这一过程中完全处于被动的位置。再如为了执行上级任务，忽视学生主体意愿，单方面强制性开展活动。要实施民主管理，高校学生教育管理工作者必须改变态度，充分尊重高校学生的主体地位，将其视为实现教育目标的主体，实现学校特别是高校学生教育管理工作者与学生之间的互动，倾听他们的心声，反映他们的要求。对高校学生的重视和尊重，会激发高校学生对学校和学生工作管理者的信任和合作态度，进而支持其工作。如此一来，就会取得学校和高校学生教育管理工作者与高校学生之间的相互信任、相互支持，从而取得良好的管理效果。

（2）正确认识学生的价值

高校学生教育管理的对象是学生，高校学生教育管理的目的在于促进学生身心健康的发展，使其个性得到张扬。在高校学生教育管理中，应该充分发扬民主，把学生既看作高校学生管理工作的对象，又看作管理的主体。目前，有些高校的学生工作管理者在进行管理和教育的过程中，缺乏民主，忽视人的自觉性，重制度，轻教育，工作简单粗暴，奉行惩办主义，脱离育人的宗旨，导致师生关系紧张，这种管理方法必须摒弃，应当采取民主的方法。着力培养高校学生的主体意识，引导高校学生自我管理、自我教育、自我服务、自主发展等，促使其主体能力得到最大限度的发挥，为日后走向社会、走向工作岗位打下坚实的基础。

（3）建立学生参与管理的新型管理模式

从高校学生的心理特征来看，他们正处于心理自我发现期，这一时期产生了认识和支配自我、支配环境的强烈意识，他们的思想和行为表现明显区别于中学生的相对独立的倾向，希望自己的意志和人格受到外界更多的尊重。他们对学校制定的规章制度、行为纪律会思考其合理性，不想被动地处于服从和遵守的地位，而是要求参与管理。根据学生的这一心理特点，高校学生教育管理应该打破传统的专制管理模式，激励学生在管理中的主动精神和主人翁态度，鼓励学生对学校的各项工作进行策略思考，形成民主管理的良好氛围，使学生真正参与高校事务中，体现学生的主体地位。例如建立学校与学生的平等对话关系，让他们参与到教学工作、管理工作、后勤工作、社团工作中，这样不仅可以减少潜在冲突的发生，而且可以改善学校及学生管理工作者与学生的关系，建立彼此合作、相互依赖、相互尊重、平等对话的良性互动关系和双方主体间的伙伴关系。

3．刚性管理的方法

刚性管理是指以规章制度为核心，凭借制度约束、纪律监督、奖惩规则等手段对组织成员进行管理。刚性管理是一种强调严格的控制，采取纵向高度集权的，以规章制度为核心的管理。规章制度往往是以规定、条文、标准、纪律、指标等形式出现，强调外在的监督与控制，具有很强的导向性、控制性，其约束力是明确的。俗话说："没有规矩，不成方圆。"任何一个组织机构，它的正常运行和发挥效益都离不开严格的制度和规范。刚性管理是保证一个组织健康、正常运转所必要的管理机制的一个有机组成部分，它是以"合于法"为基本思路的管理方式和手段。

高校学生正处于成长的关键时期，极易受外界环境的影响，惰性的增长较为容易，判断能力、自我控制能力也比较差。在自身发展过程中，表现出强烈的自我矛盾倾向，如自我意识虽强，但缺乏自我监督、约束和调控的能力。有自我设计、自我奋斗、自我选择、自我发展的欲望，但是又受到自身素质、能力和社会环境的限制。在如此情形下，刚性管理不仅是必要的，也是行之有效的。刚性管理的出发点并不是为了惩罚学生，而是在"法理"的前提下，达到正确规范学生，约束学生的行为，进而维护学校秩序，提高教育教学质量，提升学生的学习和活动效率，达到促进学生成长的目的。

刚性管理强调以外在的规范为主，它主要通过各项政策、法令、规章、制度形成有序的行为。管理者的意志通过这些具体条文体现，学生的一切行为都有章可循、有据可依，是非功过的评说都有统一的标准、统一的尺度。这些有形的东西不仅具有很强的可操作性，使学生有明确的行动方向，而且给学生以安全感和依托感，使学生放心地、充满希望地在制度框架内自由行动。实施刚性管理，应着力抓好以下几个环节。

（1）依法治校、依法管理，构建宏观管理体系

以管理主体结构为基础，构建新的学生宏观管理体系，以法治建设为手段，保证宏观管理的有序高效运行。随着教育活动层次和范围的不断拓展，教育行为的社会背景也发生了许多变化，学生不再被简单地当作学校管理的相对人，而是学校内部关系的权利主体，不仅承担义务，而且享有权利。

（2）制定校纪校规，严格管理

学校为了维护教学秩序和教育环境，必须对违反校规和屡犯错误的学生给予处分。当然，在管理制度上对违纪的处分标准要依法和清晰，不能恣意专断地滥

用学生管理权。在做出涉及学生权益的管理行为时，必须遵守权限、条件、时限及告知、送达等程序义务，做到程序正当、证据充分、依据明确、处分恰当。

（3）建立日常工作制度

学生管理的日常工作，有相当一部分是可预见的，有规律可循的。建立规范化的日常工作制度，既可以为学生工作在执行、管理方面提供制度上的保障，也便于监督，还可以提高工作效率，降低工作成本，减少违纪现象。

4. 系统管理的方法

系统管理，即将相互关联的过程作为系统加以识别、理解和管理，以便组织提高实现目标的有效性和效率。

高校学生教育管理具有系统性管理的特点，主要表现在以下几方面：一是整体性。高校学生教育管理作为一个系统是由多个子系统组成的，如教学管理、生活管理、社团管理、社会实践管理、就业管理等，这些子系统之间既是相互独立的，又存在着相互依存、相互影响和相互制约。根据系统论思想，如果整个学生管理系统的各个子系统的功能都能发挥正常，那么整体的功能就会比较理想。即使某些子系统的功能发挥不甚理想，只要能够组成一个良好的有机整体，一般情况下也能够取得较为理想的效果，这就是所谓的整体大于部分之和。二是关联性。高校学生教育管理工作中的各要素既相互区别，又相互联系、相互作用、相互依存，并各有分工。例如社团管理与社会实践管理尽管分工不同，但彼此之间却又紧密相连，很多时候会表现得你中有我，我中有你。三是环境适应性。特定的环境会造就特定的管理，高校学生教育管理离不开特定的环境，如学生专业知识的学习、实践能力的打造、品格素养的修炼等都需要在一定的环境中进行，离开一定环境是不可想象的。学生管理工作只有具备了环境的适应性，能够顺应环境、有效利用环境提供的有利条件，才会富有成效。四是动态平衡性。学生管理系统的各要素在时间、空间和资源上的不同组合，要随着宏观环境即社会的变化发展而变化发展，对宏观环境要保持灵敏的适应性。例如在当今金融危机背景下，社会对毕业生的素质能力提出了新的要求，上手快、学习能力强、富有创新精神成为许多用人单位的共同诉求，这就要求我们的学生管理工作必须改变传统的重知识灌输、轻学习能力和创新能力培养的教学管理模式，变单纯的知识教育为知识与能力培养并重，加大社会实践的力度以适应社会需求。与此同时，还必须保持系统的动态平衡，即让系统的各要素在各环节上保持相应的比例关系，以免系统内部失调，影响整个系统的正常运转。五是目的性。高校学生教育管理系统是一个具有多种目标的系统。在这一系统中，既有总的目标，又有分目标，总目标、分目标有机结合形成一个目标体系，通过目标体系的不断优化，实现资源的有效利用。例如一方面要最大限度地利用学校资源；另一方面要争取社会上一切可能的资源为我所用，以此推动学生管理工作的突破，使之为学生提供最大的发展空间。

在高校学生教育管理工作中实施系统管理，应着力抓好以下几个环节。

①建立一个多维立体的高校学生教育管理体系，以最佳效果和最高效率实现管理目标。这一体系应包括一种高校学生教育管理的组织结构，一种符合高校学生学习、成长特点和进一步发展的管理模式，一套标准化的工作流程，一套科学完善的高校学生教育管理工作制度，一套行之有效的管理运作方法等。

②正确理解和把握体系内各过程的相互依赖关系。在一个体系中，各过程是紧密相连的，往往会牵一发而动全身。因此，高校学生教育管理工作者应该力争在学生工作管理过程中做到统筹兼顾，实现体系内各个过程之间的相互协调、相互配合，谋求 1+1>2 的效果。

③各部门及人员必须正确认识和理解为实现共同的目标各自所必须发挥的作用和担负的责任。同一系统的各层次、各部门的管理人员必须各尽其职，各负其责，这样才能减少职能交叉造成的障碍，顺利实现高校学生教育管理的目标。

④高校学生教育管理的决策者必须准确判断各个管理部门的组织能力，在行动前确定资源的局限性，避免因决策失误或虑事不周而造成人力、物力、财力的浪费。

⑤设定目标，并据此制订计划，设计方案，确定如何有效运作本体系中的一些特殊活动，使之能够高水平地完成。

⑥通过测量和评估，持续改进体系。通过研究制定完善测量、评估制度与办法，探索建立评估制度体系，加强对评估指标体系和规范简便评估办法的研究，及时进行检查和评估，从而不断提高高校学生教育管理的质量与水平，努力推进高校学生教育管理目标的实现。

第四节 高校教育管理的发展与创新

一、高校学生教育管理的发展

（一）高校学生教育管理的历史经验

高校学生教育管理的实践，特别是改革开放以来的探索，为高校学生教育管理积累了基本经验。概括地说，主要包括以下几方面：

1. 遵循国家教育方针，确保高校学生教育管理方向正确

国家教育方针是国家在一定历史时期内为实现该时期的基本路线和基本任务，对教育工作所提出的总的指导方针。国家教育方针规定着我国教育的总方向和培养目标，集中体现了坚持党对教育工作的领导，坚持教育为社会主义现代化服务，为人民服务，教育与生产劳动相结合，培养德智体美劳全面发展的合格社会主义建设者和可靠接班人等要求。高校一切工作都要紧紧围绕国家教育方针来进行。高校学生教育管理作为一种高校工作管理手段，是为国家的教育方针服务的，是为培养德智体美劳全面发展的社会主义建设者和接班人服务的。实践证明，高校学生教育管理一旦脱离国家教育方针，就会迷失方向，就会偏离轨道，就会造成管理工作的混乱和校园失序。高校学生教育管理工作，必须紧紧围绕我国教育的总方向和培养目标，全面贯彻国家教育方针，为培养社会主义建设者和接班人服务。

2. 发挥育人功能，依据教育规律，科学管理

管理是一门科学。高校学生教育管理作为管理科学的一个分支，应遵循管理的一般规律，充分发挥其育人功能，科学、有效地进行管理。与一般管理工作不同，高校学生教育管理的对象是高校学生群体，有其特定的指向性。改革开放以来，我国经济快速发展，社会结构发生深刻变化，利益关系和利益格局重新调整，这给人们的思想观念带来一定的冲击。在新的时代背景下，高校学生总体上

树立了自强意识、创新意识、成才意识、创业意识，但与此同时，在一些高校学生中也不同程度地存在政治信仰迷茫、理想信念模糊、价值取向扭曲、诚信意识淡薄、社会责任感缺乏、艰苦奋斗精神淡化等问题。因此，在高校学生教育管理工作中，必须注意把握时代特征，根据高校学生的具体特点，依据教育规律，探索高校学生教育管理工作的科学方法，加强高校学生教育管理工作的科学性，实现科学管理、有效管理，在管理中培养人和教育人，引导高校学生树立正确的世界观、人生观和价值观，使高校学生教育管理工作既符合高校学生的实际状况，又符合国家的人才培养要求。

3. 完善学生管理制度，提高管理水平，依法管理

依法建章，规范管理是现代学生管理所必须遵循的原则，是贯彻依法治国、人才强国战略的必然要求。随着高校办学规模的不断扩大，办学层次的不断提高，高等教育由精英化教育阶段步入大众化教育阶段，学校管理作为一种公共权力，其如何行使，怎么行使，日益受到社会各界的广泛关注。同时，随着高校学生群体法律意识的增强，学生维权活动增多，客观上要求在高校学生教育管理工作中，必须依法管理，不断深化管理制度改革，健全管理制度，细化管理流程，在涉及学生切身利益的管理活动中切实保障学生的合法权益。这就必然要求在高校学生教育管理中高校根据自身办学层次、办学特色和办学类型不断创新各种适合自身的办学管理制度，使之科学化、规范化。在完善学生管理制度的基础上，不断提高管理水平，增强管理能力，做到依法管理。

4. 坚持教育与管理相结合，形成齐抓共管的长效机制

高校学生教育管理工作涉及学生在校期间学习和生活的方方面面。从对学生的学籍管理、课外活动管理到对学生群体组织管理、安全管理，高校教学、科研及行政管理各个部门和各个机构都相应地承担着管理学生的责任。因此，高校学生教育管理必须坚持教育与管理相结合，发挥高校各个部门和机构之间的合力，实现教学和管理部门之间的密切合作，改变以往那种认为高校学生教育管理只是学生工作部门的事，只有各院系的辅导员和班主任才负有管理学生的责任等错误认识，形成齐抓共管的长效机制。这就客观地要求各部门之间权责明确，分工有序。只有在明确权利和责任的前提下，才能做到全校工作一盘棋，形成齐抓共管

的工作局面。坚持教育与管理相结合，形成齐抓共管的长效机制，还必须依靠体制和队伍方面的建设，如有些高校建立了定期的学校各部门联席会议制度或学生工作领导小组等，都很好地保障了各职能部门之间协调有效的运转和功能的充分发挥，增强了高校学生教育管理工作的针对性和实效性。

5. 充分利用现代科学技术手段，不断创新管理方式方法

随着时代的发展和科学技术的不断进步，高校学生教育管理的对象和工作条件也在不断地发生变化，这就要求高校学生教育管理不断创新管理方式方法，以适应不同时期的新情况和新要求。因此，充分利用现代科学技术手段，如信息技术、计算机网络技术、测量技术、咨询技术、评估技术等技术条件，成为不断创新高校学生教育管理方式方法的必然选择。这就要求在高校学生教育管理工作中，一方面，要充分利用先进的管理技术，积极推进办公网络化、自动化建设，在管理过程中重视对网络技术和相关信息技术的应用，将各种现代技术引入并渗透到高校学生教育管理中；另一方面，要在充分利用现代科学技术手段的基础上，不断开发针对高校学生教育管理实际的应用技术管理平台，建立如高校学生信息管理系统、高校学生教育管理网络互动系统、高校学生综合管理办公系统等现代化的办公及服务体系，以科学技术的创新不断推动管理方式方法的创新。

（二）当代高校学生教育管理的新情况

1. 管理环境的新变化

（1）国际国内环境的变化决定了高校学生教育管理环境的时代性

第一，随着全球化的推进，我国在政治、经济、文化、教育等诸多领域的国际交流与合作日趋频繁，高等教育国际化进程加速。在这一过程中，将不可避免地受到西方敌对势力"西化""分化"的影响，高校学生成为主要的影响对象，面临着西方文化思潮和价值观念的冲击。与此同时，高校学生管理工作既要考虑吸收国际先进管理经验，又要保持中国高校学生教育管理的特色。第二，改革开放以来，我国社会发生了深刻的变革，高校学生既是改革开放成果的最大受益者，也受到了改革开放诸多矛盾的影响和冲击。在高等教育从"精英教育"向"大众化教育"转变过程中，越来越多的不同年龄阶段、不同学历层次、不同社

会阅历、不同价值追求的人都有机会进入高校进修、学习，高校学生管理对象呈现出多样化的特点，高校学生教育管理势必相应发生新的变化。第三，随着高等教育法制化进程的不断深入，法治观念逐步得到普及，个人维权意识也不断增强，高校学生不再简单地服从于学校管理，而是需要从学校获得更多的自由和权益保障，权利诉求不断增加。这就要求新时期的高校学生管理工作要做到"从严管理"与"以人为本"的有机结合。在此背景下，高校学生教育管理体制革新步伐必须跟上社会进步和形势的发展变化，进一步拓展学生管理工作内容，管理方法和手段必须体现出时代特征。

（2）高校办学模式的变化增加了高校学生教育管理环境的复杂性

一方面，随着高等教育规模的不断扩大和高校后勤社会化的推进，部分高校由单一校区办学变成了多校区办学，校园由封闭式变成了开放式，高校学生出现了生活社区化和成长环境社会化的新问题。高校学生的学习、生活、社交、实践、娱乐等活动都呈现出走出校园、走进社区和走向社会的新趋势。这使学生群体管理由以前的建制式为主的群体管理向流动式群体管理转变，高校学生安全管理也面临着前所未有的挑战，导致高校学生教育管理的难度有所增加。另一方面，随着高校学分制和弹性学制的实施推广与不断规范，学年制整齐划一的教学管理模式逐步被打破，学生班级观念逐步淡化，学生自主选择专业、课堂、修业年限等，形成了以课程为纽带的多变的听课群，使不同专业甚至不同学校的学生在一起学习。学生管理的对象不仅局限于本专业学生，还包括因选修课程形成的其他专业或其他学校的学生，管理对象日趋复杂化。同时，以统一的教学计划为依据，以学习成绩为主要指标的学生评价体系失去了可操作性，以年级和班级为学生评价基本单位的难度增大，这可能会导致原有学生激励机制失效。现行的以班级和党团组织为建制的高校学生群体管理体制已不能适应这一新的变化，基层管理组织的作用受到了削弱。

（3）学生就业、资助、心理等现实需求的强化，凸显了高校学生教育管理环境变化的现实性

从就业管理来看，随着就业高峰的来临，就业难问题成为社会关注的焦点，也成为每个高校学生最关心的现实问题。面对日益严峻的就业形势，高校学生对

于国家的就业政策和就业市场规律明显不适应，学生的就业心态、诚信观念也不同程度地出现了偏差，学生对学校提供的就业市场、咨询指导、职业生涯规划、就业服务等有较高的诉求，但这种诉求不是当前所有高校就业管理能够满足的。这就使高校学生就业管理工作需要根据学生的现实需求，不断进行调整与深化，切实为学生成功就业铺平道路。从资助管理来看，随着我国经济的快速增长，人民的生活水平虽然有了较大提高，但目前在校高校学生中经济困难学生的比例仍然较高，高校承载着不让任何一名学生因经济困难而辍学的任务。传统的资助管理只是对学生进行经济援助，使部分经济困难学生出现了情感负担重、上进心缺失等问题。因此，新时期的学生资助管理工作不仅要满足学生的物质需求，也要满足他们的精神需求。相应地，就会导致学生资助管理工作的内容极大扩充，工作难度也不断增加。从学生心理健康发展来看，部分高校学生不同程度地出现了一些心理问题，直接影响到高校学生的健康成长和日常学习生活，心理咨询与调适越来越受到高校学生的认可。但由于社会环境的影响和高校学生成长环境的差异，学生心理特点和心理问题也体现出较强的时代特征，新的心理问题不断出现，并且发展性心理问题居多，这就要求在学生管理过程中，密切关注学生的思想和行为，根据学生特点，切实有效地解决学生的心理问题。

（4）互联网的发展增加了高校学生教育管理环境的挑战性

随着信息技术的进步，特别是互联网的发展，社会生产生活方式发生了相应的变化。一方面，网络已经成为高校学生获取信息的主要来源，高校学生既是网络信息的生产者，也是网络信息的消费者，海量信息对促进高校学生更新知识、开阔视野有着较大的促进作用，有效地激发了他们的学习兴趣、创新意识、竞争意识，形成新的文化意识和文化精神。另一方面，网络给高校学生管理工作的有效开展带来了一定的负面影响。网络信息的开放性、快捷性、丰富性等特点，使知识的权威性受到质疑。网络的虚拟性、隐蔽性使网络成为有害信息的滋生地和传播地。一些高校学生出现了沉溺于网上虚拟世界不能自拔，难以明辨信息而上当受骗，甚至出现了网络犯罪等情况。对学生管理而言，网络是一把"双刃剑"，给学生管理工作带来了新的挑战，需要学生管理工作者具有网络化思维，在网络环境中加强学生的正向管理，最大限度地消除网络对学生的负面影响。

2. 管理对象的新特点

总体来看，当代高校学生思想状况的主流是积极、健康、向上的。但在发展社会主义市场经济和对外开放的条件下，在各种思想文化相互激荡的环境中，高校学生思想活动的独立性、选择性、多变性、差异性明显增强，受到各种思想文化的影响明显增多。一些高校学生不同程度地存在政治信仰迷茫、理想信念模糊、价值取向扭曲、诚信意识淡薄、社会责任感缺乏、艰苦奋斗精神淡化、团结协作观念较差、心理素质欠佳等问题。

从横向上看，不同学生群体由于理想追求、知识水平、生活背景、努力程度的不同，体现出了明显的差异性。从党员群体来看，他们是当代青年高校学生中优秀分子，代表着青年的发展方向，是高校学生的标兵，是党与高校学生联系最紧密的桥梁和纽带。他们理想信念坚定、政治意识强、政治认同积极，价值观、人生观积极向上；热爱祖国、热爱人民，关注国家大事，崇尚良好社会公德；富有正义感、集体荣誉感和团队精神，自主管理能力与帮扶助人意识强。但部分学生党员也表现出党性修养不足、功利性明显等特点。从学习优秀学生群体来看，他们学习目标明确，有强烈的求知欲和探索精神；敢于坚持真理，敢于开展批评；珍惜时间，讲求效率；具有良好的学习习惯，能自觉地遵守学校纪律和公共秩序。但也有部分学习优秀的学生表现出了高高在上、脱离群体，参与集体活动少，集体荣誉感弱等特点。从希望生群体来看，部分学生理想信念模糊，社会责任意识缺乏；价值观念扭曲，依赖心理严重；秩序意识淡薄，处事随心所欲。从经济困难学生群体来看，表现出了多样化的特点。他们一般具有较强的上进心和艰苦奋斗的精神，自强不息，富有爱心，乐于助人。但部分学生过于敏感、精神负担较重，容易发生不同程度的心理问题。

从纵向上看，不同年级的高校学生呈现出不同的特点。从大一年级学生来看，他们具有不同程度的自豪感和优越感，对未来高校生活充满期待，自尊心强但心理承受能力较弱，参加集体活动热情较高，期望尽快转变角色适应高校生活。部分学生也表现出对高校生活不适应、学习目标丧失、人际关系处理不当、理财与生活经验缺乏等特点。从大二年级学生来看，他们学习目标逐渐明确，人生理想更加现实化和社会化，主动意识增强，学习意愿强烈，对自我的定位趋于理性。但也有部分学生开始受到情绪、人际交往、学习、生活、恋爱等的影响出现不同程度的心理问题。从大三年级来看，他们的人生目标更加现实，学生群体开始逐步分化为保研、考研、就业、出国等群体，并且体现出不同特征。准备保研的学生学习更加努力、更加注意收集保研相关信息；准备考研的学生则呈现出"三点一线"式的规律性学习，参与集体活动意愿明显降低；准备就业的学生开始积极准备就业的"敲门砖"，考取各种证书成为热潮，学生开始密切关注学校和本专业就业情况。从大四年级来看，上半学期所有学生都处于紧张状态，准备保研的学生四处奔波，准备考研和就业的学生压力增大，他们都会不同程度地表现出焦虑、急躁等特征。下半学期，除了尚未找到工作的学生外，其他学生的学习、生活开始呈现出散漫的状态，学生自由时间增加，社会兼职增多。毕业前夕，更是表现出聚会多、安全隐患多等特点，毕业生离校教育管理的工作量极大增加。

3. 管理任务的新要求

（1）坚持"育人为本、德育为先"，切实解决高校学生的实际问题，是高校学生管理任务的根本要求

高校学生是十分宝贵的人才资源，是民族的希望，是祖国的未来。"培养什么人，如何培养人"成为高校教育管理的一项重大课题。高校必须紧紧抓住育人这个中心任务，坚持"高校教育，育人为本；德智体美，德育为先"的原则，从教书育人、服务育人和管理育人入手，坚持理论联系实际，贴近实际，贴近生活，贴近学生，切实为学生解决实际问题。辅导员的职责和教育管理工作的任务主要体现在：一是做好学生日常思想政治教育及服务育人工作，加强学生班级建设和管理；二是遵循高校学生思想政治教育规律，坚持继承与创新相结合，创造性地开展工作，促进学生健康成长成才；三是主动学习和掌握高校学生思想政治教育方面的理论与方法，不断提高工作技能和水平；四是开展相关工作调查和研究，分析工作对象和工作条件的变化，及时调整工作思路和方法；五是注重运用各种新的工作载体，特别是网络等现代科学技术和手段，努力拓宽工作途径，贴近实际，贴近生活，贴近学生，提高工作的针对性和实效性，增强工作的吸引力和感染力。

(2) 一体化运行、专业化发展、个性化服务、信息化促进、法治化保障是当前高校学生管理任务的现实要求

第一，传统的学生管理已不适应富有时代性、复杂性、现实性、挑战性的高校学生教育管理新环境，这就要求传统的学生管理应向教育、管理、咨询和服务拓展，应将高校学生教育管理的基本任务确立为学生的群体组织管理、行为管理、安全管理、资助管理、就业管理及管理的评估。高校学生各管理部门应统筹规划、形成合力，实现学生管理工作的一体化运行。第二，随着高校学生教育管理环境的变化和管理任务的细分，以及管理对象要求的不断提高和变化，要求高校学生管理必须走专业化道路，保障学生管理的效率和效益。第三，随着"以人为本"管理理念的深化和当代高校学生个性化的凸显，高校学生教育管理任务必须实现个性化服务。通过富有针对性的学生管理，促进每名高校学生的顺利成长成才。第四，网络使学生管理工作面临新的挑战，已成为学生教育管理的重要阵地之一。这就需要高校学生管理工作既要利用网络加强对学生的教育、管理和服务，形成网上网下教育和管理的合力，又要充分利用现代网络技术，建立起信息化、网络化的学生管理系统，切实提高工作效率，更好地为学生服务。第五，近年来，司法部门介入学校教育管理，法院受理高校学生状告学校案件的现象已屡见不鲜，法制化已成为新形势下高校学生教育管理的迫切需求。这就要求学生管理要严格遵守国家的法律法规，有法律有规定必须按法律规定办，没有规定的，也必须符合法律的基本原则。高校在制定各项学生管理制度时，应该认真研究国家和地方相关法律条文，注意听取学生的意见，防止出现制度本身与法律法规相违背的尴尬问题，增强规章制度的科学性。只有这样，才能有助于增强学生管理的权威性，才能有助于保障学校的正常秩序。

二、高校学生教育管理的创新

（一）高校学生教育管理创新的路径

新时期高校学生教育管理创新，要通过引导学生实现自我管理、探索网络信息化管理及加强管理队伍建设三条路径来实现。

1. 以学生为本，引导学生实现自我管理

没有管理的教育和没有教育的管理都是软弱无力的。教育离不开管理，管理是为了教育。这就是以人为本的高校管理工作的全新辩证法。正是因为高校学生教育管理工作与人才培养的这种特殊关系，才使高校学生教育管理创新的路径有别于一般管理工作。它客观上要求用全新的管理理念作为指导。理念是反映对象深层次本质和规律的观念。教育理念是关于教育基本问题的深层次本质和规律的观念，具有理想性、持续性、统合性和范式性的特点。新时代的高校学生教育管理理念是追求以人为本的管理。以人为本的实质就是尊重学生的发展特点和规律，尊重学生的人格个性，创建学生思想政治教育的良好环境，建构和谐的师生关系，培养素质全面、个性优长的创新人才；其关键是要正确发挥学生的主体性，尊重学生学习主体需求，使思想政治教育活动忠实于教育本身的内涵，根据不同的学生施以不同的教育，使学生的潜能得到充分的发挥，形成一种积极向上的内在的力量。开展高校学生教育管理工作不是管理人、约束人、控制人，而是创造条件培养人，通过有效地培养发展人。在这种方式中，学生本身既是管理者，又是被管理者，学生在这种角色转换中极大提高了自我管理的积极性，特别是增强了学生的自我约束、自我管制能力，在学习知识的同时锻炼了自己，既"学到了知识"，又"学会了做人"，增强了学生的主体意识和责任感。

2. 运用网络实行信息化管理

在创新管理方式方法和手段的过程中，要注重运用网络实行信息化管理，充分利用现代科学技术手段针对不同时期高校学生教育管理发展新情况和新趋势，开发管理平台，整合管理资源，实现网络化、数字化管理。通过网络实现信息化管理，能够使管理方式变封闭式管理为开放式管理，进一步加强了管理与思想政治教育的融合、与学分制等学校管理制度的配合、与社会管理的结合。同时，通过网络实现信息化管理，也是促使高校学生教育管理变单一管理为综合管理，把管理与服务紧密结合起来，以服务促管理的有效途径。在管理方法创新方面，要充分发挥网络虚拟互动平台作用，实现师生有效互动，变说教为参与、变灌输为交流、变命令为引导，创造学生主动参与的全新工作局面。同时，在管理手段创新方面，当前最重要的是通过网络信息化促进实行法制化的规范管理，建立合理的程序机制。

3. 加强管理队伍建设

加强学生管理人员队伍建设是确保管理工作顺利开展的重要保障。随着新时期社会形势的变化，高校学生工作也发生了许多变化。学生工作的一些职能转化了，一些职能弱化了，一些职能需要强化了。学生工作由过去重管理向现在重教育、咨询、服务转化。心理健康教育、经济困难学生资助、助学贷款、就业指导等学生工作职能必须得到强化，才能适应形势需要。同时，高校学生群体的思想问题和实际问题也更加复杂化、多样化，这就需要管理工作队伍凭借智慧、知识和技能形成"专家化"的本领。因此，从高校学生教育管理工作的发展趋势来看，高校学生管理工作队伍必须走专业化道路。就当前高校学生教育管理工作队伍而言，虽然在政治素养、敬业精神、个人品德上是合格过硬的，但在驾驭、解决实际问题的能力和本领上还与现实要求有较大的差距，在不同程度上存在着"本领恐慌"。一些管理工作者带着固有的陈旧观念和思维定式面对学生，不了解也不理解当代学生与以往迥然有别的内心世界和真实想法，甚至在语境上都难以与学生沟通，形成了代沟和隔阂。一些管理工作者虽然充满热情，但是缺乏相关的基本训练和专业知识，甚至在信息的获取和熟悉上还不及学生，难以对学生产生真正有效的指导。显而易见，"本领恐慌"状态下与学生产生的隔膜，解决不了学生面对的实际困难，也解决不了学生的思想问题。因此，需要有专职从事学生管理工作的人，通过专业方式担当起新时期学生管理工作的重任，以工作的专业化带动队伍的专家化。要超常规选拔人才，高起点聚合精英，不拘一格，广纳贤才，培育一支数量足、素质高、业务精、能力强的专业化学生管理工作队伍。

（二）高校学生教育管理创新的内容

1. 突出高校学生教育管理中的育人功能

高校学生教育管理不是单纯地为了管理而管理，而是为了实现国家培养人才的目标而服务的。从这个意义上讲，高校学生教育管理的目的就是培养国家需要的德智体美劳全面发展的人才，管理的目的就是育人。因此，高校学生教育管理创新的内容，应充分重视育人功能的发挥，突出以育人为目的和指向的管理内容。以育人为目的和指向的管理内容一方面应体现在高校学生教育管理过程中的人力、财力、物力等资源配置的方方面面；另一方面应体现在对高校学生进行教务管理、安全管理、行为管理、群体组织管理、就业管理、资助管理等学校各部门分属管理的方方面面。只有在这些方面充分发挥管理中的育人功能，才能实现高校学生教育管理的创新。这就需要在高校学生教育管理中处理好管理与思想政治教育的关系，将高校学生教育管理与思想政治教育有机地结合起来，自觉地遵循教育规律，重视发挥思想政治教育在树立高校学生正确的世界观、人生观和价值观方面的作用，实现科学管理和有效管理。

2. 完善高校学生教育管理中的规章制度

高校学生教育管理创新只有生成为基本的管理规章制度，长期坚持，不断完善，才能推动管理工作不断上新台阶。高校学生教育管理工作要创新，必须以科学高效的工作规章制度作为基础性的客观保证。在规章制度建设方面，除了国家制度层面的保障外，高校自身还必须努力创新学生管理工作制度，真正在学生管理工作领域形成一套宽容有序、落实有力、鼓励创新的工作制度，为学生管理工作走上创新之路提供可靠的保证。这不仅是一个为完善规章制度而进行制度设置的问题，更是一个在严格执行现有制度的基础上，在高校学生教育管理的日常工作经验的不断积累和实践过程中的完善和创新。因此，高校学生教育管理要牢固树立依法治校、依法治教的法制观念，通过正当程序控制学生管理过程，规范权力运行程序，彻底避免学生管理运行的无序性、偶然性和随意性，保证管理行为的合法性和高效性。

3. 健全高校学生教育管理中的服务体系

高校学生教育管理的对象是青年学生群体，不仅涉及学生的生活、学习，而且涉及学生社会实践和求职就业等方面。学生活动的范围、领域、内容、目的都随着时代的发展和要求而不断地呈现出新的发展和变化，影响高校学生的各种因素也相对复杂。这就要求高校学生教育管理不能仅仅是管理者的管理、单纯的事务性的管理，而更应该是作为被管理者的青年高校学生主动参与的管理、全方位服务性的管理。因此，高校学生教育管理要强化和健全管理运行中的服务体系，积极健全管理中的服务软件和硬件体系。一方面，要进一步解放思想，深化对管理的认识，树立服务意识和服务观念，在高校学生教育管理中不断提升服务水平，营造管理育人、教书育人、服务育人的各部门齐抓共管的良好局面。另一方面，要加大投入和研发力度，充分利用网络信息技术平台，实现网络化、信息化、一体化的教务、安全、就业等服务平台，引导高校学生主动参与管理中，最终实现自我教育、自我管理和自我服务。

第三章 高校教学管理机制的信息化建设

高校教学管理机制的信息化建设是现代教育体系中不可或缺的一部分，它不仅关系到教学资源的优化配置和教学效率的提升，还对培养适应信息社会需求的高素质人才具有重要意义。随着信息技术的快速发展，高校教学管理信息化呈现出新的发展态势，其中，构建教学管理信息化新模式成为关键。新模式强调利用大数据、云计算等先进技术，实现教学资源的智能化管理和个性化服务。同时，在教育信息化背景下，高校需要探索构建适应新媒体环境的教学管理机制，以促进教学管理的延伸发展，提高教学质量和教育公平性。这一过程不仅涉及技术层面的创新，更要求高校管理者更新观念，加强顶层设计，确保信息化建设与教学管理深度融合，为构建学习型社会贡献力量。

第一节 高校教学管理信息化的发展趋势

一、高校教学管理信息化的相关概念

（一）高校教学管理的含义

教学管理是为了实现教学目标，按照教学规律和特点，对教学过程的全面管理。高校教学管理是高校进行教学的重要工作之一，它是指高校管理者依据一定的教育思想，通过一定的管理手段，本着遵从教学规律和管理规律的原则，对教学过程进行计划、组织、指挥、协调、控制，维持高等学校正常的教学秩序，以期达到教学资源的优化配置，使教学活动达到学校既定的人才培养目标的重要过程。高校教学管理在高等学校不是一般意义上的行政管理，而是兼有行政管理和学术管理双重职能的一门科学，是一门研究高等教育的教学管理思想、本质、方

法、内容、规律及特点的学科，是研究"以教学为中心，以高水平的教学质量为目标，以科学管理为主线"的教学及其组织管理的客观规律与内在联系的学科。一般认为，现代高校教学管理的研究理论主要基于教育心理学、教育管理学、高等教育学、教育技术学等教育学和管理学的相关学科。

（二）高校教学管理信息化的含义

管理信息化是以信息化带动工业化，实现企业管理现代化的过程，它是将现代信息技术与先进的管理理念融合，转变企业生产方式、经营方式、业务流程、传统管理方式和组织方式，重新整合企业内外部资源，提高企业效率和效益，增强企业竞争力的过程。

高校教学管理信息化是管理信息化思想在高等学校教育管理领域的衍生，是指在现代教育思想指导下，利用计算机、网络通信及多媒体等现代化信息技术，对高校教学过程进行管理，从而达到既定教学目标的状态或方式，是信息技术在高等学校教育管理领域的具体应用。高校教学管理信息化依托先进的信息技术，依据现代高等教育与管理思想，改变高等学校传统的教学管理方式，通过对教学过程实施高效率的计划、组织、指挥、协调、控制，以实现高等学校教学目标。高校教学管理信息化不仅意味着高校教学管理信息系统相关硬件、软件平台的开发建设，更包含了教学管理理念的现代化、科学化和高效化。

（三）高校教学信息化管理模块

为了改善教学管理机制和教学运行机制，需要构建完善的校园网络，从而实现教学管理信息共享、分散操作、集中化管理模式。创新传统教学管理模式，能使教学管理模式向综合化、智能化、无纸化以及数字化发展。学生和教师通过校园网络交换信息、浏览信息，构建完善的信息化教学管理模式，可以使教学管理工作更规范、准确、方便。通过应用网络信息化，可以方便向学生发布学习成绩、课程变化、选课情况，以及考试安排等相关工作内容。教学管理信息化采用多元化的信息系统教学管理模块的方式，可以提高教学管理质量。教学管理系统模块主要包括学生学籍管理、校内系统管理、学生注册管理、维护公共信息管理、课程管理、选课管理等信息化管理模块。

①学生学籍管理。信息化学籍管理模式可以帮助维护学生学籍信息，同时，给学生提供查询相关信息的方式。根据学生学籍数据实际情况，形成数据上报文件和高级报表。

②校内系统管理。通过设置系统参数、系统工具以及用户管理等方式，维护教学系统升级并科学地管理教学信息等。

③学生注册管理。通过采用信息化管理模式，在每个学期开学以后便于学生注册，提高学生注册管理效率。

④维护公共信息管理。教学管理时应用信息化能维护公共信息管理，给学生提供基础数据集，主要包括教学管理信息代码、学校公共代码、校内教务系统公共代码、选课、成绩代码以及课程信息代码等。

⑤课程管理。合理应用信息化技术，给学生提供课程信息平台，主要包括选课、排课、教学计划、学生成绩管理等。

⑥选课管理。便于学生浏览学校制定的相关规章管理制度、教师基本信息等，方便学生据此生成个人课表。教学管理人员可以根据用户端的方式查询、调整学生选课数据。

应用信息化技术，可提高教学管理系统的稳定性，优化教学管理模式。采用综合教学管理方式，可充分发挥信息化优势。有利于提高教学管理工作质量，避免在教学管理过程中出现漏洞，给管理人员提供可靠的数据支撑。高校要逐渐完善教学管理系统，提高教学管理信息安全性，有效实现教学管理工作信息化、规范化及科学化管理。

（四）信息化在教学管理中的作用

1. 有利于提升教学管理效率

传统的教学以课本教学为主，但是传统的以教师为核心的单向知识输出模式，容易造成教学管理效率低下，已经不能适应现代化教育要求。而信息化手段的介入极大提高了单位时间内信息输出量，比如多媒体教学、电子文本阅读等，节约了大量手工操作的时间，能够提升课堂效率和授课效果。

信息化在教学管理中的应用是指在课堂教学中运用计算机多媒体和网络信息技术，提高课堂教学有效性，使之适应信息化社会对教育发展的新要求。教学信息化就是要使教学手段信息化、教学方式现代化。

高效课堂是指在常态的课堂教学活动中，通过教师的引领和全体学生主动而积极的思维过程，在单位时间内高效率、高质量地完成教学任务，促进学生获得高效发展。可以使学生在新颖的多媒体计算机辅助教学的课堂上充满兴趣、自主探究、培养思维，全面发展，适应新时代发展对人才的要求。

2. 有利于激发教师不断学习、精研业务的动力

教师队伍建设是教学管理中最重要的环节之一，随着素质教育的推行，逐步走向成熟。现代教育对教师综合素质的要求越来越高，教育管理信息化的推行，从某种程度上可以推动教师保持积极学习的良好状态，有利于教师队伍水平的整体提升。

21世纪以来，我国教育领域正在进行以"课程改革"为中心的教育改革，课改对教师提出了新的挑战。信息技术在辅助教学方面已经得到了广泛的应用，但是应用的情况和效果却存在一定问题：有些教师不能恰当使用信息技术，无法提高课堂教学效率；也有不少教师使用信息技术时没有针对重难点设计内容；等等。那么如何用现代化的教学手段为学生创设情境、提供丰富的教学资源？如何有效地运用信息技术和课堂教学，突出教学重点与难点？这是摆在教师面前的现实问题，也是我们孜孜探索的一个现实而又紧迫的课题。

国内众多学校已经将信息技术引入课堂，教师通过早期的培训，对信息技术已经有了初步认识，并且在课堂教学上加以广泛应用，一批教师已经具备自主开发课件和制作课件的能力。

3. 有利于实现教学全过程管理

课堂传授知识只是教学管理活动中的重要一环，课后作业、测试、教学质量追踪才是完整的教学管理活动，这些活动的管理依靠传统手段会耗费教师巨大的精力，而教学管理信息化将弥补这一不足，只需要很少的时间就能实现教学全过程的监测和分析，有利于教学活动的顺利开展。

信息化教学管理的应用能够实现对学生的个性化分析、以学定教、提升学习

的效率与质量；能够为教学管理提供大数据辅助决策与建议，为科学治理提供支撑。比如在个性化教学方面，通过大数据技术，可以收集和分析学生日常学习和完成作业过程中产生的数据，精确地告诉教师每个学生的知识点掌握情况，教师便可以针对每一名学生的学习情况有针对性地进行教学和布置作业，达到因材施教的效果。教学信息化未普及时，教师排课往往需要几周时间，还不能保证让学生满意。现在采用人工智能算法进行排课，系统可以结合课程、教室、师资进行快速地排课，极大地提高效率与学生满意度，充分体现了信息化在教和学方面的重要作用。

4. 有利于减轻教师的教学负担

国家提出教育信息化相关政策，目的就是帮助教师减压（如何获取教学资源、如何快速引用教学办法、如何智能批改试卷等），帮助教师高效工作（如深入了解学生学习情况、有针对性地辅导和布置作品、与家长沟通等），提高教师创新能力（微课资源制作、课题研究等）。

现在很多在线教育产品提供线上智能阅卷功能，只需用手机拍一拍就可以批量修改作业，还具有班级学生的学情分析、学生个人的作业进度和测试情况、教师备课的教学资源、学校和家长的沟通等功能。

当前，通过信息技术提升教育水平已成为国内外共识。综合利用互联网、大数据、人工智能和虚拟现实技术探索未来教育教学新模式，是我国教育信息化建设的重要手段和目标。信息化教育已经覆盖教、学、考、评、管各方面：能够解决数据采集的问题，实现从数字化到数据化；能够为教师减负增效，减少教师简单重复工作的时间。

5. 实现教学管理决策科学化

在教育信息化的高效管理中，其还能够通过自身功用的发挥，实现教学管理的科学化。运用信息化技术，相关高校就能够对自身师资队伍的建设、教材的搭配、招生计划的制订进行管理，这种管理主要通过信息化技术生成多套相关教学管理方案，最终通过综合这些方案，就能够实现这些工作自身效用的最大化发挥。在高校的相关教学管理决策中，教育信息化是一切决策的基础与根据，教育信息化高校管理杜绝了传统高校管理存在的信息不及时、不准确和不完整的情况，对于相关高校自身教学资源的开发有着较大的推动作用，教育信息化在高校管理中能够实现教学管理的决策科学化。

6. 提升教学管理创新力

教育信息化高校管理还能够通过自身功用，实现高校教学管理创新力的提升。在当前社会激励竞争的当下，相关高校如果长时间不对自身的教学管理进行创新，就必将被社会所淘汰，所以相关高校必须通过教学管理的创新改变其自身教学现状，并以此提高自身的竞争力。为了实现这一追求，就需要利用教育信息化的高校管理。在具体的教育信息化的高校管理中，相关高校能够利用信息教学管理系统，为高校自身教学管理提供创新的舞台，同时增强高校管理层的信息获取能力，这样就能够切实实现高校自身教学管理的创新。值得注意的是，信息教学管理系统还能够实现不同高校之间的沟通，这对于高校的共同进步有着较大的推动作用。

（五）教育信息化对教学管理提出的要求

1. 必须加强教学基础设施的配套建设

一所学校的信息化水平受制于学生掌握信息技术的程度。应确保每名学生都能掌握基本的计算机操作技能，并逐步转变观念，树立培养学生信息素养的观念。使信息技术为学生学习服务，为学生发展服务。基础设施建设是完善目前教育信息化的基础，也是重中之重，比如学校机房建设、数字资源购买、教师队伍信息化设备配备水平等，这些硬件设施和软件环境直接决定了一个学校教学管理信息化的推进程度。要加大力度建设学校的资源库及平台。建设"数字化校园"的基础工程是教育资源的数字化。为此，建设一个资源充足、种类齐全、使用方便的校本资源库是重中之重。经过多年的努力，部分学校的资源库建设取得了可喜的成绩，已经具备一定的规模，但仍然存在一些问题，主要是资源种类与学校教学实际不相适应，资源内容没有校本化，管理无序，可利用性较小，使用效率较低，不能真正实现资源库本应发挥的效用。

2. 必须培养一支主动适应信息化发展的教师队伍

教师队伍的信息化素养关系到信息技术应用的质量，也关系到信息技术在教育教学中的效果。主动学习的教师团队更能适应教学管理信息化工作的要求。

现在的教师大部分还是很乐意接受新鲜的教学模式的。要努力建设一支适应信息化发展的教职工队伍。一支掌握现代教育技术的师资队伍是一个学校信息化水平的重要标志，建设一支掌握现代教育技术的师资队伍是学校信息化建设的重心。

教师教育信息化能力不强是因为教师还没有养成信息化教学的习惯，还有一些教师尚不会使用。教育信息化的关键首先在于信息化产品的学习使用是否简单，是否容易上手。其次是产品是否真的能帮助教师减负，让教师享受到来自教育信息化带来的便利。如果下了很大的功夫学会了使用信息化的产品，结果没有提高教学效率，那教师肯定不会继续使用。提高教师信息化的教学能力不仅在于产品是否简单，更在于产品能够真正帮助教师提高教学效率。回归教育的本质——让教学真正享受到信息化带来的便利，为教师和学生减负，让教和学都更简单，这自然就会提升教师的教育信息化和教学能力。要长期坚持对教职工进行信息技术全员培训，但应逐步改变培训的方式，充分发挥校园网在培训方面的作用，为教师提供更多的自主学习机会。同时逐步更新培训内容，在掌握基本技能的基础上，组织部分基础好的教师开展信息技术与课程整合的培训与学习。强调以用促学、自主学习，加强过程的监督，加强交流与研讨。除了过程的监督，还应重点考核培训学习的效果，要求参与学习的教师每学年都应讲授一次有关信息技术与课程整合的研讨课。

3. 必须将信息化手段和传统手段结合起来

传统教学手段与信息化手段相比有劣势也有优势，这两种方式相互结合，取长补短，相得益彰，才能真正达到优化教学质量、创新教学手段的目的。否则，一味地采用信息化手段，教学效果并不一定就能够提升。同时必须考虑学生的接受程度。首先，信息化教学充分利用计算机、互联网络等现代教学媒体的优势，能够调动更多的教学媒体、信息资源，从而创建一个信息量大、知识丰富的学习环境。再加上计算机交互性、多媒体特性、超文本特性的特点，更容易创建情景式的教学环境，提高学生的学习积极性，让学生主动去探索知识，而不再被动地接受知识信息。这种模式下的教学，教师只是课堂教学的组织者、指导者，学生学习的帮助者、促进者，而不再单纯是知识的灌输者和课堂的主宰者。其次，实现了教学一对一，便于因材施教，互助互动，培养协作式学习。但是，信息化教学对教师素质的要求更加高，如果教师操控信息技术的能力欠佳，对课堂上突变的情况准备不足或随机应变能力稍差，课堂就可能出现无法控制的局面。这就需要结合传统的教学模式保障教师在课堂教学相应的地位，以便其对课堂教学的组织、管理与控制。在这样的教学环境下，学生很少会走入学习的死角和误区，学生的学习较有目的性和针对性。

二、高校教学管理信息化的特点

（一）数字化特点

数字化作为教学管理信息化的基础，结合计算机信息技术将复杂烦琐的教学管理信息以数字化的形式表达出来，使教育信息技术系统的应用设备变得简单。同时，又能保障性能的可靠性，便于教师的教学管理，提升了教学质量和效率，对启发学生的思维具有有利影响，为教师的教学管理提供有效的科学依据。

（二）多媒化特点

现今社会信息的扩散对整个社会的飞速发展具有重要影响。信息化发展是通过知识传播和应用过程来进行的。教学管理信息化体现了信息的高度集中性，使信息媒体设备实现一体化，使信息表征变得多元化，同时，体现了教学管理信息化建设当中知识化的特点。教学内容通过多媒体技术建立动态化及形象化的表示，在教学课件中包含动画、图像、文字等三维景象，使教学内容变得更加丰富。利用多媒体技术根据学生的实际情况进行针对性教学，为学生提供帮助。

（三）网络化特点

通过结合计算机资源使信息资源共享，利用网络平台将教学中的各项环节进行有机结合，实现教学管理信息的控制和管理系统的互动。使系统能够人性化、通信做到自然化，这是高校教学管理信息化建设中一项显著特征。

三、高校教学管理信息化建设的应有成效

我国高校实施教学管理信息化建设是为了适应高等教育事业的空前发展，实现高校教学管理的高效、科学和规范，为新时期高校人才培养质量的提高提供保障。为此，将高校教学管理信息化建设的应有成效进行梳理归纳，对查找分析现阶段高校教学管理信息化建设的存在问题具有重要的对比参考意义。根据对教学管理信息化建设相关研究资料的学习，高校教学管理信息化建设主要有以下几方面的应有成效。

（一）教学管理信息化地位突出

教学管理信息化在学校教学管理各项事业中的重要突出地位是衡量高校教学管理信息化建设应有成效的重要标志之一。教学管理信息化的突出地位意味着学校决策层在教学管理信息化建设中，能意识到将信息化作为提高教学管理水平，促进人才培养质量提高的重要工作来抓，一方面，表现在从事教学管理信息化建设所需的政策、组织机构、配套管理制度等软环境能满足教学管理信息化建设的需要；另一方面，表现在进行教学管理信息化建设所需的财力、人力等物质保障条件能达到教学管理信息化建设过程的要求。

（二）教学管理信息系统运行效果优良

教学管理信息系统是教学管理信息化建设应用解决方案的核心，其运行效果是教学管理信息化建设最显著的表现，因此，教学管理信息系统运行效果优良是完善的教学管理信息化建设应该具有的最重要和最基本的特征。保证教学管理信息系统运行效果优良应该具备以下几个主要因素。

其一，从软件自身方面来讲，其技术实施方案先进，功能比较完善，用户界面友好便于学习和使用。同时，能较好地适应学校的实际教学管理过程，能完成学校教学管理工作中各项教学事务的处理，软件智能化程度高，能极大减轻教职员工完成教学事务处理的工作强度，使用效率高。

其二，从组织机构方面来看，学校的信息化组织架构完善，级别层次高，校

领导担任信息化组织机构负责人，设有专门办事机构。从机制上能保障对教学管理信息化建设进行长期规划和指导，为教学管理信息系统在学校教学管理中的广泛应用提供强有力的支撑。

其三，从配套制度方面来看，学校教学管理信息化建设的相关配套制度制定比较完善，为教学管理信息化实施的规范、透明、公正奠定了基础。完善的教学管理信息化相关配套制度，既可以规范和约束教学管理信息系统的正确使用，保证教学运行数据的真实有效，又促进了教学管理服务的各种办事流程的建章立制，便于相关教学管理服务信息的对外发布和接受监督，保证了教学管理信息系统长期规范使用的连续性和透明性。

（三）教职员工适应信息化工作环境

广大教职员工是教学管理信息化建设的主体和最终受益者，他们对信息化工作环境的良好适应也是高校教学管理信息化建设取得良好成效的重要体现。教职员工具备良好的信息化工作环境适应能力表现在：第一，具备较高的信息技术应用水平，能够熟练使用现代信息技术从事教学活动，熟练应用教学管理信息系统完成各项教学管理服务事项的办理；第二，具备良好的信息素养，具有主动使用现代信息技术从事教学和完成教学管理服务事项办理的意识，并乐于接受教学管理信息系统使用带来的高效、便利。

（四）信息化服务比较完善

完善的信息化服务是高校教学管理信息化建设取得良好成效的高层次要求。高层次的教学管理信息化建设不仅意味着只着眼于解决教学管理中的各种问题，实现各项管理职能，减轻教职员工从事教学管理工作的劳动强度，还应该满足广大师生员工对各种信息化教学服务的需求，助推教师教学能力的提升和学生的成长成才，促进教学管理部门的职能从侧重管理转变为侧重服务。

四、高校教学管理信息化发展趋势分析

(一) 现代教学管理的发展趋势

1. 教学管理的开放性更强

开放性是系统与外界的物质、能量、信息和人员等的交换。信息化条件下，教学管理的开放性主要表现在教学管理环境和教学管理过程的开放性。

(1) 教学管理环境的开放性

环境主要指人们生活的一切外部条件的综合。教学管理环境是指学校教学管理活动所必需的诸多客观条件的综合。以信息高速公路建设为代表的信息高科技的发展，改变了高校管理的环境，相应地也改变了高校教学管理的环境。信息化条件下高校教学管理环境的开放性主要表现为高校管理大环境的开放性。网络成为管理的重要手段，拥有许多基于网络的管理软件，如网络招生和录取系统、网上选课系统、网上就业系统、教务管理系统、多媒体教学系统等。高校内部交流及与外界交流的方式和手段越来越多，联系越来越密切，开放性更强。学校行政管理部门以及教学管理部门与学校教师、学生间的距离，在这个开放的环境下也越来越近。

(2) 教学管理过程的开放性

教学管理过程是一种有目的的、多层次的、双边共同活动及相互作用的能动过程，是合理组织使用教学资源、保证教学目标顺利实现的过程，是有序的、可控的过程。信息化条件下教学管理过程的开放性主要表现在以下几方面。

一是学生的开放性。信息化条件下，高等学校的类型多样化，网络虚拟高校、远程教育的蓬勃发展使得学生进高等学府的门槛降低，高校的校门几乎向所有的公民开放，不同年龄阶段的公民只要有一定的知识基础，就可以通过考试或免试进入不同的高校学习。

二是教师的开放性。高校的大门向世界各国开放，通过多种多样的方式吸引人才，同一个教师可以同时受聘于几个单位。同时，教师的讲义在网上有限制地对外公布，本校的学生和其他对该内容有兴趣的人都可以通过一定的方式访问学

习，每个人都可以享受这种资源，在某种程度上也是教师单位所有制的开放。

三是课程的开放性。高校开设的课程不只是针对本校，还可向别的学校的学生开放，向全球的学生开放网上课程。美国麻省理工学院早已在网上向全球免费提供上千门课程。同时本校的学生也可以选修其他高校的课程，通过一定的方式进行课程学分的互换。

四是学籍管理的开放性。学生进校后学习什么样的专业，选修什么样的课程，可以在教师的指导下由学生自主选择，并可以根据一定的规章制度进行变换。

五是教学过程的开放性。信息条件下的教学过程将是一个开放的系统，因为网络本身具有资源丰富、交流便利和开放性甚至全球性的优点，通过网络，不但教学内容可以及时吸收学科最新的研究成果，而且整个教学过程将与外部世界保持持续的对话。在与这个虚拟世界紧密联系的同时，高校教学也积极面向真实的外界环境，并与之完成信息的及时交流与互换。在这样的一个开放的系统中，教学过程不仅是给学生传递和转移知识，用丰富的资源开放帮助他们学会学习，更是在此基础上创造新知。

在教学过程的信息化和多维化的前提下，学生将有可能在这个系统中自由地"流动"。未来的教学系统将不再局限在校园中，同样也不会局限在网络上，而有可能是"在信息节点、教室位置以及学生个人区位所组成的网络里"。

2. 教学管理的合作性更强

随着信息技术的飞速发展，互联网技术越来越成熟，国家之间、组织之间、机构之间、个人之间的交流将更加方便，"计算机一直被认为是加强合作的手段和方式"，他们之间的合作将越来越多，合作的力度也越来越大。"信息流量的加大和流速的加快以及世界网络的密集必然消释不同机构、组织乃至国家间界线。"从这个角度来说，合作成为国家、组织、机构、个人之间的常事，高校的教学管理也不例外。

(1) 高校教学管理与社会之间的合作

高校与社会的合作一直不断，传统高校的教学管理与社会的合作，由于通信技术与信息技术不够发达而合作不多，它们之间信息反馈迟缓，合作的幅度与力度不大。信息化为高校与社会的合作提供了良好的条件，通信技术、信息技术的飞速发展，使高校与社会的联系越来越密切，合作的范围也越来越广，高校的教学管理更是如此。从高校方面来说，对高校毕业生的质量、社会对高校毕业生的用人反馈信息、社会对不同类型人才的需求、社会对高校资金的投入、社会对高校研究成果的利用等都需要社会的通力合作；从社会方面来说，毕业证书的查询、对高校培养的人才的需求量及规格、积极应用高校的研究成果等都需要高校的通力合作。如今很多高校和一些软件公司合作，开发适合学校教学管理的信息系统，同时这些企业也渗透到高校教学管理中，汲取管理经验，用于自己的软件开发，这就是一个很好的例子。

（2）高校教学管理各部门之间的合作

为了使教学管理出效益、出质量，高校之间的合作在所难免，信息化条件下高校之间的合作将越来越多。信息化为各高校之间的交流与沟通提供了新的手段。传统高校之间的合作主要通过电话、信函、会议等方式。电子邮件的使用使教学管理人员免除了应答电话的麻烦，电视会议的使用让管理者免除了旅途之苦。高校之间教学管理合作的内容越来越多。信息化条件下由于高校学生、教师、课程、学科的开放性，高校之间教学管理合作的内容也相应丰富，从招募新生入学到教师的聘任，从课程的开设到学科的互通，从管理的交流到管理的实施等都在合作之列。

（3）教学管理部门与其他各管理部门的合作

教学工作是学校经常性的工作，教学管理工作在高校各项管理工作中属于核心工作，支配着高校管理工作的各方面，但也必须与高校其他管理部门紧密合作，才能发挥管理的核心作用，在信息化条件下更是如此。信息化条件下教学管理部门与高校其他管理部门之间的合作，首先，表现为教学管理信息及其他资源的共享。如对学生的管理有教务处、学工处等，对教师的管理有教务处、人事处、科技处、学术委员会等，这些部门对同一对象的管理可能会用到同样的数据资源，对于同样的数据资源不同的部门就要分工合作地进行收集、整理，避免重复性劳动。其次，表现为管理人员的合作。信息技术的广泛应用促进了高校各个管理部门的工作人员之间的合作，网络成为他们之间合作的重要手段。为了处理突发事件，一个部门可以向其他管理部门申请援助（抽调工作人员），协助完成任务。

3. 高校教学管理趋向柔性化

柔性管理是相对刚性管理而言的。泰罗的科学管理是刚性管理的典型，刚性管理是凭借制度约束、纪律监督、强迫等手段进行的，是根据成文的规章制度依靠组织职权进行的程序化管理，是"以规章制度为本"进行的管理。柔性管理是依靠激励、感召、启发、诱导等方法进行的，是依据组织的共同价值观和文化、精神氛围进行的人格化管理。在信息化条件下，高校教学管理趋向柔性化主要表现在教学管理组织机构趋向柔性化、学生与教师管理趋向柔性化。

（1）教学管理组织机构趋向柔性化

现行高校组织机构庞大，机构重叠，具有多样性和模糊性的特点，西方模糊教育管理模式认为，模糊性是学校和学院这样复杂组织的普遍特点。尤其在社会迅速发展和变化的时期，模糊性的特点表现得更为明显。该模式认为，高校没有确定的目标和明确的受理程序，不但决策的参与人数无法固定，而且决策的结果还容易受环境变化要求的影响。正是这一特性导致组织管理活动的复杂性和不确定性，而高校正处于信息技术飞速发展、管理环境迅速变化的时期，原有的、僵硬的教学管理组织机构不能满足这种要求，教学管理组织机构将趋向柔性化。教学管理组织机构的柔性化是指组织机构的灵活度，可调整的范围大。首先，表现在教学管理组织目标的调整上。信息化社会中高校的管理环境瞬息万变，教学管理组织目标需要及时地修改、调整以满足多方面的需要。其次，表现在机构设置和人员职责的灵活性上。在日益变化的环境下，教学管理工作将出现较多的、不可预料的情况，为了迅速地处理好这些意外的情况，教学管理部门需要临时具有组织处理并随时调整管理人员的职责。

（2）教师与学生的管理趋向柔性化

教师管理与学生管理的柔性化是指在研究教师与学生心理与行为规律的基础上采用非强制性方式，在教师与学生心目中产生一种潜在的说服力，从而把组织的意志变成教师与学生的自觉行为。高校的教师都是高级知识分子，明事理，吸纳新生事物快，对问题有自己的见解，同时又具有鲜明的个性。特别在信息化条件下，他们能迅速从网络获得他们想要的信息，对事物的认识较准确，明辨是非。对他们仅凭严格的规章制度进行强制管理是行不通的，只能是以此为基础，突出强调他们的自我管理，尊重他们的价值，承认他们的劳动，充分发挥他们的聪明才智。如在教师的教学过程中，我们不能要求教师用同一种方法教每一个学生，对教师教学工作的评价也不能用统一的标准纯粹地进行量化或标准化。

对高校的学生来说，柔性化管理主要表现在以下几方面：一是人才培养规格的柔性化。信息时代需要多种规格的人才，对高校来说，需要培养的是多层次和多样化的人才以适应时代的要求。二是教学计划的柔性化。信息化时代知识更新的速度加快，高校培养出的人才要适应信息社会发展的需要，就要制订柔性化的教学计划，注重培养学生的能力，给予学生更多的选择机会。如学生可以不选择专业入学，先在学校学习一定数量的通识课程后，再由学生根据自己的兴趣爱好选择专业；同样的课程对不同专业的学生可以有不同的要求。三是人才评价的柔性化。我们并不要求每一个学生都是杰出人才，但要求每一个学生都有自己的一技之长，对不同学校的学生评价有不同标准，有多样化的评价方法。

（3）柔性管理在高校教学管理中的特点体现

第一，灵活性。柔性管理的首要特点就是灵活性。在高校教学管理中，柔性管理的应用能够保障师生之间的正常沟通和交流，保证言谈举止得当，同时，更加关注纪律管理，坚持"以人为本"的理念，坚持"以学生为主体"原则，让纪律更加人性化。学生也可以主动地参与优质课堂教学中，提高他们的自我管理意识。

第二，人性化。柔性管理的另外一个特点就是人性化。在传统教学管理中，采用"科学"的刚性管理方式，是从上而下开展的规范，严重制约了师生的个性化发展，难以满足社会发展的需要。人性化管理中需要充分意识到学生中间存在的差异性特征，始终坚持"因材施教"，不断提高学生潜力。同时，在人性化的原则下将学生作为主体，认可教师的主导作用。

第三，多元化。多元化也是柔性管理的另外一个特点。首先，表现为主体的多元化。充分统筹和兼顾学生以及教师和学习的各个内容，做到统筹兼顾，并且坚持"以人为本"，对教学管理中相关的要素进行统筹和协调。其次，是促进多元化教学互动的实现。在师生之间，要做好充分互动。最后，是多元化的知识传递方式，在师生之间形成一种双向循环知识交流的模式，加强学生互动，并且教师要做到知识的传递和情感的交流，从而构建一个不断变化的动态教学管理过程。

4. 高校教学管理趋于虚拟化

虚拟是计算机专业的一个术语，指由软件驱动而形成的事物，而不是实际以物理形态存在的事物。如 VLAN（虚拟局域网）、虚拟主机等。这里讲的虚拟与计算机术语比较接近，是一个与真实相对应的概念，指现实中不存在的东西。虚拟化指的是虚拟现实，是利用以现代高速电子计算机为核心的信息处理设备、相应的软件系统和微电子传感技术模拟或创造出来的，与现实的真实世界相同、相似或不相似的仿真图景。虚拟现实本质上主要是针对单个的个人而设计的模拟局部现实世界的技术系统。虚拟现实是实际上而不是事实上为真实的事件或实体，它是由计算机创造所有的环境，在这个环境中，使用者在一个模仿外界环境的数据结构中操纵一个代表他自己的数据。

在信息化条件下，高校教学管理的虚拟化主要表现为管理客体的虚拟化、教学管理环境的虚拟化和教学资源的虚拟化。

（1）教学管理主体和客体的虚拟化

所谓管理主体是指在管理活动中，承担和实施管理职能的人或组织，包括各级各类领导者、管理者和各种管理机构。信息化条件下教学管理主体的虚拟化指的是在利用计算机和网络进行教学管理时，对教学管理主体来说，在网络上的管理只是操纵着一个代表他自己的数据，完成某项管理工作只需用鼠标点击几下，从而呈现给外界是一种虚拟的形象。在教学管理客体或其他人或组织看来，教学管理主体是由计算机和网络创造的，与他们进行交流或对他们进行管理的是机器（计算机）或是一个网址代码、一个角色符号，而不是一个具体的人或组织；教学管理主体是一个虚拟的但又可以完成教学管理活动的主体。教学管理客体指进入教学管理主体认识和管理实践范围的客观事物，信息化条件下教学管理客体的虚拟化是相对教学管理主体而言的，主要是指管理客体中教师、学生及组织的虚拟化。利用网络进行管理的教学管理主体面对的客体也是一个个的代码、一个个虚拟化的人和符号，而不是具体的活生生的人或组织。在教学管理信息化中，可能教师和学生从未谋面，教学管理人员与教师和学生也从未见面，他们面对的是一个个符号代码，由计算机与他们相互发出指令进行学习和工作。

（2）教学管理环境的虚拟化

在信息化条件下，高校的教学管理环境是基于校园网的，而校园网又是基于互联网空间与现实的物理空间，是一个"虚拟现实"的无形的信息空间。它为人们提供了一个冲破传统地域的新的活动空间，人们在这个虚拟的网络空间就逐渐形成新的生活方式、生活规范和思想意识。在信息化条件下，高校的教学管理环境正是这样一种虚拟化的环境，从而本身也虚拟化。像高校的综合教务管理系统、多媒体教室管理系统，就是虚拟化教学管理环境中的最好例子。

（3）教学资源的虚拟化

教学资源是为教学实施而提供的一切事物。传统高校的教学资源基本上都是实实在在的事物，在信息化条件下，很多教学资源可以用计算机软件虚拟出来。在教学管理信息化条件下的教学过程中，可以有虚拟的学校、虚拟的教室等；在教学资源不足、实验资源不充分的情况下，可以用软件虚拟出实验室、实验材料（如数字化动物、数字化电路板等）、仪器、实验环境（虚拟的太空和宇宙场景）；在训练场景无法设置（如对宇航员的训练）的情况下，可以将计算机技术和其他技术结合起来创设出虚拟的训练环境。

5. 教学管理的互动性更强

交互性是指人与人之间、人与事物之间、事物之间双向的、开放的交流活动。交互性是网络的关键特征之一，一般有同步交互与异步交互两种。同步交互是指交流的双方同时在场，能及时地反馈；异步交互是指交流的双方可以不同时在场，不必及时反馈。高校教学管理的交互性是指教学管理主体之间、教学管理主体与客体之间、教学管理客体之间通过不断地双向交流，从而完成某项管理活动。传统高校教学管理的交互方式以同步交互为主，强调实时交流，绝大多数的时候（如报表的申报、文字材料的传送等）交流的双方必须到场。在信息化条件下，基于校园网的管理平台交互性更强，从而高校教学管理主客体之间的交互性更强，交互方式更多，并以异步交互为主。在教学管理主体之间，如果一方有什么命令要下达或有要求要提出，可以在任何时候在网上发布命令或给具体的某个人留言，而不需要打断另一方正在做的工作，任何一方都要定期地查询自己来自其他地方的留言或信息并进行处理。在教学管理主体与管理客体之间、教学管理部门与外界之间也是如此。

（二）教学管理信息化的发展趋势

在现代教学管理发展趋势的推动下，特别是教学管理信息系统（Teach-ing Management of Information System，TMIS）在高校教学管理中的全面应用，使得高校教学管理信息化呈现以下发展趋势。

1. 网络化

现代信息系统解决了教学管理信息传递手段现代化的问题，教学管理部门借助计算机网络成功地达到信息交流和知识共享的目的。网络化首先是指建立基于C/S模式的教学管理的网络平台，把学校各教学单位、所有教研室、教务处及相关职能部门的管理计算机，通过校园网联网及各用户的客户端应用程序，很方便地实现文件传输、资源共享和信息查询。其次是指建设校园网，即在校园范围内连接的各院系、各职能部门的计算机网络，它将教师管理、学生管理、教学计划管理、考试管理、课程管理和招生管理等教学管理子系统融为一体，实现这些系统之间的数据交换和流通。网络化还包括局域网、校园网与整个互联网的充分互联。教学管理者与社会大众实现面对面交流，直接了解社会的人才需求类型，进行高校毕业生就业指导，等等。借助内部网、校园网和互联网，高校的教学管理信息与社会信息资源实现了高度整合，高校教学管理成为对内相互联系、环环相扣，对外完全开放、超越时空的网络平台。

2. 智能化

现代教学管理信息系统利用多媒体、人工智能以及数据库等先进技术，结合计算机网络，创造出一个智能化的教学管理环境。在结构设计方面，信息系统借鉴人工智能技术的搜索推理机制，利用数据库理论和方法，采用模块化结构设计方法，对分散在各个教学管理环节上的信息进行实时和综合的处理。教学管理的各环节、各业务自成体系，同时，又为各子系统之间的转换联系提供接口。如教学管理中的教学任务子系统和教学行政管理子系统，经过一个智能化模块软件程序，能自动生成课表安排、考试安排。信息系统运用计算机的一些高级语言，模拟人的思维过程，进行一定的逻辑推理，能智能地进行管理操作和决策。智能化使得信息系统具有越来越强的辅助评价、决策功能，这对含有较多随机性、模糊性信息，并且决策过程非结构化的教学管理来说，是十分重要的。

3. 扁平化

传统的教学管理是按韦伯（Weber）意义上的科层制组织起来的，表现为一种权力、资源与信息的垂直分布格局。但由于各类教学管理信息系统（Teaching Management of Information System，TMIS）、校园网、互联网的使用，教学管理信息的传递从纵向垂直模式转向网络互联模式，其结果是取消了大量中间管理层次，教学管理组织架构呈现出扁平化。科层制的教学管理组织分工过细，层次太多，从而使得教学管理效率低下。层次多的组织惰性大，信息传递容易失真，不容易促进组织学习，也不容易把创新能力的人才运用到适合的岗位上来。采用扁平式的教学管理组织结构成为必然，而且信息技术为此提供了实现的成熟的技术支持，原因如下：TMIS 和自动化设备可以完成教学管理人员大量的工作；TMIS 的信息传递具有快捷、方便、网络交互性特点，加大了管理的幅度，一些中间教学管理机构被取消；有效调动基层教学管理人员的积极性，给他们以更大的发展和创造空间。

4. 合作化

教学管理组织内部原先遵循亚当·斯密（Adam Smith）的"分工出效率"规律，即根据专门职能进行工作分工，大家各做各的事，不同的工作由不同的教学管理职能科室、教学管理职能人员来完成，形成"一个萝卜一个坑"的局面。而当教学管理结构由垂直分化向扁平化的网络互联结构转变后，这种工作职能的专业分工就不再适应管理要求，而要求教学管理人员必须具备多方面的专业知识及技能，原先教学管理结构的复杂性被转化、内化为教学管理人员知识、技能结构的复杂性，并由遍及校园教学各部门、各院系的 TMIS 来予以支持。这种交叉分工的特性要求打破职位"牢笼"，不再以教学管理职能为中心，而是以任务为中心来组织工作，形成一个个任务网络，各个教学管理人员不再是齿轮上的齿牙，而是网络上的节点，可以方便、协调地相互分工合作。通过 TMIS 将各种教学管理工作集成在一个平台上，分管各项工作的教学管理人员便可以实现协调、合作，过去教学管理人员由于忙于其他事务或不在办公地点，由他负责的事情就无法操作，这种以前在教学管理中经常出现的现象，现在就可以有效地加以杜绝。

5. 虚拟化

教学管理中的许多常规性工作都可以由计算机体系、TMIS 的终端来完成，从而使这些教学管理部门、教学管理人员"虚拟化"为信息系统网络、计算机体系的一个单元。教学管理人员可以在校园内任何地方甚至校外任何地方完成许多管理决策、管理工作，然后通过网络传送到需要的地方。教学管理的实现，已经不再需要那种庞大的物理结合，如固定的办公地点、固定的时间，而是可以创造虚拟办公空间，从而使得高校教学管理呈现出虚拟化。教学管理组织的虚拟化，实际上是教学管理组织内部高度的网络化，通过运行于校园网、互联网上的 TMIS 的终端把教学管理与社会环境、教学管理者之间、教学管理者与师生直接联系在一起，它使教学管理组织结构把尽可能多的物理空间转变成数字信息，减少实体空间，从而提高教学管理效率。这种虚拟的教学管理职能不是固定的，可以根据实际需要不断地进行调整，它的服务对象、服务时间都可以得到扩延。

第二节　构建教学管理信息化新模式

一、教学管理信息化新模式理论分析

（一）教学管理信息化新模式的内涵

高校教学管理信息化新模式，就是在现代教育思想指导下，以基于资源和服务的教学管理为基本理念，以教学资源和网络环境为依托，运用信息管理理论与信息管理方法，以现代信息技术为核心技术，充分考虑外界变量和信息，组织和配置教学信息资源，构建资源丰富、在线决策与学习、智能评价与导向的交互式的教学管理一体化系统，进行信息化教学管理活动，从而高效率地达到既定的教学目标。从教学管理内容看，信息化涉及教学计划管理、教学过程的组织与管理、教学质量管理、教学行政管理和学科建设、专业建设、课程建设、教学队伍建设、教学管理制度等方面的工作。从教学管理手段看，就是基于在线学习理论的信息技术、网络技术、普适计算技术在教学管理活动中的广泛应用。

（二）教学管理信息化新模式构建的目标

教学管理信息化新模式构建的总体目标是：建设一流的数字化网络基础支撑环境，数字化的教学资源，数字化的教学与学习环境，数字化的管理手段和工作环境，实现数字化学习、数字化教学、数字化科研和数字化管理，构建数字化的区域合作与服务平台，创建数字化的校园生活空间，全面实现教育的信息化和现代化，为创新人才培养提供支撑平台和条件保障。

（三）教学管理信息化新模式构建的原则

1. 理念先导、过程规范的原则

理念是支配行动的原则与信条，左右着管理者的行为，是一种精神力量、价值期望。它不仅具有激励人的功能，也应具有教育人、规范人和指导人的作用。

教学管理信息化新模式构建的是一个复杂的信息系统工程，其构建分为四个部分：教育理念重构、网络等硬件系统建设、信息资源及管理平台等软件系统建设、以教学应用为核心的应用系统建设。新模式的构建，首先是教育理念、教育体制、教学模式的变革，其次才是信息化教育理论指导下的硬件建设、资源开发、多种应用系统的建设。

教学管理信息化新模式构建，要规范建设中的项目立项、制定建设方案、项目实施、项目验收与反馈等工作程序，使之成为信息工程规划、设计、建设、验收的依据。有些学校由于没有规范建设过程，出现了很多问题，诸如设计结构不合理、性价比低、重复投资、性能不稳定、可维护性差等各种问题。这些都严重影响着教育教学的发展。

2. 整体规划、分步实施的原则

教学管理信息化新模式构建应服从于全社会信息化建设规划，做到下级规划服从上级规划，局部规划与整体规划相一致，分类指导、分层推进、分步实施，避免各自为政。

教学管理信息化新模式的构建，先要进行总体规划。校园网是满足学校信息化教学环境的一项重要的基础设施，应为学校的教学、管理、日常办公、内外交流等方面提供全面、切实的支持。从信息技术与课程整合的角度出发，校园网应具备教师教学功能、学生学习功能、教务管理功能、资源信息提供功能、内外交流功能及辅助于课程整合等教学的教育装备管理功能、行政管理功能等。

但是，这些功能也不可能一次性实现，要综合考虑学校资金的现状、用途及使用者的专业素质和应用能力等因素分步进行，将总目标分成多个分目标，每个目标又分成多个时段实施，最终实现总体目标。就建设而言，要坚持经济实用与可持续性发展相结合，根据学校的经济水平和应用水平分步实施，切忌一步到位，要把有限的资金用在最急需的地方。

3. 应用推动、效益优先的原则

由于技术力量、财力和队伍的整体素质等客观问题，教学管理信息化存在主动性不够的被动推进局面。教学管理信息化可通过校际资源共享，构建资源联盟，发挥集团优势，积极探索资源建设的有效机制，推动教学管理信息化应用，走应用推动的路子，促进教育信息化的大力发展。

教学管理信息化新模式构建要从信息基础设施和信息资源两方面考虑构建的目标和方式，做到基础设施投资效益的最大化，软件资源建设要通过"资源联盟"的方式，降低信息资源建设的成本，走节约型信息化道路，推动信息化应用可持续发展，为构建和谐教育作出贡献。

4. 资源共享、够用实用的原则

教学管理信息化新模式构建要以信息资源的共享为出发点和落脚点，既要重视软件建设，还要重视硬件和技术力量，做到"统一网络平台、统一标准规范、数据充分共享"。

合理配置硬件资源和软件资源，注重使用效益，加强硬件与教育的整合，提升信息化教育水平，明确教育目的。避免盲目求高，以免造成浪费。要从够用、实用的原则出发，构建适合本校实际情况的教学管理信息化新模式。

5. 配置标准、结构灵活的原则

教学管理信息化新模式构建中应遵守有关国际标准、国家标准、行业标准和有关规范，制订相关的硬件标准配置方案和软件实施方案，按照标准完成设计要求，为以后的应用维护打下基础。

鉴于信息技术的迅猛发展，信息系统结构必须具有较好的灵活性，以保证将来的扩展和升级，适应各种业务的不断发展。

6. 系统稳定、技术成熟的原则

各类硬件设备、软件系统要以运行稳定为前提，各类服务器满足 7×24 不间断运行的要求。在网络、管理和应用系统的可靠性方面，必须采用容错性设计，以保证整个系统安全、可靠地连续运行，为信息技术与课程整合提供有力的支持。

要采用通用和成熟的技术，降低建设成本，减少设计和施工的难度，缩短建设周期。不能将有限的资金投入前沿性的硬件项目建设开发上，要从国内外现有成熟的产品和解决方案中选择适合自己需要的加以利用，避免低层次的重复建设。

二、建立科学的教学管理信息化新理念

理念是人们经过长期的理性思考及实践所形成的思想观念、精神向往、理想追求和哲学信仰的抽象概括。理念也是一种思想，比如经营理念、企业理念、办学理念、服务理念、设计理念、教育理念、新课程理念、管理理念、教学理念等。

应对信息化时代的挑战，高校不但要进行教育创新，更要进行管理创新。高校教学管理创新的实质就是管理理念的创新、管理过程的创新和管理目标的创新。从管理的职能来看，决策、组织、控制、协调等都会有创新。从管理的过程来看，决策、实施、检查、总结各个环节也会有创新，但其中的关键仍然是管理

理念要创新。要实现高校教学管理信息化和管理的现代化，就必须从以下几方面创新教学管理信息化理念。

（一）树立"首席信息官"战略理念

随着我国高等教育向"大众教育"方向的转变，高校在教学理念和培养目标上都在不断地重构和完善，以期在未来的竞争中占据有利的位置。教学是高校工作的核心，高校所有的教育理念和培养目标都需要通过教学来体现。所以创建科学、高效、合理的高校教学管理体制也被各大高校所关注。尤其是在许多实施战略性发展的高校，教学质量是高校战略性发展的基础和保障，教学质量的高低决定了学校的未来发展水平。因此，在高校普遍实施战略管理模式下创新教学管理体制，对提高高校教学质量、实现战略发展目标有着重要的现实意义。

教学管理信息化是一项重要的战略，学校各级领导必须从战略高度来思考、规划和推进高校信息化管理建设，建立"首席信息官"机制，并作为"一把手工程"来抓，按照"统筹规划、分步实施"的原则，努力建构科学合理的教学管理信息化体系，促进教学管理现代化的可持续发展。

（二）改进管理方式、提高服务质量的理念

信息技术是"手段"，不是"目的"。信息化管理归根结底是为教学、科研、管理等各项工作提供现代化的工具和手段，是为提高教育教学质量、科研水平、管理效率及整体办学实力服务的。这当中，贯彻"以学生为中心"的理念，"为教师服务"是信息化管理的核心价值体现。高校的根本任务是培养人才，用信息化技术、手段来推进教学、科研、管理创新，实现高等教育现代化，其终极目的在于更好地培养人才。

（三）科学管理和应用理念

信息化管理的关键不是技术，而是组织与管理。信息化的成败可以说是三分技术，七分管理。应用是实施信息化管理的核心，现实中"重硬件、轻软件"的现象普遍存在，似乎拥有了信息化设备就可以实行信息化管理。应当把加强信息

技术在管理中的应用、提高全校师生员工应用信息和信息设施设备的能力放在重要位置，努力提高信息技术设备的使用效益，推动管理水平的提高。

（四）共享理念

信息资源与数据共享是高校信息化管理的灵魂。管理信息化的本质就是要实现信息资源最大限度的共享，而信息共享的核心是基础数据的共享。实践证明，信息共享机制必须在技术、政策、资金、管理四个层次上建立。技术机制是由一系列信息资源与数据的技术标准构成，是确保共享的基本前提；政策机制为信息资源与数据共享提供制度上的保证；资金机制是按照"谁开发谁受益"的原则建立的协调信息共享供需双方利益的市场机制；管理机制是一种通过人为干预与调节来增进信息共享的行政机制，它在前三个机制的制约下发挥作用，前三个机制是基础性和主导性的，但管理机制是前三个机制和谐运转的保证机制，而且是制定和完善前三个机制的控制机制。

（五）资源丰富的理念

在教学管理信息化过程中，以先进、完善的教育教学管理理论为指导，以高速发展的信息技术为手段，以完善的软件技术为支持，以大容量的网络存储为物质基础，以高速稳定的网络为纽带，以多媒体技术为载体，借助功能强大的教学信息化平台，将各种职业要求、各种职业应具备的知识、各专业课程与职业的对应关系、各门课程与高校专业的密切联系、各门课程的学习要求、教学大纲和考试大纲、每门课程教学内容、课程考核评价指标体系、课程的教学计划和授课计划、每门课程的完整教学课件及拓展学习要求、及时在线作业资源、及时在线辅导与答疑资源、及时在线考核、教师的详细情况、电子图书资源、精品课程资源等教学、学习资源进行整合，力求信息资源丰富，构建扁平化、立体型的交互式教学信息化服务平台。

高校教学管理信息化的建设是一个全面的教学管理改革过程，是一项复杂的系统工程。在组织实施过程中，应充分估计实施的难度，制订具体规划，建立强有力的组织机构，加强硬件和软件的建设，加强管理人员的培训，制定严格的管理制度，建立良好的管理和运行机制，从根本上保证教育信息化目标的实现，促进高校教育教学改革和提高教学质量。

（六）BPI 理念

BPI（Business Process Improvement）即"业务流程优化"，它是在"业务流程再造"（Business Process Reengineering，BPR）理念基础上提出的，旨在更好地满足顾客需要的服务，提高工作效率。BPI 强调渐进改良，通过分析理解现有业务流程，在现有的流程基础上进行优化并建立新流程，它是基于组织环境的变化，在信息技术进步的有力推动下，为实现组织绩效的改善而分析优化现有流程的一种哲理。BPI 的优点在于通过对主要业务流程的分析和优化，可迅速获得工作绩效的提高，同时，对整个业务流程干扰较小。BPI 不仅是一种管理观念的变革，也是整个管理体系的创新，它的真正意义在于其对组织改革的实际作用。

三、教学管理信息化新模式构建的内容

（一）构建教学管理信息化标准制度

高校的教学管理信息要在国内和国际交流和互换，就要制定相关的制度，保证数据的共享性。为了推进学校的信息化建设，先要加强校园网建设和图书馆的信息化建设，制定相应的改革措施和制度。重视教师和教学管理人员在应用信息、技术过程中的作用，制定教师和教学管理人员信息技能的培训政策，让有经验的教师与计算机技术人员共同组成培训小组，为教师和教学管理人员提供操作、技能和问题方面的培训和指导。利用信息技术开发和设计教学课程软件，并把教师和教学管理人员信息技能水平作为其晋升的指标之一。

（二）建立教学管理信息化首席信息官机制

可以向企业学习，进行管理机制和体制的创新，在高校建立教学管理信息化首席信息官机制。首席信息官应该由校级领导直接参与高校的领导决策，全面负责高校信息化推进的计划和规划。如果没有首席信息官的组织保证，信息技术的

应用仅仅是"自动化"。将技术与组织有机结合，是教学管理信息化运行的保障机制。从某种意义上说，教学管理信息化就是一场管理革命。

（三）有效整合现有的教学管理信息系统，消除"信息孤岛"

对现有并使用的各类教学管理信息系统，要根据"各类并用，逐渐弃旧"的原则进行有效整合。对一时无法舍弃的 TMIS，应根据教育部颁发的《教育管理信息化标准》的数据格式编写各类接口，消除"信息孤岛"，主要包括不同厂商之间的接口、新旧版本的接口，以及 TMIS 与校园网中其他应用软件系统的接口。可以说，《教育管理信息化标准》就是信息交流畅通无阻的交通规则。

（四）教学管理信息化新模式构建

面对信息时代的挑战及其创造的机遇，高校教学管理信息化要不断进行创新，以信息与通信技术（Information and Communications Technology，ICT）与现代教学管理理论有效整合的研究为基础，以资源丰富的、具有在线决策功能的、集智能评价与决策导向功能于一身的交互式教学管理信息化新模式构建为目标，创新教学管理信息化模式。

1. 资源型模式的构建

教学管理信息化资源型模式，是以基于资源的教学管理为基本理念，以学校资源和网络环境为依托，构建一个集教学、管理于一身的综合系统。这种模式是在教务和教学信息标准化、规范化的基础上，对信息资源进行合理的布局，面向学生学习和教师的教学工作，同时，结合学校事务管理的网络化和信息化，基于 Web 应用，无须客户端程序，具备强大的动态信息交互功能和信息沟通功能。

（1）资源型教学管理信息化模式的构建原则

第一，统筹考虑，信息共享。系统基于校园网实现信息资源共享和跨平台的信息资源互访，不仅要面向全校不同部门的信息资源的共享，还要解决学生和教师已有的或将建立的信息系统的资源共享。

第二，包容性和可扩展性。系统应具有较好的可扩展性和包容性，能接纳已有的系统，同时，在应用需求变化时（应用需求与系统开发往往不同步）有一个较好的应用平台，易于调整、扩充和升级。

第三，系统简洁，易使用、易维护，适合非计算机专业人员使用。系统的设计符合日常办公运作的需求，功能完备实用，简单易学，界面友好清晰，易于扩充。网络结构简单明了，层次清楚，便于管理，易于扩充。

第四，可靠运行，安全保密。应具有安全高效的通信机制、身份认证、权限检查，以解决教务信息系统的安全性、保密性问题，防止信息泄密和对保密信息的非法侵入。应考虑与校园网的安全机制相结合，采用路由技术，设立教务信息系统的防火墙。

（2）资源型教学管理信息化模式的构建模型

资源型教学管理信息化模式的构建模型主要有宣传资源模块、办公资源模块、教学资源模块、学习资源模块和其他资源模块。信息化支撑服务平台分为四个子平台，即网络平台、共享平台、服务平台和统一的信息门户，其中，服务平台包括学生思想工作管理平台、学科专业管理平台、数字化教学与学习服务平台、人才培养质量监控评价管理平台、人力资源管理平台、学生数据交换平台、网络学术创新平台、科技服务协作平台、研究生学位论文网上管理平台等。

2. 功能的构想

构建中的教学管理信息化系统，包含以下功能。

（1）在线决策功能

通过建立完善、科学、合理而又相互关联的决策系统，利用丰富的资源数据、适时采集的数据，依据智能模型和科学、规范、完善的评价指标，为学校的教学管理、教学实施以及教师的教学、学生的学习提供决策支持。

（2）智能评价功能

以科学、规范、完整的评估指标体系为基础，既可以对教师的教学过程及效果进行适时评价，以指导教师及时研究和提高教学效果和质量，又能帮助学生通过教学信息化平台测试、评价、诊断自己的学习情况，切实帮助学生进行查漏补缺，以促进学生及时调整学习策略、学习内容、学习方法，给其指出需要努力的方向。同时，学校各管理层面能从宏观、微观方面对学校整体教学质量、各专业年级学生学习的整体情况、各课程教学效果、学生学习情况等方面进行适时监控。依据《普通高等学校学生管理规定》，对学生学习情况、政治思想、行为表现进行适时评价，具有动态评价、友好提示和必要警示，促进学生成才和成长。

（3）决策导向功能

以高度智能化的评价系统和丰富的资源系统为支持，以各种职业和课程群、职业与专业、课程群与专业、课程群与课程模块之间的关联关系为依据，以提高教学质量和教学效果为目标，以提高人才培养质量和激发学生有目的地学习，为教师教学、学生的学习和学校教学组织、实施、管理提供决策和导向。如依据职业对知识技能的要求和学校所开课程的关联关系，帮助学生根据自己的实际情况和对职业的考虑来选择对应的学习课程；也能根据学生个人所学习的课程情况指导学生选择适合的职业及修业的课程；还能根据学生的学习情况，引导学生调整学习方向；同时，也能依据学生学习过程中对知识的掌握情况及反馈信息，向任课教师反馈教学效果，引导教师改进和调整教学策略，等等。

（4）立体交互功能

教学管理信息化是一个庞大的系统工程，管理模块多，关系关联复杂，各模块与各子系统相互间关联密切，系统立体结构完整，数据"回路"通畅，数据标准、规范，具有各种数据交互共享的功能。

第三节 教育信息化背景下高校教学管理机制构建的路径

一、加强信息化基础条件建设

首先，要加强校园网的建设。信息化的教学管理必须是基于校园网网络平台的，需要注意的几点是：一要加强现有网络的优化升级，对于影响网络速度的瓶颈问题必须加以解决。二要加强与电信运营商的沟通，进一步协调、解决好跨网访问带来的问题。三要加强网络管理队伍的技术力量，"三分技术，七分管理"，管理好网络是校园网络能否发挥好作用的关键。由于网络是一个开放的世界，存在各种潜在的威胁，网络建好后因为管理不到位而导致网络应用能力下降的事例比比皆是。所以学校一定要增加网络管理的技术力量，特别是要由技术精湛的高级人才来负责整个网络管理团队，带领他们管理维护好整个校园网络，保障网络访问、数据传输的畅通、快捷。四要定时安排现有网络管理人员的分批学习培训，提升他们的技能水平，以更好地为管理好校园网络服务。

其次，应该对全校的信息资源进行统一规划、建设，建立全校的数据中心，这是目前高校信息化的发展趋势。数据中心的建设不仅能够优化资源配置，也便于对资源的统一管理和维护。

最后，关于软件方面的建设指的是教学管理信息系统功能的进一步改进和完善。如前文所述，要加强与高校管理人员以及教师、学生也就是最终用户的沟通；整合学校的软件研发技术力量，组建更加强大的技术开发团队，增加相关院系和部门的合作；量力而行，采取"自主开发"与"技术引进"相结合的方式，学校自己力量能做到的自己做，不能做到的也不排斥引进外来专业软件公司的技术力量。总之，要通过多种方式和手段使软件的功能更完善，运行更稳定可靠，更智能化，更有决策支持能力。

二、完善信息化建设组织构建，突出顶层设计

任何一项重要工作的实施和推进，都要有完善的领导组织机构予以支撑。高校教学管理信息化建设是关系学校教学和人才培养全局的系统性工程，不是哪个部门就能独立完成的工作，需要全校上下各相关部门通力协作，二级院系积极贯彻，广大教学管理人员和教职工广泛参与。

而在教学管理信息化建设中，要将这些方方面面的部门和人员有机组织起来，形成一个高效的信息化建设整体工作推进的网络，就必须在学校领导层面突出顶层设计，作为引导教学管理信息化建设的领导核心，并在此基础上建立一个比较完善的领导组织架构，负责协调和处理教学管理信息化建设过程中的具体问题。

教学管理信息化建设突出学校领导层面的顶层设计，自上而下，是学校的决策意志强有力的体现，能够确保此项工作实施的重要性和权威性，在很大程度上

减少此项工作在各部门、各二级院系、教学管理队伍和广大教职工中推行贯彻的阻力。完善的领导组织机构，便于明确各部门、各二级院系在教学管理信息化建设中所承担的角色和任务，确保此项工作在职能部门之间、二级院系之间的横向协调，职能部门与二级院系之间的纵向协调，从运行机制上避免教学管理信息化建设实施过程中部门之间、院系之间的相互推诿。

同时，学校领导层面的顶层设计和完善的领导组织架构，从机制上保障了教学管理信息化建设不是学校个别领导的决策行为，而是学校决策层共同研究的集体意志，保证了教学管理信息化建设在相当长一段时间内政策的连续性和完整性，有效避免了教学管理信息化的整体建设进程由于个别领导的更换而产生受阻的情况。

三、加强宣传，促进广大教职员工广泛参与

教学管理信息化建设的最终目的是为高校教学管理人员、广大教职员工和学生服务，要达到理想的建设效果，除要有各职能部门和二级院系的积极贯彻落实外，还依赖基层广大教职员工的广泛参与。

现阶段，在进行教学管理信息化建设过程中，由于广大教职员工仍然习惯于传统的管理模式和管理经验，对教学管理信息系统的使用接受需要一个心理认同和操作熟练的过程，因此，往往对新系统的使用动力不足，对参与教学管理信息化建设的关注度不够，甚至表现出对教学管理信息化建设持有怀疑和抵触情绪。为应对这样的不利局面，各高校应该采用多种途径加大对教学管理信息化建设重要性的宣传力度，引起广大教职员工对信息化建设的重视，并集思广益，对广大教职员工关于教学管理信息化建设的意见和建议及时做出回应，让广大教职员工切实感受到学校对他们参与教学管理信息化建设的重视和尊重，使他们更乐意积极地参与到教学管理信息化建设中。

一方面，在宣传策略和宣传方法上，不能简单地仅靠下发一个文件或发布一个通知来完成，这种刻板冰冷的方式容易让广大教职工感受到是被迫参与教学管理信息化建设，宣传效果甚微，甚至会起反作用。各高校应当配合使用积极鼓励的引导政策，对在教学管理信息化建设中涌现的优秀教职员工典型给予适当鼓励

和表彰,将优秀典型使用教学管理信息系统的良好感受进行大张旗鼓的宣传。通过以点带面,使广大教职员工充分了解教学管理信息化建设的目的,明白使用教学管理信息系统将给自身的工作、学习带来的便利,引导广大教职员工主动地参与到教学管理信息化建设中。

另一方面,各高校应该重视广大教职员工在参与教学管理信息化建设中提出的意见和建议,并及时给予正面的回应。如在教学管理信息系统的试用推荐上,要及时根据广大教职员工的试用情况进行相应改进;系统正式投入使用后,也需要在运行、维护工作中不断听取广大教职员工的反馈意见,通过对系统及时的维护升级,改进完善系统的各项功能。

四、健全教学管理信息化相关配套制度

当前,我国部分高校在教学管理信息化建设中对教学管理信息系统的创建研发投入了很大精力,但相关配套制度却相对欠缺,造成了信息系统运行存在不规范使用的不良现象,损害了教学运行数据的真实有效,影响了教学管理信息系统的运行成效。因此,在教学管理信息化建设中还要健全教学管理信息化相关配套制度。

从教学管理信息系统运行的技术实施层面来看,要制定标准的系统运行数据信息编码规则,保证教学运行数据处理的统一、规范,避免因数据格式混乱、数据内容含义不清晰影响系统运行后期的数据统计分析。

从教学管理信息系统运行的管理层面来看,制定教学管理各项配套制度,可以对教学管理信息的使用进行正确的规范和约束,保证教学管理信息系统运行的规范、透明和公正。对教学管理各种服务事项办事流程的建章立制,便于相关服务信息的对外发布和接受监督,促进教学管理信息化建设规范、有序、持续地顺利开展。

五、缜密调研,创建合适的教学管理信息系统

教学管理信息系统的创建是一项费时、耗力、实施难度大的复杂工程,不是一朝一夕能够完成的,因此,对高校教学管理的信息化建设要慎重考虑,周密实

施。为了确保信息管理系统的最终运行能适应学校的教学管理，并能切实产生积极良好的应用效果，避免信息系统创建过程中投入的人力、资金和时间的巨大浪费，必须在教学管理信息系统创建前期缜密调研，合理规划，切忌盲目投入。

要进行教学管理信息系统创建前的缜密调查研究，一方面，要对学校的办学定位、教学管理模式和管理流程进行准确的梳理和科学的总结，对学校的各种办学资源进行翔实的统计分析，做到对学校的整体概况了然于心。另一方面，就教学管理信息系统软件平台的创建途径而言，由于我国只有部分高校利用自行研发的途径，而大多数高校都是通过外购商业软件系统的途径，因此，对于后者尤其要将现有商业软件系统的功能与学校的实际教学管理运行情况进行充分的比较测试，宁愿前期的调研时间长一点，也要尽量避免软件系统一旦购置后与学校的实际管理情况不匹配的窘境发生。

各高校对人才培养目标的定位会随着国家、社会对人才需求的不断变化做出适当的调整，所以高校的教学管理不是一成不变，而是一个发展的、前进的过程。因此，在创建教学管理信息系统时要有合理规划，虽然学校未来发展的具体情况无法提前预知，但对学校的办学规模、教学改革和教学管理流程调整的发展趋势进行必要的统筹考虑和合理规划是非常必要的。这样可以在一定程度上避免因学校情况发生变化，信息管理系统在短时间内就要面临重大修改或重新创建带来的巨大浪费，为维护教学管理信息系统保持较长时间的稳定运行多了一份保障。

六、强化培训，提升教职员工信息化建设参与能力

任何先进的教学管理信息系统，最终要依赖广大教职员工积极正确地使用才能发挥它的效率，任何创新的教学管理制度，也要靠他们主动规范的贯彻执行才能发挥作用，因此，他们参与信息化建设的能力在很大程度上决定了教学管理信息化建设所能达到的高度。为解决现阶段广大教职员工参与信息化建设能力不强的状况，必须强化对教职员工信息技术应用技能和信息素养方面的培训。

首先，就高校教学管理人员而言，这支队伍既包括学校教学管理职能部门的工作人员，又包括各基层教学单位的教学管理人员。他们既是教学管理信息化建

设成果的最大受益者，更是教学管理信息化建设的中坚力量。教学管理信息化建设对教学管理队伍的信息化综合素质提出了全新的要求，这支队伍信息技能和信息素养的高低以及发展的稳定，将直接影响教学管理水平和信息化建设的成效。加强对教学管理队伍信息技能和信息素养的培训，在教学管理人员熟悉本校教学管理规定和流程的基础上，突出强化教学管理人员对信息化管理的适应能力，使他们能熟练地应用信息技术处理各种复杂的教学管理事务。高校的教学管理工作不仅复杂而且头绪众多，一个教学管理人员要想胜任教学管理工作必须经过较长时间的工作实践。任何队伍的建设，都免不了有人员的变动，教学管理人员的正常发展和变动也是不可避免的，但教学管理信息化的建设需要一批信息素养良好、信息应用技能水平较高，同时具有实际教学管理经验的人才，因此，维护教学管理队伍总体信息化综合素质的稳定发展是非常必要的。而要想维护教学管理队伍的稳定，只有依靠对教学管理人员的不断强化培训才能完成。

其次，就高校普通的师资队伍而言，其信息技术应用能力和信息素养的高低会对教学管理信息化建设的成效产生重要影响。由于现阶段绝大多数高校的办学规模得到了显著的扩张，因此，相应的师资队伍也变得较为庞大，部分教师还很难适应信息化的教学管理环境。为此要开展全员信息化教学培训工程，一方面，使部分受传统教育思想、教育观念影响较深的教师尽快接受现代教育教学思想，强化他们树立信息化教育理念，尽力弥补他们在信息素养上的欠缺，培养他们在教学工作中自觉使用教学管理信息系统的习惯；另一方面，对信息技术应用水平较低的部分教师，有针对性地开展形式多样和教师喜闻乐见的信息技能使用培训，努力提升他们使用教学管理信息系统处理各种教学事宜的能力。

通过对广大教职员工信息素养和信息技术应用技能方面的培训，提升他们参与教学管理信息化的建设能力，可以确保教学管理信息化建设成效的全面推行，把教学管理信息化实施到位。

七、建设"文化"的信息化校园

只要有高校校园存在，其校园文化便是我们这个时代丰富多彩文化中的一道亮丽的风景线。然而，在信息化浪潮的不断冲击下，这道风景线又将发生怎样的变化呢？我们应该注意哪些问题？下面针对信息化背景下的校园文化建设略作探讨。

所谓校园文化，就是校园人的文化。可将之理解为：校园人在与校园世界和校园外部环境的互动之中，形成的特定的校园生存方式，以及在这种互动之中，校园人所具有的特定的价值观、情感表达和信仰。校园文化是学校精神文明建设的重要内容，是学校教育的重要组成部分。校园文化建设具有教育导向功能、创新激励功能和引导学生自我成才的功能。

随着信息技术在 20 世纪 90 年代中后期的飞速发展，社会的信息化进程进入了高速发展阶段。在这种潮流下，信息技术特别是互联网技术已经影响到了高校校园人生活的方方面面，校园人开始体味信息化所带来的数字化生活，正如我们原来传统的教学管理现在都已经实现信息化一样。当信息化发展到这种程度，我们就必须考虑一个新的问题：这一切的变化赋予了校园文化怎样的意义？于是，信息化对校园文化的冲击这一讨论构成了校园文化的一个新的主题。无疑，信息化已经成为当代校园文化的一个有机组成部分。

从现有的情况来看，信息化对校园文化的影响可以概括为两方面：一个是从技术的角度来看，信息化已经使校园生活渐渐基于信息化的网络平台上，这将使校园的生活方式和行为特征等方面发生诸多变化。比如说现在高校老师排课、学生选课都通过教学管理信息系统而不是手工操作；学生向老师交作业越来越多采用电子稿形式；与老师、同学讨论问题也更多通过网络进行；等等。另一个是从校园人本身角度来看，信息化的过程也影响了校园人的内部心灵、价值观念以及外部行为方式。比如教学论坛为教师充分展现其丰富的思想和内心世界提供了更多的可能；信息化背景下学分制教学管理改革的推行，使得同学之间在一起当面学习交流的机会相对减少，传统的班集体概念被淡化；等等。

那么究竟该如何面对信息化对校园文化的冲击呢？有学者在阐述网络化与人类社会文化的关系时，曾经提出"网人共生"的概念，即人类应该正确看待和处理"网与人"的关系问题，并在此基础上去开启人类未来生存方式的前景。秉持一种"共生"的理想和实践，或许将是人类的一种较为合理而明智的选择。在未来的世界里，在"网人共生"中真正建立起一个人性化的网络环境，并以此为基础来实现人类未来的生存方式；"网人合一"应当成为网络社会中的最崇高的价值和理想。

我们希望在越来越信息化的高校校园里，一方面，校园人能够很好地适应信息技术给生活所带来的一步步改变，优游于信息技术所创造的新的校园生活环境，成为一个"新校园人"，成为一个"信息校园人"；另一方面，校园人也能够很好地解决信息化可能会带来的一系列不利的影响。在越来越信息化的生活中，赋予信息化以更为积极的文化含义，使信息化和校园人的文化和谐地共生发展，从而在信息化校园的平台之上，开创一种新的校园文化格局、新的校园文化气象，让校园人能在信息化的校园中度过更加美好的校园人生。切莫让信息化建设成为高校校园人际交流日渐减少、人际关系逐渐冷漠的始因，我们不希望高校校园只是由冰冷大楼和网络世界搭建起来的"文化荒漠"。

第四节　新媒体环境下高校教学管理信息化的延伸发展

高校教育管理工作是高等院校基础性与核心工作，对高校的教学质量和管理水平具有重要影响。而在新媒体时代，网络信息技术广泛运用也给当下的教学管理带来了更多的挑战和机遇。媒体是指承载、加工和传递信息的介质或工具。当某一媒体被用于教学目的时，作为承载教育信息的工具，则被称为教学媒体。近年来，计算机多媒体和计算机网络具有人机交互功能，集声像、语言、图片和色彩多方位刺激的教学手段于一身，带来了整个教学过程的巨大变化，这些新型媒体以丰富的信息和传递便捷、交互性强的特点，极大改变了传统的教学模式和学习方式。

一、新媒体传播的特点

与传统媒体相比，新媒体的传播有很多新的特点。

①新媒体传播是一种多媒体的全传播，基于网络的新媒体运用文字、图片、声音、图像等手段，全方位、多角度地为受众呈现事物原貌。

②新媒体传播走向了分众传播，实现"个性化"和"一对一"的传播，根据特定媒体受众群需求而制定满足其使用的传播策略以及传播方式。

③新媒体传播是一种渗透式传播，突破时空界限，受众通过手机、网络、楼宇电视等无处不在的新媒体，随时可主动或被动地参与传播过程中。

④新媒体传播具有高科技的特性，无论是网络，还是手机和数字电视，新媒体的传播都离不开技术的支持，这样的特性也决定了受众必须具有相应的新媒体工具使用能力。

⑤新媒体传播具有很高的交互性，反馈迅速、及时，受众观点可多元化呈现。

二、新媒体环境的不断完善

随着新媒体在高校教学应用中的普及与推广，教学过程中教师与学生之间的关系、学生与学生之间的关系、教师与教师之间的关系都发生了明显的变化，高校的教学方式也随之发生了巨大的变化。但对许多高校而言，不管是教师还是学生，面对新媒体带来的这种变化，显然还没有做好充分的准备。笔者认为，要使师生更加适应新媒体的教学应用，不断完善新媒体环境，提高教学效率，优化教学效果，应继续转变观念、加强改革。

首先，教师要转变观念，提高对交互式媒体及网络媒体的应用能力。教师上课之前，要熟悉电子白板等新媒体各种功能的操作，熟悉电子笔的使用、各个工具栏的功能，注重其交互性，在教学活动设计时才能有意识地将白板所带有的交互能力融入自己的教学设计理念中，而不是仅仅将其当作高级黑板和演示工具。

其次，全面开展网络辅助教学，推动教学手段的改革。加强建设网络课程，实现教学资源数字化和教学互动网络化，继续广泛开展教育教学资源库建设，将院系专业、教学团队、精品课程和教学资源建设的成果结合起来，全面动态地反映高校教学成果，扩大影响。

再次，开展新媒体专题培训，开展新媒体环境的教学交流，加大新媒体教学场所的开放力度。

最后，积极丰富"网络教学资源库"的素材，引导师生自主获得所需资源，利用"网络教学资源库"有效管理、聚合并加以共享学校自建资源和成果，将现有的计算机辅助教学（Computer Aided Instruction，CAI）课件、音视频文件、立项建设的成果等优势课程资源上传到网络教学资源库；同时，利用培训等方式宣传、展示网络教学资源，介绍查看、查询、下载资源的方法，并引导教师使用网络教学资源库辅助备课，吸引学生浏览资源，开阔视野，从而提高资源利用率。

三、高校新媒体教学环境构建与管理

随着现代高科技在教育领域的应用，多媒体教学环境——多媒体教室的建设在高校飞速发展。多媒体教室的建立不仅提高了教学效益和教学质量，同时，为传统教学模式提供了新的平台。如何充分、合理、安全、科学地构建、管理多媒体教室，满足多媒体教学需求，保障多媒体教学的正常进行是当前教学管理部门亟待研究和解决的问题。

（一）多媒体教室构建的原则

①实用性。实用有效是主要的构建目标，只有操作简单、切换自如、效果良好，才能最大限度地发挥设备的效益。

②可靠性。人机安全、设备的长期稳定运行等可靠性要点作为系统构建方案的首要设计原则，以保证系统在运行期间，为用户执行安全防范和高质量服务管理提供有效的技术支持手段，为用户降低系统运行方面的人工和资金成本。

③兼容性。对不同厂家、不同型号的同类设备具备兼容性。

④先进性。设备的选型要适应技术发展的方向，特别是中央控制软件要充分体现整个系统的先进性。

⑤扩展性。多媒体教室能否和互联网相连，能否调用教室外教学资源是多媒体教室可扩展性的首要标准。

⑥安全性。考虑到多媒体教室的多用性，即在非教学时间提供学生使用教室（不使用设备）的设备安全性，操作台应根据设备规格定制并兼顾防盗、防火的功能。

⑦便捷性。改变以往教师上、下课开关设备的烦琐问题，采用一键关机或远

程控制关机（使用继电器根据设备操作流程分时控制设备的开关时间），方便教师操作。

⑧经济性。系统设计和设备选型应注重实用功能，降低总体投资，求得先进性与经济性的完美统一，做到设备性能、价格比的最好综合，从学校教学管理的实际需求出发，摒弃一切学校不需要的华而不实的东西。

（二）多媒体教室的构建

多媒体教室的构建应根据构建原则，科学、合理地选择设备。设计多媒体操作台，根据学科需要及拟建多媒体教室的位置、形状、大小、座位数量，相对集中地构建多媒体教室。根据管理方式，可分为单机型和网络管理型多媒体教室。

1. 单机型多媒体教室的构建

单机型适合多媒体教室相对分散的区域，或是对设备要求较简单的部分学科的多媒体教学。

（1）电子书写屏

电子书写屏的使用省去了显示器，并替代了黑板的传统书写功能。目前主要产品有伯乐、鸿合等，其主要功能为同屏操作、同屏显示、风格各异书写笔、自动排版、文书批改、手写识别、动态标注、后期处理等。电子书写屏的使用，可有效避免多媒体教室设备因使用粉笔灰尘过多而导致出现故障，影响设备的使用，尤其是投影机因灰尘过多而频繁保护停机以及液晶投影机的液晶板因灰尘过多产生物理性损伤。同时，提供给教师洁净的教学环境，有益于教师身心健康。

（2）中央控制器

采用具有手动调节延时功能的中央控制器，设定时间控制投影机、功放、投影幕布、计算机等设备的开关，保证投影机散热充分，延长投影机灯泡和液晶板的使用寿命，并防止多个设备同时通电和断电时对设备的损坏。

（3）投影机

根据多媒体教室的大小配置不同亮度和对比度的品牌液晶投影机，一般情况下，亮度和对比度越高投影机价格越高。因多媒体教室的后期耗材消费主要是投影灯泡，品牌投影机的选用将有效避免投影灯泡购置的困难，保证设备质量。同时，要注意选择高使用寿命和灯泡亮度稳定的 UHP 冷光源灯泡的投影机。

（4）扩音系统

扩音系统的配置需根据多媒体教室的大小、形状及教学声音环境要求进行选择，应选用无线话筒，利于教师在教学时方便表现其形体语言。目前使用的扩音设备有两类，即壁挂式和组合式，两者都具备线路输入功能，能满足相应电音源的扩音需要。有的学校多媒体教室使用移频增音器，教师在短距离内脱离了话筒的束缚，但过多地衰减了低频和高频，且扩音效果也不尽如人意。

单机型多媒体教室在构建中应根据多媒体教学特点采取优化措施，不使用录像机、DVD、展示台、卡座等不常用或多余设备，使整个系统功能简约，利于教学与管理。

2. 网络管理型多媒体教室的构建

网络管理型多媒体教室适合于多媒体教室相对集中的区域，根据各学科需要构建功能不同的多媒体教室。该配置与单机型多媒体教室配置的不同在于采用网络中央控制系统，操作可采用网络远程控制和本地控制，增加了监控系统。其相关功能如下：

（1）中控系统

网络管理型多媒体教室采用的是网络中央控制系统，包含教室网络中控和总控软件。该系统具有高集成度、接口丰富、功能强大的特点。内嵌网络接口，采用 TCP/IP 技术，可通过校园网互联，实现远程集中控制。具备网络、软件、手动面板三种控制方式选择，具备延时功能，防止通断电时对设备的损坏。

（2）操作台

操作台与单机型多媒体教室相同的是也根据设备规格合理地设计定制，满足使用的方便性（如设备接口的安装），并兼顾防盗性。操作台门锁的开启可通过网络远程控制，也可本地操作，即与中控系统联动的控制锁同时也是操作台的门锁。多种设备联动实现系统的一键开、关机，即一开即用、一关即走，方便使用。

（3）监控点播系统

监控系统的使用利于管理人员远程掌握教学动态，通过相关控制软件使得教师所用计算机屏幕内容与上课音视频同步录制，通过该系统实现即时点播和转播功能。

（4）对讲系统

对讲系统的使用有利于及时发现、解决问题。目前，对讲实现方式有多种，如双工对讲系统、半双工对讲系统、电话方式对讲系统、网络 IP 电话方式等。

（三）多媒体教室的管理

目前，高校教学基本建设不断发展，多媒体教室不断增加，只有不断完善多媒体教室的管理，才能保证多媒体教学的正常进行。

1. 管理制度建设

教育技术与课程整合不断深入，教师使用多媒体教室的需求不断增多，教师的教育技术水平参差不齐，因而结合实际制定相应管理制度，规范多媒体教学日显重要。主要考虑以下几点：

①多媒体教室设备使用提前预约，统一安排。

②教师按操作规程操作平台，不得私自移动设备和接线，无关人员不得操作多媒体设备。

③不得在计算机内设互补金属氧化物半导体（Complementary Metal Oxide Semiconductor，CMOS）密码和开机密码、修改，以及删除原有的 CMOS 参数和应用软件。

④课间休息时，应关闭投影机电源，以便提高投影机的使用效率。

⑤课后教师应按操作规程退出系统。

⑥课后教师应填写使用登记表。

2. 管理系统建设

管理系统建设分为多媒体教室教学管理系统和多媒体教室网络控制管理系统。教学管理应由目前普遍使用的人工安排多媒体教室逐步过渡到网上预约，通过开发适合本校实际的多媒体教学管理系统，采取智能化预约，提高多媒体教学的管理效率。

多媒体教室网络控制管理是指通过该系统可在主控室内控制多媒体教室内的

相关设备，实现设定功能，并能实时与任课教师交流，保障教学正常进行。目前，国内生产多媒体教室网络控制管理系统的厂家较多，应根据教学实际多方论证，选择适合本校的多媒体教学的系统。多媒体教室网络控制管理系统的实施将反映问题和解决问题变得更加快捷。管理上的方便、直接和高效，解决了多媒体教室数量增加后的管理复杂、人员紧张的难题。

3. 管理人员建设

以人为本，明确人才队伍建设对多媒体教室管理的作用与地位。在加强多媒体教室硬件建设的同时，应注重和加强管理技术队伍的建设。多媒体教室管理技术队伍是多媒体教室建设的骨干力量，对保障多媒体教学正常进行及教育技术与课程整合起着重要作用。高校各学科教师对多媒体技术的掌握程度不同，管理人员的任务不仅是建设、管理好多媒体教室，同时，应根据教师需要担负起多媒体技术培训的任务，更好地为教师服务、为教学服务。

在人员建设方面，应逐步引进高学历、高层次人才充实到管理技术队伍中来，改善队伍知识结构。要对现有技术人员制订培训计划，定期安排到国内名校进修，特别重视新技术的学习与消化，提高其业务水平和实践技能，以适应技术的发展和多媒体教学的需要。重视和发挥管理技术队伍的作用，用好人才，积极创造条件，调动人员的工作积极性。加强考核，建立人员考核制度，提高队伍的整体素质，造就一支业务水平高、奉献精神强、富有团结协作精神的管理技术队伍，使其为学校教学科研工作做出积极的贡献。只有不断优化结构，提高素质，建设高水平管理技术队伍，才能充分发挥现代信息技术的作用；同时，通过多媒体教室的构建，在实践中积累经验，完善多媒体教室建设，更好地为教学服务。

4. 管理方式建设

多媒体教室使用人员广，操作水平参差不齐，使用频率高。应根据不同配置，采用相应的管理方式，这对优化管理资源显得极其重要。

（1）自助式管理

自助式管理是指教师掌握多媒体技术及设备操作规程后，对所使用多媒体设备实行自我管理。每学期开学时，要根据多媒体教室的设备情况，对教师分别进行技术培训，内容为多媒体教室使用规章制度、操作规范及多媒体基础知识等，培训结束后发给相应的资格证书。并在使用开始一段时间内投入管理人力现场跟踪，记录相应教师的操作能力，有针对性地进一步进行培训。对能独立操作的教师核发独立操作证书，对其使用教室采用自助式管理，上课前，到规定地点领取相关钥匙即可，设备的开关由教师自行操作。在自助式管理过程中，管理人员应加强对多媒体设备的课后维护，对每次检查结果及时登记备案，发现问题及时解决，保证设备正常运行。自助式管理适合于相对分散、无法或不适合安装管理系统的多媒体教室。该措施的实施能有效缓解管理人员紧张的局面，当然需要相关职能部门的配套支持。

（2）服务式管理

对于实行网络管理的装有监控系统的多媒体教室实行服务式管理。服务式管理是指教师无须对设备开关进行操作，学校网络管理系统对开课的多媒体教室中的教学用设备在上课前 5~10 分钟统一开启（投影机、计算机、展示台等设备），教师直接使用设备即可。管理人员通过监控系统全程监控设备使用情况，并在上完课后，检查设备状况并关闭设备与操作台。服务式管理与自助式管理都应在管理过程中加强设备管理，增加巡查力度，做好记录，及时了解设备使用状况、投影机灯泡的使用时间，定时还原计算机系统等。这极大方便了教师的使用，提高了效率，同时体现了管理为教学服务的思想。多媒体教室的构建与管理是一项系统工程，科学、先进的管理规范是多媒体教学的基本保证，管理人员应在实践中不断摸索，及时沟通，以教学为本，完善管理机制，最大限度地保障多媒体教学正常进行，促进技术与课程整合。

四、新媒体环境下高校教学管理的创新路径

（一）创新教育管理理念和观念

要想对教学管理机制和制度建设进行创新，就需要改变管理理念，创新观念。

第一，要树立创新意识，教育管理者应该加强对管理理念的分析和探索，分析过时教育理念的弊端，从内心深处摒弃过时教育理念，保持接受新事物、适应

新时代的心态和精神。同时，要积极学习新媒体时代的新思想、新精神，在高校教育管理改革和创新上树立坚定的方向和目标。

第二，要具备坚定的意志和决心，要有为教育制度的改革和创新不断奋斗的恒心。此外，还要具备良好的心理素质和不畏艰险的品质，时刻保持为教学管理创新的奋斗精神。

第三，管理者要顺应时代的发展，积极学习新的科学技术，特别是要开发更多信息技术支持下的管理平台和系统，不断锻炼自身的科学思维能力，适应时代的发展要求。

（二）通过课堂开发给学生创造良好的发展空间

高校教学管理创新改革主要是为了给学生提供更加优良的学习环境和锻炼机会，帮助学生掌握更多的知识技能。为了达到这个目的，就要先进行课堂改革。课堂教学应坚持以人为本的教学理念，给学生提供充分的自主时间和发展空间，以此激发学生的创造力和想象力。如可以提倡课堂开放式的理念，多引进网络信息技术支持的教学手段，扩大学生学习和教师教学的范围，在保证教师和教课内容充分稳定的情况下，通过其他学院的加入来壮大团队，学生可以在完成专业学科任务的前提下，根据自己的兴趣爱好选择课堂去学习，扩大知识面，帮助学生找到更适合自己或者更感兴趣的知识。

（三）对高校教育管理的内容进行创新

要推动高校教学管理的创新和改革，就要以科学的、先进的管理理念为基础，不断对高校教育管理的内容进行创新和改革，如日常教学、实习训练、教学评价和反馈、学生管理及师资管理。在教学评价和反馈制度上，一般高校是采用学年学分或者完全学分制对学生的学习效果进行评价，但这种评价方式比较单一，不利于学生综合素质的培养。在评价体系上可以增添更多创新内容，如学生在学校活动上的创意思维、优良表现，在实验竞赛上的突出表现以及自发组织有意义的活动行为，甚至是脱离校园以外的成就，等等，都可以纳入学生的评价体系中。建立校园网络评价的平台和系统，展示更多优秀学生的成果和表现，通过信息推送、微信公众号等平台的推广，激励更多学生不断进步。当然，教育管理内容包含了许多方面，并不能一蹴而就，这需要管理者不断进行探索和实践，走出与本校实际教育情况相适应的改革创新之路。

（四）引进先进的科学管理方法

新媒体时代，科学技术被应用到多个行业中，无论是企业的发展，还是设备的生产，或是管理模式的改革，都需要借助先进的科学技术来提升效率和水平。高校教学目的是帮助国家培养更多适应新兴技术产业的科技人才，所以在管理方法上也不能缺少先进科学技术的帮助。新型的电子化、智能化、数据化和信息化管理手段能够为高校教学管理机制和制度建设的创新改革提供必要的实施条件。如利用智能化和数据化的特点不仅可以创建更加准确公平的评价系统，实现信息的共享，还能对高校专业学科的教学状况进行及时审核和考察，为管理者提供准确的数据。先进的科学管理方法能够使高校的教育管理更加精准并及时完善管理工作，极大地提高管理效率和水平。

新媒体时代，高校教学管理创新工作仍然存在许多阻碍因素，如管理者的水平、制度实施的难度、高校根深蒂固的传统管理思想等，都在一定程度上制约着高校的发展。高校管理者先要认清现实，看清时代的要求，从管理理念和方法、管理内容以及先进的科学管理方式等方面着手，不断对管理机制和制度建设进行创新、探索，找到更加适合高校的创新模式，以提高高校的管理效率。

第四章 信息技术在高校教育教学实践中的应用

随着以网络和多媒体为代表的信息技术的迅猛发展，教育领域内发生了翻天覆地的变化。信息技术教育应用的理论与实践研究不断地改变着学与教的面貌，教学目标、教学内容、教学方式、课堂环境、评价体系等都发生了较大的变革。这种变化在高等教育教学实践中最为显著。本章主要对网络资源、视听觉媒体、教育效能工具和知识管理工具、远程教育中的自主学习与学习支持、翻转课堂等在高等教育教学中的应用进行相应的探讨。

第一节 网络资源在教学中的应用

网络资源主要是指蕴涵了大量的教育信息，可以创造出一定的教育价值，以数字信号的形式在互联网上进行传输的信息资源。这些资源可以供学习者使用，促进他们的学习。在这一过程中，这些资源的要素可以被单独使用，也可以由学习者将它们组合起来使用。在高等教育教学中应用网络资源对教学效果的提高来说无疑具有重大的意义。

一、网络教学资源的类型与特点

（一）网络教学资源的类型

教学中的网络资源根据不同的分类标准有不同的分类方式。从学科角度，可分为语文、数学、英语、物理、化学、历史、地理、生物、政治等教学资源；从语种角度，可分为中文、英语、法语、俄语等教学资源；从资源的作用角度，可分为课件、模拟演示、教案、操作与练习等教学资源；从资源的使用环境角度，可分为基于课堂教学的资源和基于学习者课外自学的资源。

（二）网络教学资源的特点

传统的教学资源容易受到环境、条件的限制，如书本、报纸、杂志等放置时间长了易发黄等。随着现代信息技术的发展，现代信息技术教育中的网络教学资源弥补了传统教学资源的不足，特别是在网络技术高度发展的今天，网络教学资源具有以下几个特点。

1. 数字化

数字化是计算机数据处理和网络传播的本质特性。正像构成物质世界的基本单元是原子一样，计算机处理的数据是 0 和 1 两种状态，构成网络信息世界的基本单元也是 0 和 1 两种状态。教学资源数字化是指将文本、视频、动画等信息经过转换器抽样量化，由模拟信号转换成数字信号。各种各样的图片和声音，归根结底都是通过 0 和 1 这两个数字信号的不同排列组合来表达的。数字信号的可靠性相对较高，能够较容易实现对它的纠错处理。

数字化的意义不仅是便于复制和传送，更重要的是便于不同形式的信息进行相互之间的转换。一定的信息通过编码转换成数字，再经过信道的传输到达终端，然后通过译码还原为一定的信息。这样的教学资源可以通过网络实现远距离传输，学习者可以在任何一台上网的计算机上获取自己需要的信息。

2. 开放性与动态性

随着网络的发展，教学资源已经能够将传统的或者说物理上的空间概念完全打破。从北京到泰国与从北京到杭州的距离，在网络上是一样的。这就意味着真实的地理隔离、国界等限制不复存在，网络上的教学资源可随用随取。此外，对于各种教学资源，其信息结构不再是一成不变的，用户可以对信息进行重新组织，重新建立链接。所以说，网络教学资源也具有动态性特征。

3. 多媒体化与非线性化

网络教学资源的显示呈现是多媒体化的，这是指人们可以利用多媒体计算机技术存储、传输、处理文本、视频等多种媒体学习资源。这与传统的单纯用文字或图片处理信息资源的方式相比要丰富得多，对教学信息和教学资源的种类进行了极大丰富。使用多媒体信息进行教学，不仅可以快速、有效地传递知识内容，还能够灵活适应各种不同类型的学生学习，满足了不同层次学习者对学习的需求。

现代信息技术教育中的网络学习资源采用超媒体技术构建，支持文本、音频、动画等多媒体信息，并采用超文本的方式组织信息，这十分适合表现非线性的网状知识，也与人脑的认知思维方式相适宜，能够促进教学信息的有效组织以及知识的迁移。所以说，网络教学资源的组织是非线性化的。

4. 交互性

交互性是新一代以"学"为中心的教学资源的核心特征，也是区别于传统信息交流媒体的主要特点之一。传统信息交流媒体对信息进行单向的、被动的传播，而交互性的信息化教学资源则可以使人们积极主动地选择和控制信息，从而打破时空的界限，学习者可以用同步或不同步的方式进行学习，教师与学习者、学习者与学习者之间可以采用文字、声音等媒体进行双向或多向信息交流。网络上的学习资源是一个全球性的数字图书馆，无论学习者需要何种信息，都可以在其中找到。Web 用超媒体的方式对信息进行组织，与人们的认知结构比较符合。另外，现代信息技术教育中的网络教学资源还有极其强大的搜索机制，便于学习者在茫茫的信息世界中快速找到所需的信息。

二、网络教学资源的检索和下载

（一）网络教学资源的检索

1. 搜索引擎概述

当我们在互联网上获取需要的某类教学信息却不知道其所在的网址时，通常使用搜索引擎进行检索。搜索引擎是一种用于帮助互联网用户查询信息的搜索工具，它以一定的策略在互联网中搜集、发现信息，对信息进行理解、提取、组织和处理，并为用户提供检索服务，从而起到信息导航的作用。

搜索引擎按其工作方式的不同，主要可以分为三种，分别是全文搜索引擎

（Full Text Search Engine）、目录索引类搜索引擎（Search Index/Directory Engine）和元搜索引擎（Meta Search Engine）。

虽然利用搜索引擎能够检索到大量的信息，但是没有任何两个搜索引擎的搜索结果会完全相同。为了获得理想的搜索结果，需要选择合适的搜索引擎。

2. 利用搜索引擎检索教学资源的步骤

（1）明确检索需求

在开始检索之前，应该先对检索需求进行仔细分析，明确所要检索的是什么样的信息，这是成功进行信息检索的前提。

（2）选择合适的搜索工具

每种搜索引擎都有不同的特点，只有选择合适的搜索工具，才能得到最佳的结果。

（3）确定检索范围

网络信息纷繁复杂，因此，要想检索出需要的信息，就必须对网络信息资源进行选择。也就是说，检索的范围对检索的结果起着举足轻重的影响。检索范围过于宽泛或过于狭窄，都会使得检索效果大打折扣。

（4）选择合适的关键词

关键词是反映主题概念的词或词组。搜索引擎会根据输入的关键词，自动检索包含关键词的信息。关键词选择的恰当与否，很大程度上决定了检索结果的相关性和有效性。

（5）构造合适的检索表达式

检索表达式是用户检索所用的计算机可以识别的公式，它由检索词和操作符根据一定的语法规则组合而成。检索词是用于检索的正式词，操作符包括逻辑操作符、截词操作符、位置操作符、字段操作符等。检索表达式的构造能否对用户需求进行充分反映，决定了检索质量的高低。最常用的操作符有加号、空格等。通常情况下，为了让检索结果更加精确，可以输入多个关键词，多个关键词之间用加号或空格进行组合，形成一个检索表达式。例如搜索《春》（朱自清）一文的写作背景，关键词应该是"春+写作背景"。如果以"朱自清+写作背景"为关键词，则找到的是朱自清生平、朱自清作品集等。如果要查找描写春天的古诗，就要以"春天+古诗"作为关键词进行搜索，不能用"描写春天的古诗"为关键词，这里的"描写"和"的"会影响搜索结果。

（6）正式检索

正式检索通常不用用户亲自执行，用户只需按"检索"或"开始"等按钮即可。计算机检索系统会根据用户提供的检索表达式自动搜索数据库，并且将匹配结果显示给用户。

（7）评价检索结果

对检索所得的结果进行评价，看是否可以满足自己的检索要求，如果已满足，则利用该检索结果，不再对其他检索过程做任何处理；否则，应再回到以上各个步骤，对检索需求进行重新分析，确定检索范围，重新选择检索工具，必要时修改关键词以及检索表达式，重新进行检索。

（二）网络教学资源的下载与保存

无论通过哪种检索方法搜索到的教学资源，往往需要从互联网下载到自己的计算机中。由于素材文件的类型不同，其下载方式也不同。

1. 下载素材类资源

对于文本类素材，可以通过选中文字内容，单击"复制→粘贴"命令保存所需文字，或者将整个网页另存。

对于图片类素材，可以通过鼠标右击图片，单击"图片另存为"命令保存所需图片，注意在保存过程中更改保存路径。

对于动画、音视频甚至是整个教学资源课件压缩包等其他素材，可以用鼠标指到资源链接地址并单击右键，在弹出的菜单中，选择"目标另存为"选项，即可将资源保存到本地计算机。但是这类资源往往比较大，采用"目标另存为"的方法来下载，有时速度会很慢，有一些素材还不能直接用"目标另存为"的方法来下载。此时，就需要一些专门的下载工具，如网际快车、迅雷、电驴、硕鼠等。这些下载工具都支持多任务下载和断点续传功能。

2. 保存网页资源

检索教学资源时，如果需要保存网页中的全部内容，可以打开"文件"菜单，选择"另存为"选项，弹出保存网页对话框，选择相应的"保存类型"，将所需网页的内容全部保存或只以文本文件格式保存到本机。

①在保存类型中，选择网页，全部（＊.htm；＊.html）项，保存的结果是，除了具有这个网页的文件外，还有一个文件夹，文件夹里面存储的是该页面的图像、动画等素材信息，断开网络之后，打开网页文件，各类信息都还存在。如果删除该文件夹，那么整个页面也会被删除。

②选择"Web 档案，单一文件（＊.mht）"项，保存的结果只有一个 mht 文件。此文件中不仅包含了该页面的文本信息，而且包含了该页面中的图像等其他信息。

③选择"网页，仅 HTML（＊.htm；＊.html）"项，保存的结果只有一个网页文件。断开网络之后，打开网页文件，则页面中只剩下文字信息，其中的动画、图像等各类信息都已经消失。

④选择"文本文件（＊.txt）"项，保存的结果是一个文本文档，里面只包含纯文本文字信息，多媒体信息均被剔除。

3. 收藏网址

利用搜索引擎可以搜索到很多优秀的教学网站，为便于在今后的时间访问这些网站，通常需要收藏这些网站的网址。

打开要收藏的网页，单击"收藏"菜单，单击"添加到收藏夹"命令，弹出"添加到收藏夹"对话框。在对话框中，输入网页名称，单击"确定"即可。

为便于对这些收藏的网址进行有效管理，往往创建一些文件夹进行分类管理。在"添加到收藏夹"窗口中单击"新建文件夹"命令，在"文件夹"名后面输入要创建的文件夹的名称，单击"确定"，这样就在收藏夹下面新建了一个文件夹，所有有关课件类的网址就可以收藏到这个文件夹中。

为了进一步管理收藏夹，可以打开"收藏"菜单，单击"整理收藏夹"命令，弹出"整理收藏夹"对话框，可以对收藏夹进行创建文件夹、对文件夹或网址重命名、移动文件夹或网址等操作。

三、网络教学资源的应用形式

互联网上丰富的教学资源不仅形成了一个拥有大量数据的资源仓库，更发挥着对教育教学强大的支持和服务功能，这些功能极大地冲击着教学结构本身的改革，无论是教师的备课、教学，还是学生的学习，包括教务人员的管理工作，都会由此而发生根本性的变革。也就是说，网络教育资源实现的是从效率到效果的双重改变。网络教学资源主要的应用形式有以下几种。

（一）电子备课

电子备课的概念是相对传统的教师基于教材和教学参考书进行备课而言的，它指备课过程的信息化，即利用计算机和其他现代信息技术，以多种媒体信息作为素材，以操作电子文件的方式查阅资料，或制作能够更好表现讲授内容的文字、声音、图形和图像文件，最后以适当的方式将它们有机地集成在某种介质上。

电子备课的资料范围广；备课效率高；生动形象；交流方便；在形式与内容上的拓展突破了传统的文本教案的局限，使得教学环节的设计能够直接运用于课堂，实现教案、课件、学件的综合一体化，有利于学生的个性化学习与自主性学习。

（二）基于资源的学习模式

网络为学习者提供了极为丰富的学习资源，包括数字化图书馆、电子阅览室、网上报刊和各种数据库、多媒体电子书等。学习者只要掌握了一定的信息获取技能，就可以通过各种网上检索机制，方便快捷地获取自己所需要的知识。

基于资源的学习与传统的学习模式有很大不同，这不仅表现在学习者及教师的地位与角色发生了改变，更主要地表现在基于资源的学习强调学习的过程，而传统学习模式强调学习的结果；基于资源的学习侧重于培养学习者发现信息、利用信息解决问题的能力，而传统学习模式侧重于强化学习者对知识的记忆。总之，基于资源的学习模式是一种更适合于信息时代网络化社会的学习模式。

基于资源学习的主要目标是为学生提供各种机会，使他们在获得基本知识的同时，形成独立的学习技能，逐步使学生具备终身学习的意识与能力。这种学习模式的特点是：不是将现成的答案直接展现在学生面前，而是为他们提供一个非良构的学习环境，这个环境中包含了要实现学习目标可以参考的各种资源，学生通过对这些资源进行筛选、分析、综合及实际应用，最终达到对知识的深层建构，并形成信息加工和解决问题的能力。

（三）知识存储与共享

知识的数字化存储已成为时代不可逆转的趋势。虽然用于教育中的知识大多是人类长时间的实践所证实了的，网络资源的开发并不能增加知识本身的数量，但它能极大提高知识积累的质量，实现对知识的高效利用。它把原本无序的、零散的知识加以科学地组织，使之系统化、条理化，学习者因而能对积累的内容有更为深刻的理解和认识，并能借此发现新问题，产生新想法，得到新启示，实现真正的创新。

互联网集中了每个人所创造的信息，多种多样的信息瞬间就可以存取，跨学科、跨文化的对话和交流可以广泛地进行，合作和竞争进一步加强了。求变、求新、多样化和快节奏是网络时代学习的重要特征。它要求我们具备广阔的视野、活跃的思想、敏捷的思维和随机应变的能力，积极地利用网络资源与他人交流并不断完善自我。

（四）模拟体验

网络教学资源以非线性的、更符合人类思维习惯的方式进行组织，既包括静态的数字资源，又包括因人的交流与交互所形成的社会化氛围，如虚拟社区和专题学习网站。蕴含在网络信息中的这些氛围来源于生活在现实中的人，因此，它与现实社会有一定的相似性，但由于存在媒体的面纱，每个人都以自由化的方式演绎着个性活动，因此，在网络上的信息活动是一种虚拟的体验，既可以是现实生活学习的模拟，如虚拟实验室、虚拟实验平台、专题学习网站，使位于不同区域的人像同班同学一样共同参与讨论，并协作完成基于实际问题的任务；也可以是对过去和未来的一种幻象，如对历史事件的模拟重放，对宇宙空间的多维展现，使网络能构建出现实教学中无法实现的场景。

第二节　视听觉媒体的特性与教学应用

从记忆的心理学研究表明，视听觉并用所获得的信息，能得到最高的记忆保持率。所以，在学习过程中，视觉、听觉并用，也必然有利于人们提高学习效果。视听觉媒体正是一种能让视觉、听觉并用，促进学习效果的媒体。它既可以提供活动的图像画面，又可以提供与画面相配合的声音信息。视听觉教学媒体设备主要有电视机、录像机、摄像机、无线电视系统、闭路电视系统等。

一、视听觉媒体的主要特性

（一）视听结合

视听觉媒体是通过形象逼真的画面与优美动听的音乐、音效和语言同时呈现视听觉信息的。图像画面擅长于形象直观，语言解说擅长于抽象概括，音乐、音效擅长于渲染气氛。视听结合多种感官的综合作用，使学生身临其境，有助于在教学中弥补学生直接经验的不足。

（二）突破时空限制

视频具有极其丰富和灵活的时空表现力，能够充分表现宏观、微观、瞬间和漫长的事物及其过程，能够按教学需要有机地组织画面内容，有利于在教学中让学生深入地观察、认识、理解和思考。比如用显微摄像可以将肉眼看不到的现象、过程放大，栩栩如生地呈现出来，化小为大；用普通摄像手段可将宏观事物缩小呈现在电视屏幕上，化大为小。同时，可以将变化极快和极慢的现象、过程用合适的速度表现出来，化快为慢，化慢为快。应用动画技术可以追溯远古，预测未来，创设时空。应用画面景别的变化，镜头运动和组接技巧，可以表现事物现象的空间和时间变化，更好地引导学生观察。

（三）较强的时效性

通过卫星的电视转播可将世界各地发生的重大事件适时、准确地传遍全球，这样就能使教师和学生及时获得当前的最新新闻，从而极大扩展他们的视野，让他们在信息获取上更为快捷便利。

（四）灵活多样

随着电子技术的进步，电视教材在制作程序、方法及使用操作上越来越灵活多样。在教材的使用和保存方面可以采用存储录像带、VCD、DVD 等形式，更加符合教学需求并便于携带，可以实现从课堂教学到家庭自学的各种教学模式。

（五）教育范围广

卫星教育电视系统所构建的"天罗地网"，可以同时面对众多的观众，也可以进入课堂，进入家庭。它传播面广，受教育面大，使大规模远程教育及终身教育成为可能。

二、电视的教学应用

在视听觉媒体中，电视是最具代表性的媒体。电视是通过通信线路把节目活动现场或记录的景物现象在一定距离之外以图像的形式重现的技术。电视信号的传播过程，就是在发送端通过摄像机将实际景物的光像信息转变为图像电信号，声音信息则通过话筒转变成声音电信号，经过一系列处理后进行发射传输，而在接收端则是通过电视机将电信号还原成图像和声音的过程。

当前，电视广播教育、卫星电视教育、电视录像教育等教育手段由于其特殊的优势，在提高全民文化素质，进行职业技术教育、成人教育、终身教育等方面发挥了较大的作用。以下几方面是电视类媒体在教学中的常见应用：

（一）利用广播电视系统进行系统教学

系统教学是指采用录像、电视手段进行整门课程的教学。教学信息主要通过卫星广播电视、闭路（有线）电视、录像教学点三种播放形式进行传播，而教师主要参与辅导、答疑、批改作业等。

（二）应用电视录像媒体进行示范教学

教育者通过利用电视录像媒体为学生提供典型的示范材料可以进行示范教学，指导学生进行教学实践。在实际的教学中，教育者可以利用电视录像媒体将实验原理、实验步骤、实验方法等形象、直观地再现于课堂，对学生进行实验前的指导教学。比如实验前，学生通过观看实验演示录像，不仅能目睹实验的全过程，还能通过不同角度拍摄的近景、特写等画面详细观察仪器设备的构造和细节，依照相应的解说和示范，准确高效地掌握实验操作步骤，同时，通过正误操作的比较吸取经验教训，避免类似错误的发生。另外，教师也可避免每次实验讲解的重复劳动，集中精力加强指导。所以，利用电视录像媒体可以优化教学，提高实验教学的质量和效率。

此外，在体育训练时，用电视录像可以展示分解动作及要领；在生产实习中，用电视录像可以展示规范的生产过程和操作方法；在师资培训中，用电视录像可以展示优秀教师的教学精华；等等。

（三）利用插播教学片辅助课堂教学

在课堂教学中，教师可以根据教学内容及教学计划，直接利用电视教材和播放设备，穿插播放一定的教学片进行辅助教学，及时解决教学中的重点和难点。至于播放什么内容，何时播放，播放长度，播放次数，均可以由教师根据需要及实际情况而随机地选择和控制。这种教学方式不仅使课堂教学更加灵活，而且能更有效地发挥教师的主观能动性，还能使学生的易受性极大增强。

（四）利用录像反馈加强学生技能培训

微格教学在培训师范生课堂教学技能上具有良好的效果。微格教学是利用摄像机和录像机等设备将每个学生在讲台上的教学过程记录下来，然后通过录像反馈和小组评价，使被培训者能较清楚地看到自己的优势与不足，从而取长补短，及时纠正存在的问题，并较快地掌握各种课堂教学技能的运作规律。

（五）辅助课外教学

在课外，应用电视录像对学生进行素质教育也是非常好的教育方式。影视题材广泛丰富，内容生动活泼，寓意深刻，教育性和思想性较强，具有极大的吸引力和感染力，易为学生所接受，能给学生多层次、多侧面的直接感受。例如播放科普教学片，既可以弥补教师的课堂教学，还可以开阔学生的视野，扩大知识面，有利于学生综合能力的培养。利用电视教材与中外名片欣赏对学生进行德育、智育、体育、美育、劳动技术教育与心理素质等多方面的教育，不但丰富了学生的课外活动，而且使学生增长了古今中外的知识，对学生的潜能开发、心理品质培养和社会文化素养提高都有十分重要的意义。

（六）帮助学生自学

电视教材不仅提供了丰富的感知材料，而且有教师在屏幕内外做分析与讲解。所以，学生利用电视教材进行自学，往往要比自学文字教材更有效果。可见，电视媒体还是帮助学生自学的一种理想工具。

第三节　教育工具的应用

一、教育效能工具的应用

教育效能工具就是指能提高教育、教学工作效率的各种工具。当前，微软公司出品的 Microsoft Office 系列办公软件（也被称为办公自动化软件）是教育教学中最常用的效能工具。以下主要对 Microsoft Word（文字处理工具）和 Microsoft PowerPoint（多媒体演示工具）及其应用进行一定的阐述：

（一）文字处理工具及其应用

Microsoft Word 是微软公司出品的 Microsoft Office 系列办公软件之一，它主要用在信函、报告、论文等办公文件排版方面，也用于其他印刷品的排版，比如宣传单、书籍、报纸、杂志等，是人们最喜爱的专业文字处理软件之一，在自动化办公方面应用非常广泛。Word 的主要功能是创建和编排具有专业水准的文档，具体功能则包括创建文档，制作文本，绘制图片，设计表格，制作包含有图片、声音、电影的多媒体文件，制作网页并设置各种链接，设置字符、段落和文档格式，编辑长文档，制作批量文档，等等。

1. Word 在教育应用中的优点

①有助于提高教师文字处理的效能。例如教师借助于 Word，可以更为方便快捷地编写教案和备注，编写试卷，绘制教学用图，制作课堂规章制度列表，批量制作传单、通知、学生经常使用作业单、练习和成绩单，撰写新闻稿和有抬头的信笺，撰写年终报告，批改学生作文。

②能制作简单的教学软件。例如组词成句，组句成段，调整句子顺序，调整文章的段落等电子练习。与手写作业比起来，使用 Word 文档完成这类电子练习尤其是需要重新调整整篇文章的结构和段落的练习更加方便。同时，教师可以很方便地修改这些电子作业并保存为不同的版本；也可以通过拷贝和修改等方法比较方便地面向不同的学生布置有针对性的作业，从而实现"因材施教"。

③便捷的编辑、加工、排版、作品展示与打印功能可以节省学生的誊写时间，使学生将更多的精力集中于作品内容。同时，也能使学生的作品形式更专业、更精致、更整洁，既方便教师的批阅，也使学生免去书写难看的尴尬。

④采用多媒体写作、超文本和超媒体写作、学生联合写作能拓展学生的写作方式，激发学生的写作兴趣，并使学生的作品更富有个性和创造性。

2. Word 在教育应用中的局限

①如果缺乏适当的指导，文字处理工具本身并不能自然而然地提高学生的写作能力，并且由于文字处理工具在编辑和加工上的便捷性，有可能导致写作的随意性，出现文章结构松散、文字重复拖沓等问题。

②缺乏必要的键盘输入能力无法有效地进行文字处理，而过多的键盘输入可能影响手写文本的能力，而目前普遍认为这两种能力都是必须具备的。同时，究竟在学生的哪一个年龄段开始学习文字处理也存在着争议。

3. Word 的教育应用

（1）输入学科符号和公式的应用

在日常的工作中，很多教师对数学、化学和物理等理科的公式编辑排版，常常采用设置下划线、行间距、字符升降、字符上标和下标等方法编辑排版，操作过程是十分烦琐的，而且排出的公式也不标准。如果采用文字处理软件 Word，不仅能方便地排版编辑出标准的、美观的公式和数学、化学等学科的特殊符号，而且会极大提高教师的工作效率。

（2）"修订""批改"操作实现教学交互

Word 中的修订功能可以保留团队或者工作组成员对于文档不同的修改痕迹，甚至完成对文档的审阅。将此功能引入教学可以加强师生之间的交互，从而改进教学课堂的学与教。教师运用"审阅"工具栏中的"修订""批注"与"突出显示"等功能，可以批改学生的作文或作业，也可组织学生互评和编辑同一作文或作业；教研室的教师（甚至不同学校的教师）可在合作编写教案和论文时协同工作，相互批改，共同提高。除了文本图形批注功能外，Word 还提供了"声音批注"功能进行教学交互。单击"声音批注"按钮（需要用户添加）会弹出"录音机"窗口，并在"编辑区"右侧显示"声音批注框"。教师用"录音机"录制的声音被自动转为"声音批注"，并可保存于文档中；学生双击"声音批注框"的小喇叭图标，即可听到教师温柔的赞许、鼓励和客观评价之声，这是传统作文或作业批改无法做到的，应大力提倡与推广。

（3）利用"宏"编写教案模板

编写教案是教师的一项日常必做的工作。由于教案内容的翔实性以及教案格式的复杂性，其编写往往占据了教师备课的大部分时间。尤其是很多学校对教案的格式规定相当严格，即便教务部门专门统一提供了教案格式范本，由于格式呆板、排版复杂，往往效果不是很好。利用 Microsoft Word 中的"宏"可以设计出灵活的、个性化的教案设计模板，从而将广大教师从复杂枯燥的排版工作中解放出来，极大提高了工作效率。当教师反复编写不同的教案时，也可以依据所录制的宏进行添加每个环节，并能根据实际情况加以修改，从而完成个性化的教案。

（4）使用邮件合并功能制作学生成绩报告单

教师在实际的教育教学工作中，经常会遇到需要处理具有相同格式和框架但部分项目不同的文档，如学生的成绩报告单、通知、获奖证书、参赛证、名片、工作证等。一份一份地编辑打印，尽管每次只修改个别数据，但仍然十分烦琐。为此，Word 提供了非常有用的邮件合并功能，可以减少许多重复工作，极大提高工作效率。批量引用数据源中的数据生成具有相同格式，并以指定的方式输出称为邮件合并，它是 Word 自动化的重要体现。

（5）研究报告等长文档的编辑

在新一轮的课程教学改革中，教师的角色需要由传统的"教书匠"向"教学研究者"转变。作为教学的实践者和研究者，教师常常会撰写相关的研究型报告、论文等一些长文档。教师利用 Word 可以进行长文档的编辑，在编辑时，通常需要用目录和文档结构图的形式展示其纲要，使文章整体结构和主要内容一目了然，从而便于查找、修改和编辑。

（二）多媒体演示工具及其应用

Microsoft PowerPoint 也是微软公司出品的 Microsoft Office 系列办公软件之一。它是一个专门制作和演示电子文稿的软件，由于文稿中可以带有文字、图像、声音、音乐、动画和视频文件，并且放映时以幻灯片形式演示，所以利用它可以高效、高质地制作出精美的幻灯片，在教学、学术报告和产品演示方面的应用非常广泛。

PowerPoint 的主要功能是制作和演示电子文稿，具体功能包括创建演示文稿，编辑演示文稿，设置演示文稿版式，编辑和绘制图形，插入及编辑表格和图表，插入和编辑其他对象，放映、打包及打印演示文稿，协同工作等。

1. PowerPoint 在教育应用的优点与局限

①有助于教师和学生制作和演示美观的幻灯片，如制作和演示学术报告幻灯片、产品介绍幻灯片和学习成果展示幻灯片。也可以制作一些简单的动画类和交互类的多媒体教学软件。

②课堂教学中采用电子幻灯片，节省了板书的时间，极大地增加了教学信息

量，有利于促进教师教学方式和学生学习方式的改进。

③可以自定义放映幻灯片，针对不同的学生放映幻灯片的不同部分，或按不同的教学顺序播放幻灯片，从而有利于实现个性化教学。

PowerPoint 在教育应用中也是具有一定的局限性的。比如电子幻灯片无法展示教师个人板书风格的独特性，缺乏在书写方面对学生可能产生的潜移默化的影响。

2. PowerPoint 的教育应用

（1）利用 PowerPoint 制作教师教学课件

传统教学以黑板为主要上课工具，教学质量是较突出的，但其难以避免形式单一、灵活性不强等问题。而现代信息技术中的 PowerPoint 技术给教师教学带来了一场新的革命。用 PowerPoint 软件制作课件来辅助教学，能弥补黑板教学缺乏灵活性和单一形式的不足；在教学过程中能传递给学生更多直观的、丰富的信息，有利于拓宽学生的知识面；可以通过创设生动的情境烘托课堂气氛、激发学生学习的兴趣，从而能达到一定的教学效果。

（2）利用 PowerPoint 制作宣传展示文件

随着计算机的普及和多媒体技术的发展，运用多媒体教学已经逐渐成为一种趋势，在众多制作课件的软件中，PowerPoint 无疑是比较简单和容易操作的。PowerPoint 不仅可以用于学校教学中的课件制作，还可用于在学校或其他机构制作各类生动形象的宣传文件或者展会文件。在电子幻灯片的制作过程中，教师并不需要掌握编程技巧就可以制作出包含文字、声音、图像和动画在内的多媒体展示文件。此外，利用其具有自动循环播放的功能，可以在活动中循环展示，提高工作效率，烘托活动气氛。

二、知识管理工具的应用

知识管理的概念源于企业界，它是企业经济发展的主要驱动力和提高企业竞争的重要手段。伴随着当今知识经济时代的到来，知识管理越来越受到人们的重视。知识管理的最终目的在于提高个人和组织的应变及创新能力，进而提高组织整体的生命力与竞争力。知识管理的重要内容是实现知识的转化，即显性知识与隐性知识的转化。知识管理的重要过程和步骤是知识的获取、存储、共享、利用、创新的不断循环往复的过程，这个过程体现了知识管理的价值链。在当前的教育教学领域，知识管理这一内容十分突出，尤其是在教师专业发展方面。教师如果能更好地进行知识管理，则能极大促进自身的专业发展。在当前的信息技术环境下，教师的知识管理拥有诸多的信息技术工具支持。

在知识获取上，网络资源、数据库为教师获取所需要的知识提供了便捷的手段，如使用搜索引擎、中国学术期刊网站。

在知识存储上，教师利用数据库等系统可以对显性知识（教案、教学笔记、论文、教学参考资料、课件等）进行有效地分类与整理，使其数字化、档案化。

在知识分享上，基于网络的异步或同步交流工具（如电子邮件、BBS、博客、即时通信等）让教师彼此间的知识交流与分享更便捷。

在知识应用和知识创新上，借助通用教学工具（如概念图、思维导图工具等）和学科平台工具（如几何画板等），教师可以将获取的新知识、新理念在课堂教学实践中付诸实施，并挖掘出教育教学的新知识。

以下主要对博客工具和维基工具进行相应的探讨：

（一）博客工具及其应用

1. 博客与教育博客概述

博客源于英文单词 Weblog/Blog，是以网页形态展示个人或群体的日志或札记，也有人把 Blog 翻译为网志。根据语境的不同，有时博客也指书写网络日志的人。博客网页上一般呈现着简短且经常更新的帖子（Post，或称文章或博文），它们按照年份和日期倒序排列，与 BBS 上的帖子或网页呈现上的普通文章不同的是它们可以时间、类别方式组织、整理；它们具有固定、不变的网址链接可供阅读者读取；它们具有时间戳印，记录着撰写、编辑的时间；它们标出体现时序性的日期标头。博客的主要特点是频繁更新、简短明了及个性化。

自从推介博客以来，这个简单易学、几乎没有技术门槛的网络新应用逐渐受到了国内教育界的关注，不断激发着教育工作者的教育想象力。教育技术专业的教师和学生成为国内较早一批的博客应用者。他们把博客当作自己学习、研究、反思、交流的平台。有的学校、地区把博客作为促进教师专业发展的重要手段，由此涌现了很多优秀的教师博客群，如海盐教师博客、广州天河部落等。总之，博客在教育教学中的应用潜力被不断地挖掘出来，出现了各式各样的博客，如教师个人博客、校园博客网站、校园博客群、区域教师博客群等。其中，教授个人博客最受教师青睐，根据每个教师的兴趣和工作重点，这些个人博客在内容主题上分为：教学反思、学科教学、教育管理、知识管理、成长档案、家校沟通、课题研究、文学创作等。博客像一块巨大的吸铁石吸引着无数的教师、教育管理者和学生加入，开始有意义的教育博客旅程。

2. 博客在教育中的应用

作为继电子邮件、BBS 和即时通信之后的一种新型网络应用工具，博客在与教育结合的历程中，越来越显示出了其强大的生命力。当前，博客已融入教师专业发展的实践中，成为教师进行实践性反思和教育叙事研究的重要工具，同时，也为教师实现知识管理提供了必不可少的技术支撑。

利用博客，教师可以将关注领域的信息进行有效地分类，特别是利用超链接，把网络上分散的海量信息进行筛选、组织，并在此基础上进行知识的再生产。教师还可以建立自己的个人知识库，收集和整合某个主题的相关教学资料，以便快速提取。

教师对博客的应用无外乎是撰写博文、阅读他人博文、评论他人博文等几个活动，这些活动恰好与知识螺旋式转化过程对应，撰写博文就是教师隐性知识显性化的过程，阅读他人博文就是教师消化吸收显性知识并通过教育实践创造出新的隐性知识的过程，评论他人博文和通过博客与同行互动就是教师隐性知识的传递过程，教师利用博客创建知识库就是教师将零碎的显性知识系统化、组织化的过程。因此，教师应用博客的过程就是在自觉地进行知识管理，教师知识的社会化、外在化、组合化和内在化无一不体现在教师应用博客的过程中。

（二）维基工具及其应用

1. 维基概述

维基是 Wiki 的汉语音译，Wiki 是夏威夷语 "wee kee wee kee" 的缩写，原本是"快点快点"的意思。维基是一种支持社群协同创作的超文本网页系统，任何人（有的维基网站只允许注册用户）都可以对维基网站进行浏览词条、新增词条、修改词条、版本比较等操作。因此，维基网站的使用者承担着传播者和受传者的双重角色，它们常被叫作维客。维基网站包含一组供浏览、编辑的讨论主题网页（也称词条或条目），这些词条构成了维基网站的传播内容。维基网站不是一般的 Web 网站，它包含一组支持协作式写作的辅助工具，能提供多人在线创作，方便人们对知识进行积累、管理和共享。

维基具有开放、平等、自由的特点。它主要应用于聚集众多个体的力量来构建内容丰富的知识库和创新型知识平台，如中文维基百科。中文维基百科是一个人人可编辑的自由百科全书。除中文维基百科外，还有天下维客和互动百科。天下维客是一个由网友共同建设的开放的电脑知识网站，许多 IT 爱好者都在天下维客网站里通过参与修改站内文章来分享知识与经验。互动百科是全球最大的中文百科网站，它以词条为核心，与图片、文章等其他媒体形式共同构筑一个完整的知识搜索体系。由于汇聚了上亿网民的头脑智慧，互动百科不断积累成全人类共享共建的开放知识库。从以上三个维基实例，我们可以发现，以协同创作为主要应用功能的维基充分展现了网络时代对分享知识和群创知识的追求，维基为我们提供了一种全新的网络时代协同工作与知识共享的平台，使我们的个人智慧与集体智慧互为影响、互为促进，知识的螺旋式转化模型也有了维基技术的支撑。

维基与博客相比，最大的区别在于博客一般是由个人撰写的，而维基是群体创作的，因为任何网络用户都可以浏览维基并参与维基文本的创作。维基的目的是实现知识的积累、共享、交流、传播和再创造。

作为一般用户，我们可以使用万维网上现成的维基网站，如中文维基百科、天下维客、百度百科等，如有一定网络技术基础，则可以利用开源软件（如Media Wiki）搭建自己的维基系统。

2. 维基在教育中的应用

自从维基诞生以来，它已用于百科全书、知识库和某一领域的专业知识网站建设中，也在项目开发、协作、翻译、资料整理、FAQ 问答等领域有所运用。由于维基具有协同工作、群体编辑的特点，它在教育领域中的应用潜力也引起了广泛关注。目前在国内，维基应用于教育教学的主要模式和方法包括建设教育教学资源库、专业学科的百科全书、教学管理、网上协同写作、学术研究等。我们主要介绍以下几种应用模式和方法。

（1）开放课程资源建设

教育大发现维基网站（Social Learn Lab Wiki，简称SLL）是用维基技术搭建的一个社会性学习社区，它是一个知识管理、项目管理与运行和开放课程资源建设的园地。根据社区用户的兴趣，可以参与各种维基板块的学习与贡献。例如共建课程：用开放的方式来建设一系列社会化学习课程。学习伙伴：汇聚教育实践者、专家顾问。社区教研：展示社会化网络学习与教学方法在中小学应用的案例。知识管理：帮助个人和群体在系统思考、交流分享中应对环境的变化。热点推荐：社区当前热点动态。社区简报：每月发布两期，促进社区内部知识分享传播、向外传播分享社区实践。社区沙龙：线下的沙龙活动，以主题座谈、研讨为主。社区项目：呈现社区项目列表、项目动态以及参与方法。工具之家：合力汇集，编写优秀学习工具资源。

（2）教师协同备课

维基提供的教师协同备课为教师共同体的知识管理、教学研究提供了新型的网络环境。在教师协同备课过程中，一般由一位教师针对课题先拟定教学目标、教学重点及难点等项目，然后参与备课的其他教师对已有项目进行思考和斟酌，提出与课题相关的其他备课重点，教师们共同修改备课专栏，添加、修改各个项目内容。在确定备课中关键部分内容时，备课项目的这些词条经过多位教师的反复修改和争论，直到大家的认识趋于一致。

维基环境下的教师协同备课为教师的知识管理和专业发展提供了可操作的现实途径。新入职的教师可以在协同备课中体悟优秀教师的教学智慧，并将这些隐性知识融入自己的教学实践，以改进自己的教学行为和提高教学技艺。优秀教师通过协同备课可以将自己的实践性知识应用于真实课例，并在与其他教师的思维碰撞中进行知识的社会化互动。由此可见，教师协同备课有助于教师知识的螺旋式转化。

（3）网上协同写作教学

由于维基工具的简单易学，而且支持共享共建和协作式学习，国内已有高校教师将维基应用于英语写作训练中，并依托现有的维基网站构建起一种不同于传统写作方式的新型写作环境，通过实验形成了基于维基的写作教学应用模式。在这个模式中，维基工具渗透到常规作文教学的多方面：通过共建共享组织作文素材、通过共享智慧撰写作文、在各抒己见中修改作文、在生生互动和师生互动中批阅作文、立足写作过程的作文讲评和汇聚多次作文学习活动形成作文档案袋。通过基于维基的作文教学实践，教师们普遍感到维基激发了学生的写作热情，给学生一种语言表达、抒写真情的自我感、归属感、成就感。学生的写作活动贯穿始终，从收集素材到撰写作文，再到修改作文、发表评论、参与讨论等，学生的学习主体性和责任感增强，学生不仅是写作者，也是修改者、评价者。此外，维基打破了传统作文交流的时空限制，师生、生生之间的互动、共享达到了前所未有的程度。

第四节　远程教育中的自主学习与学习支持

一、远程教育中的自主学习

远程教育是以"学生为中心"，以培养学生自主学习能力为主要目标的一种教学活动。作为知识社会教育体系中的一个重要组成部分，它在高等教育中也得到了充分的应用。它打破了传统教育课堂面授学习的局限，学生能够不受教育时空的限制，充分利用教育技术和多媒体手段，开展自主学习。所谓自主学习，就是"自我导向，自我激励，自我监控"的学习。这种学习充分体现了学习者的主体性和能动性。

（一）远程教育中自主学习的主要特征

就远程教育来说，自主学习主要有以下五大特征。

1. 主动性

远程教育的学习建立在学生从被动学习到主动学习的基础之上，因此，主动性是自主学习最突出的特征。它也是开展远程教育的前提和保证。学生主动学习的心声就是"我要学"。"我要学"是学生对学习的一种内在需要，主要表现在学习兴趣和学习责任上。远程教育强调学习方式的转变，要求远程教育的教师在强化责任感的同时，还必须把学习的责任真正地从教师的身上转移到学生的身上。学习者只有具有浓厚的学习兴趣，负有明确的学习责任，才能在学习过程中有精力地投入，有内在动力的支持，也才能从学习中获得积极的情感体验，取得高效率的学习效果。

2. 独立性

自主学习是独立学习，所以，独立性也是自主学习的主要特征。它在学生的学习活动中表现为"我能学"。"我能学"是学生对学习的一种认知取向，表现为学生能够在学习活动中不依赖他人，选择自己感兴趣的学习内容，确定对自己有意义的学习目标，选择适合自己的学习方式，制定符合实际的学习进度，设计自己满意的评价指标。

3. 技术性

远程教育是信息技术高度发展的产物，因此，远程教育的自主学习是建立在现代信息技术基础上的。远程学习是在师生准分离的状态下进行的，学生的学习是借助多媒体教学资源来完成的，学生只有通过现代信息技术才能将中断的学习行为继续下去。因此，技术性是自主性的第四个表征，它在学生的学习活动中表现为"我能学"。也就是说，远程教育中的学生必须能够熟练地掌握现代信息技术，充分利用多媒体教学资源。

4. 开放性

远程教育中师生异地，没有严格的约束，这给学生的自主学习带来了更大的开放性。开放性在学生的学习活动中主要体现在以下几方面：入学前，学生可以根据自己的爱好、习惯以及优缺点，选择适合自己个性发展的专业；入学后，学生可以根据自己的学习特点及其他实际情况制订学习计划，确定达到目标所需要的时间；在学习过程中，什么时候学习、怎么学习都由自己设定。

5. 监控性

自主学习是一种元认知监控的学习，所以，远程教育中的自主学习也有监控性这一突出特征。这一特征突出表现在学生对学习的自我计划、自我调整、自我指导、自我强化上，即学生能够对自己的学习过程、学习状态、学习行为等进行自我观察、自我审视、自我调节，能够对自己的学习结果进行自我检查、自我总结、自我评价、自我补救。

（二）远程教育中自主学习的过程

在远程教育学习支持系统的支撑下，远程教育中的自主学习过程主要包括以下五个基本阶段。在这五个阶段中，第二个阶段和第三个阶段是远程自主学习的核心部分。

1. 制订学习计划阶段

作为自主学习的主体，远程教育中的学生应该重视调整自己在传统学习中的学习理念，变"要我学"为"我要学"；要加强学习自律意识，磨炼学习意志，养成自我激励、自我引导、自我发现、自我监控、自我检查和自我评价的学习习惯；要弄清楚课程的目标、要求和难点，使自己的学习有一个比较明确的起点和方向；要通过与同学的交流和讨论，制订并调整自己的学习计划；要通过交流，与其他的学习者进行深入的讨论，确定自己的大致学习步骤，达到共同进步的目的（在制订学习计划时，从学习支持系统中获取帮助也是非常重要的）；要充分听取教师和辅导人员的建议，在相应的支持学生自主学习的管理制度和管理模式下，获得高度规范的教学管理制度的支持，使自己的学习能够得到必要的保障。

2. 获取学习资源阶段

远程学习者应该熟悉并能使用远程学习技术，这是对远程学习者素质的基本要求。学习者只有对计算机以及网络的基本操作有所了解，才能在网上获得自己需要的学习资料。在经济不发达地区，要重视利用文字材料、电视广播等各种学习资源、技术手段进行自主学习。在获取与利用学习资源的具体策略和具体步骤上，一是要确定学习目标，二是要制定学习进度，三是要学会选择媒体资源，四是要注意网络学习资源的选择。

3. 参与合作讨论阶段

这个阶段的讨论不仅包括学生与教师之间的交互，还包括学生与学生之间的交流和讨论。讨论可以通过面谈、信函、电话、短信息、电子邮件、电子公告板、直播课堂或虚拟教室系统进行。其中，信函与电话在师生不能谋面的情况下是一种较为经济、便捷而又具有广泛适用性的通信方式。而在互联网已经开通的地区，参与合作讨论则主要是通过基于网络的通信方式，诸如电子邮件、电子公告板以及其他各种实时或非实时的网络通信工具来进行的。此外，由于远程通信方面的革命，即电视和电话技术的结合通过压缩视频、全带宽或卫星连接，为在虚拟教室里的远程面授教学提供了可能。

4. 提交学习成果阶段

这个阶段相对于其他阶段要简单一些。学习成果的界定比较宽泛：可以是一门课程结束之后书面考试的成绩，可以是就某个主题写作的论文，也可以是理论联系实际工作的项目汇报，一切视自主学习者的具体情况而定。提交的方式也要具体分析，可以是传统学校里提交的纸质材料，也可以是统一的书面考试，在面对面交流不方便的情况下，还可以在网络上开辟一个作业提交区域，将学生的作业按照一定的命名方式提交，然后由教师或教辅人员收齐后进行评价。

5. 评价学习效果阶段

自主学习评价是远程教育的自主学习过程中不可或缺的一环，它以内外双向评价为主要特征，即教育者代表社会对受教育者自主学习动机、策略和能力等进行评价与受教育者内部自我监控评价相结合。远程教育中自主学习效果评价的内容包括学生的学习观、学习动机、学习策略、自我监控能力、学业求助能力、学习反思能力等。对采用自主学习这种高度策略化的学习方式而言，单一的评价方法已不大可行，必然要求在自主学习评价中量性评定与质性评定相结合，并注重动态、纵向的形成性评价。

远程教学将"以学习者为中心"当作核心思想，它要求学习者能实现自主学习。但是，远程学习者由于原本都是在传统的教学模式中接受教育的，要求他们一开始便能自主和自治，显然是不可行的。因此，为保证学习者自主学习的顺利进行，为学习者提供学习支持服务就显得非常重要。

（三）远程教育中自主学习的影响因素

自主学习是学习主体独立地获取知识的行为，因而它要受主体和客体的影响和制约，主体认知水平的高低和客体环境的好坏决定着自主学习顺利与否和效果好坏。因此，影响远程教育中自主学习的因素可以从以下两方面分析。

1. 主观因素

影响远程教育学习者自主学习成功的主观因素，主要包括学习者学习的基础、动机、能力等几方面。

（1）学习基础

如果没有一定的学习基础，那么从事高一层次的学习是比较困难的；如果没有基础知识，那么学习者在以后的自主学习过程中就会遇到种种困难，从而影响自主学习的积极性和自觉性。因此，自主学习应该遵循循序渐进的规律，要先具备一定的学习基础。

（2）学习动机

动机是推动和指引个体从事各种活动的内部动因，其作用在于促进人们进行有目的的行为。学习动机实际上就是学习主体对学习的一种需求，是引起、维持和推动主体学习的一种内部动力。

（3）学习能力

如果学习能力不强，在自主学习过程中，遇到疑难困惑就无法解决，就会动摇信心和丧失勇气，自主学习就无法进行下去。

2. 客观因素

影响远程教育中自主学习的客观因素主要包括两类：一类是自主学习的环境因素，主要有学校环境、家庭环境和社会环境；另一类是自主学习的媒体因素，主要有文字教材、音像教材和计算机网上资源等媒体。

（1）环境因素

学校环境主要包括教室、图书馆、实验室、电脑室、校园文化、气氛、风气、人际关系，以及学习支持服务系统等因素。一个宽敞、美丽、宁静、舒适，具有和谐气氛、功能完备的校园，能使人静下心来自主学习，而一个嘈杂喧闹如农贸市场的校园，不能叫人安心学习，更不用说自主学习了。家庭环境主要包括家庭的经济条件，家庭成员的文化程度、思想观念等。经济条件好，在家里学习的条件就好；如果家庭成员不理解、支持学习者的学习，学习者的自主学习就有较大阻力。社会环境主要指社会学习氛围。社会是学习者学习的大环境，如果一个社会不崇尚学习，不鼓励学习，学习者的自主学习就有很多困惑和干扰。

（2）媒体因素

文字教材是知识的主要载体，文字教材的好坏直接影响学习者自主学习的效果。而对现代远程教育来说，音像教材和网络资源对学习者自主学习的影响也越来越大。

（四）远程教育中自主学习能力的培养

远程教育环境下学生自主学习要求学生能主动地、有主见地学习，也就是要在教学过程中充分调动和发挥学生的主观能动性。在此学习过程中，培养学生的自主学习能力尤为重要。要想培养这一能力，需要从以下几方面努力。

1. 激发远程学习者的学习动力

学习动机是学生自主学习的内在推动力，它主要表现为学生的学习志向和愿望。远程学习者由于入学之前长期处于传统教育的环境中，已习惯于依赖教师的学习方式，自主学习意识淡薄。因此，远程教育中学习中心和教育者应加强引导，通过各种形式向学习者宣传讲解远程教育的特点和优势，加深学习者对新的教学模式和学习方式的理解和认同，促使他们转变学习观念；通过开展网上答疑、网上讨论、网上测试等活动，加快学习者对远程网络学习环境的熟悉和适应，增强他们自主学习的信心。同时，帮助学习者树立对远程学习价值的正确认识，帮助他们通过对自身知识技能、智力水平及学习任务的分析，制定具体的、可实现的学习目标，以激发学习者的自主学习动机。此外，在教学过程中要利用各种教学途径、教学内容和激励机制等，调动学习者的学习积极性和主动性。

2. 丰富远程学习者的学习策略

要培养远程学习者的自主学习能力，教会他们一定的学习方法，丰富他们的学习策略是非常重要的。学习策略的熟练掌握和运用是自主学习的重要保障，是一个成熟的独立的自主学习者所必备的能力。在远程教育的教学设计中，教育者不仅要注重"授之以鱼"，更重要的是"授之以渔"。在具体教学过程中，教育者要在结合教学内容的基础上提供尽量多的范例，讲明相关策略知识及策略使用的范围和条件，给予学习者充分的策略练习机会，使之熟练运用。同时，也可以考虑设计开发基于网络的远程学习策略指导咨询系统，对远程学习策略进行专门指导和训练。

3. 培养远程学习者的自我监控能力

培养远程学习者的自我监控能力就是指培养远程学习者控制整个自我学习过程（识别、规划、管理、评价、修改）的能力。在培养学习者尝试自我识别、组织、制订并执行学习计划、自主选择学习策略的情况下，还要培养其对学习进行自我评价的能力，并在学习的过程中不断总结经验，根据学习的实际情况调整学习的进度和方法，积极探索构建适合自己特点的、最佳的自主学习模式的能力。另外，要培养学习者通过现代通信技术主动、积极地与学校的教师、教育管理工作者联系，以便在学习环境中形成一个组织良好的反馈系统，帮助他们做出自主决策，共同探索和营建有效的自主学习方式。

4. 加强远程学习者的相互协作，增强归属感

心理学家马斯洛（Maslow）的需求理论认为，归属和爱的需要是人的基本心理需要，这种需要若长期得不到满足，就会降低行为效果，造成心理障碍。虽然远程教育以学生的自主学习为主要方式，但也同样支持协作学习。加强协作学习可以减轻远程教育环境中学生的孤独感和心理压力，有效稳定和增强学生的学习动力。因此，在远程教育的自主学习中，教师要充分利用远程教育的技术优势，使学生在进行自主学习的同时，学会并习惯在信息技术支撑的虚拟交流空间进行协作，进行思维的碰撞，以利于他们用多重观念理解知识，思考问题，提高生成

性学习的机会，并增强归属感。

5. 为远程学习者提供信息技术保障

培养远程学习者的自主学习能力还必须加强信息技术的支撑与保障作用。在教育信息传播过程中，信息技术把教师的教与学生的学紧密联系起来，并通过互相反馈，达到教与学在方式、风格、内容上的最佳契合。现代远程教育环境中的学习与传统的学习方式有所不同，更加需要学生主动地通过各种媒体来加强交互，这就是自主学习的精髓，即学习不是在没有支持的独立状态下进行的，而是在主动与周围环境的交互作用下进行的。因此，决定自主学习的关键因素是个体与环境的交互，而支撑交互的信息技术则是自主学习成功的关键因素之一。

二、远程教育中的学习支持

远程教育中的学习除了以课程材料为核心的教育资源创作、设计、开发、发送与评价作支撑外，学生学习支持服务也是一个重要的支撑。完善的学习支持服务系统能够有效保证远程教育质量、降低辍学率，同时，直接关系着远程教育的成败。因此，必须重视远程教育中学习支持服务系统的构建。

（一）学习支持的内涵

学习支持也可称为"学习支持服务"，是伴随着远程教育的产生而产生的，它开始只是作为解决函授教育中的辍学问题而提出的一项措施，是课程设计、开发和发送的函授教育的补充部分，但后来逐渐发展成为远程教育的一大基本功能，并逐渐成为新一代远程教育的核心。学习支持服务思想体系伴随着长期的远程教育实践与研究也越来越成熟。

对于学习支持的理解，向来有不同的解释。有学者认为，学生学习支持服务就是师生之间或学生之间的人际面授交流活动。这一界定来源于对传统校园面授教育的亲近和认同。它是对学习支持最原始、也是最狭窄的理解。后来出现了一种更为普遍的界定，即将学生学习支持服务分为包括师生之间或者学生之间的人际面授活动和基于信息通信技术媒体的双向交流两大部分。远程教育受到关注后，有学者将学生学习支持服务界定为远程学生在远程学习时接受到的各种资源的、人员的和设施的支持服务的总和。

总之，学习支持的内涵变得越来越宽泛。在此，我们认为，远程教育中的学习支持就是学生从注册学习课程的远程教学院校得到的各种学习支持服务的总和。

（二）学习支持服务的类型

根据上述学习支持的概念界定可知，远程教育中的学习支持服务主要包括以下四种。

1. 信息服务

信息服务既包括向学生单向发送的课程注册信息、广播电视教学节目信息、网络课程教学信息等，也包括对学生求助信息、咨询信息或反馈信息的答复。

2. 人员服务

人员服务包括人际面授活动和基于技术媒体的双向通信交互活动两大类。在为远程学习提供的诸多人员服务中，辅导服务或教学辅导是最基本、最重要的一种人员服务，并且是与学生学习课程内容直接相关的一项教学服务。教学辅导服务可以是以班级或小组为单位集体进行的，也可以是个别进行的，可以人际面授（在平时或周末，在学生工作单位、当地学习中心或其他教学基地，或者举办短期住宿学校或课程培训），还可以通过通信媒体进行"非面授"和"非连续"的函授辅导、电话辅导、电视辅导、音频视频会议辅导和网络辅导等。

咨询服务是除教学辅导之外又一种重要而常见的人员支持服务。它是远程教育院校及其代表对学生在学习期间遇到的各类（与学习有关的和与学习无关的）问题提供解答、帮助和建议的服务。从学习支持服务的功能分工上讲，教学辅导和咨询具有不同的服务功能和内容，对那些与课程学科教学内容有关的问题，以及与各类课程学科性质和教学内容相关的特定的学习方法和策略问题的解答和帮助应该归属教学辅导服务。而咨询通常是对那些与特定课程学科教学内容无关的交流或个人的问题的解答、帮助和建议。

3. 资源服务

资源服务就是给远程教育中的学习者提供全面的资源支持，这些支持涉及资源环境的改善、资源的共享和传播形式的完善、收集学习者对资源使用的反馈信息等内容。在资源服务中，包括课程材料发送、图书馆服务、网络资源服务等形式，其中，图书馆服务是最重要的服务形式。这里的图书馆不再是传统的藏书库、阅览室，而是通过计算机网络与各地高校、图书馆、博物馆联网，拥有多媒体多载体馆藏资源和各种动态开发资料库、数据库的电子图书馆。远程教育院校的图书馆还应具有自己作为开放与远程服务的专业特色，建成从校本部到各地学习中心辐射的分布式网络结构的电子图书馆系统。同时，要与其他高校的公共图书馆结成紧密的协作关系，实现资源共享。

4. 设施服务

设施服务就是远程教育院校及其在各地的学习中心或教学站点为学生提供各种学习设施和设备服务。上述信息、资源、人员服务都是在设施服务的基础上进行的，设施服务为其他各类学习支持服务提供了物质基础与技术保障。设施服务主要包括图书馆相关设施服务、视听设备服务、通信设备服务、计算机及网络服务等。

(三) 学习支持服务系统的结构

远程教育是一种师生时空分离并依靠媒体技术对教与学的过程再度进行整合的教育形式。由于远程学习者以自主学习为主，师生间交互的缺乏和非连续性给远程学习带来很多困难，因此，为远程学习者提供学习支持尤为必要。世界各国在具体实现远程教育支持服务时，在内容、形式、深度、研究方向上存在许多不同之处，但根据对学习支持服务系统构成要素的分析，远程教育中学习支持服务体系的系统结构一般有四个构成要素，它们分别是学习者、教师、服务资源和通信媒体，四者之间有着紧密的联系。

在支持服务系统里，教师是支持服务的提供者，学习者是支持服务的接受者与获得者。教师根据学习者的需求和特点，一方面，通过通信媒体与学生进行内容丰富的双向对话交流，向学习者提供针对服务资源的各类支持服务；另一方面，积极建设丰富的以通信媒体为载体的各类服务资源，通过学生对资源的学习提供支持服务。

学习支持服务系统具有开放性、丰富性、选择性、灵活性、远程性等特征，其总的目标是：为学生提供有效的学习引导机制，形成完善的学习服务体系，提供准确、及时、有效的信息服务，提供个性化的职业生涯和职业发展服务，等等。

学习支持服务系统的运行应坚持以学生为主体，努力为学生自主学习和个别化学习提供完善的管理、咨询、辅导、答疑、沟通等服务，营造一种有助于学生自主学习的环境，不断加强远程教育学生支持服务的有效性。远程教育在为自主学习的学生构建丰富学习资源的同时，还要建立一种具有高度平等和互助性的学习方式，形成一种更有活力的学习环境，增强远程教育中学生自主学习的平等性、互助性和理解性，消除自主学习的学生在社交方面的孤独感，这有助于改进学生之间的关系。

（四）构建学习支持服务系统的原则

在现代远程教育的学习支持服务系统的建设与运行中，为保证对远程教育学习的实际推动效果，要遵循以下几个基本原则。

1. 以学生为中心的原则

以学生为中心是远程教育的本质特征和核心思想，它是指整个学习支持服务系统的构建要充分考虑学生个体差异和全面发展的需要，整个系统要围绕学生的特点、学生的需求和学生的学习设计、组织和运行。这一原则是构建学习支持服务系统最重要、最基本的原则。

2. 多元化原则

学习支持服务系统需要为学习者提供在学习过程中各个环节所需要的所有支持与帮助。在具体的实践操作过程中，服务项目、内容要逐步丰富并完善。支助服务的开展应该是多方位、多层次的。比如在学习资源的服务上，既要提供相对简单的实用的资源，如传统文字教材、学习辅导等，又要提供较高级、精致的资源，如多媒体课件、电子教案等网上资源，最大限度地满足学习者的需求。

3. 综合性原则

学习支持服务系统的设计和构建在内容和形式上都要体现出综合的整体优

化，通过要素的取舍、功能的区分、资源的配置、媒体的选择，以及关系的协调等方面的统筹规划和综合考虑，使学习支持服务系统能充分发挥其整体功能，获得最大的效应。这就是学习支持服务系统构建的综合性原则。学习支持服务系统要为学生的远程学习提供全过程、全方位的服务，那么其内容要素须体现出极高的综合程度，要从分析服务需求、设定服务目标、选择服务策略、传送学习资源、评价服务效果等方面进行综合考虑。

4. 及时性原则

及时性原则一方面要求教师对学习者的服务要求作及时、快速的反应，以缩短交互影响距离；另一方面要求支持服务系统要根据学科的发展、社会的要求、科技的进步，及时更新学习资源，调整服务策略与方式，使学习者得到及时有效的帮助。

5. 适应性原则

学习支持服务系统的支持服务内容、服务项目的设置要切合远程学习者的实际需求，支持服务方式的选用要符合学习者的实际情况，尽可能地保证没有一个学习者有接受的不便，或因为某些原因造成服务要求受到阻碍。这一原则要求充分考虑学习者的特征，如学习者的年龄、性别、职业、个性、学习经历、学习动机、经济状况等的差别对学习支持服务系统的不同要求，从而向学习者提供个性化的服务。

6. 因地制宜原则

由于各地经济、文化发展存在一定的差异，所以远程教育的发展具有不平衡性。因此，远程教育的学习支持服务系统的构建不能搞一刀切，既应符合现代远程教育的基本原则和要求，也应因地制宜，特别是经济文化发展相对滞后的西部地区，更应当从远程教育经济学的角度考虑，既要重视基于互联网的运行平台，也要注意运用有相当运行基础的数字卫星电视、音像等二代媒体。总之，我们不应当简单地以现代化手段和多媒体资源运用的多少来衡量学习支持服务体系构建的质量，而是要提倡在混合学习理念的指导下，因地制宜地去构建学习支持服务体系。

第五章　高校学生事务管理机制的信息化建设

高校学生事务管理机制的信息化建设是高等教育现代化的重要组成部分，它涉及到利用信息技术来优化和提升学生事务管理的效率和质量。信息化不仅为学生提供了更加便捷、个性化的服务，而且通过数据分析和智能化决策支持，增强了管理的精准性和预见性。在教育信息化的背景下，高校需要构建一套完善的学生事务管理机制，这包括但不限于信息共享平台的建设、事务处理流程的优化以及服务模式的创新。通过这些措施，高校能够更好地满足学生需求，提升教育服务的整体水平，同时也为教育决策提供了更加科学和系统的支撑。

第一节　高校学生事务管理信息化的内涵

一、高校学生事务管理概念

（一）学生事务界定

学生事务是指高校为辅导学生成长、管理学生日常校园行为等开展的活动目的是服务学生生活，促进其全面发展，拓宽高校学生思想政治教育工作渠道。通常在内容上分为辅导性学生事务、管理性学生事务和指导与服务性学生事务三个板块，不包括具体的学术上的教学事务。该定义包含以下三点。

第一，高校学生事务是以促进学生学习与成长为根本任务，以满足创新人才培养需求以及提供高校思想政治教育等课堂之外的具体工作内容为前提的。只有为学生学习、生活和发展提供全方位服务，具备社会保障条件才会成为高校所提供的学生事务，不是所有的学生需要都会成为学生事务存在的基础。

第二，管理性事务针对的是全体学生，依据相关制度规章强化学生的契约意识，使每一名学生在高校校园里能够在制度章程的框架下自由发展。辅导性事务是以思想建设引领学生的理想信念，是学生践行社会主义核心价值观的具体事务。服务性事务是指不断细化学生事务的分工，以此提高学生事务工作专业化水平，对学生开展个性化的精细性工作，由学生据以选择的具体事务。实际工作中高校对于这些具体事务并没有明确的界限划分。

第三，高校学生事务通常发生在课外活动时间，涉及内容是相对教学内容来讲的，活动阵地和外部环境主要在教学课堂之外。

（二）高校学生事务管理

高校学生事务管理是指在国家政府的宏观引领下，借助思想政治理论的支持，高校积极践行社会主义核心价值观，运用专业化知识和职业化技能，遵循学生发展规律，为学生成长成才发展保驾护航，高校的专门组织和学生事务管理者的组织活动过程。具体解读有以下四点内容。

第一，高校学生事务管理的社会保障条件是国家法律和政策的支持，指导实践的理论来源于思想政治教育原理，核心价值和共同使命是践行社会主义核心价值观，促进学生发展，既是日常思想政治教育工作的出发点，也是高校人才培养的归宿。

第二，高校学生事务管理的活动对象分为主体与客体。主体包括专门组织和学生事务管理者，客体包括主体施加影响的学生和与之相关联的具体事务。

第三，从事高校学生事务管理的基础条件是专业知识和实际技能，要体现职业性和专业性的内在要求。

第四，高校学生事务管理的组织活动过程主要是指主体按照各自职能，整合全方位的资源所进行的实际活动。

随着近年来我国高等教育的改革发展，"学生工作"的内容不断细化，逐渐扩展到生活、职业发展、心理健康等方面，涵盖了意识形态、制度管理和生活服务等多方面，使得"高校学生事务管理"这一概念与当前我国高校学生事务管理的现状与发展更加吻合。国家颁布的一系列规章、文件的施行，也充分体现出对高校学生事务管理的重视度、关注度不断提高，主要体现在从被动化的制度管理和监督渐渐向"以人为本""以学生为本"的人本管理的转变，通过灵活多样的教育教学管理手段挖掘学生的潜能，尊重学生在学习、工作和生活方面的主体地位，实现学科教育、管理育人、服务育人和学生发展的有机结合。学科教育与管理育人之间相互补充、相互促进，不仅推进了高校思想政治教育的提升和发展，而且增进了对"以人为本"学生观的认识及贯彻落实。

（三）高校学生事务管理与学生工作

许多人直接把"学生事务管理"和"学生工作"之间画上等号，其实确切地讲，两者之间存在一定的差异。

"学生工作"一词（高校为学生健康成长服务的所有直接和间接工作的总和）至今仍然有高校在使用。随着我国改革开放的发展，初期归属于"德育工作"的事务（如学生心理辅导、奖助贷管理、新生入学和毕业生管理、校园文化建设等），在大众化高等教育进程的推动下，应运而生"学生工作"，可以说是教育与管理并存，以思想政治教育为主导，以校园文化建设为辅的工作体系。"学生管理"已经减弱"管理学生"的强制性约束力，并外延到管理学生的具体事务。我国高校学生工作是指由与教学工作、科研工作相平行的专门机构和人员从事的以思想政治教育、成长发展指导、学生事务管理为主的教育、管理和服务工作，其工作效果是直接体现在客体学生上的，具体工作内容表现在教育、管理和服务并重的三方面。

第一，教育主要是指以学生思想政治教育为核心内容，其主要工作包括思想道德教育与行为养成、形势政策教育、日常思想政治工作、安全稳定工作等。

第二，管理则是以学生事务管理工作为基础，主要包括班级建设与管理、奖惩助贷等日常事务管理、宿舍文化建设与管理等。

第三，在教育和管理的基础上，通过创造一定的条件，以学生发展为主导工作，为学生成长、成才提供服务，主要包括生涯规划与成长指导、学业指导、就业指导、心理咨询与辅导、素质拓展与社会实践指导、校园文化活动指导及创新创业活动指导等。

可以说，在我国，高校学生工作是一个类概念，是对学生在课外进行非学术性的教育、管理、服务等活动的总称，其第一方面的任务就是思想政治教育，第二、第三方面的任务就是学生事务管理的内容。

从目前我国高等教育的发展情况来看，学生工作由思想政治教育和学生事务管理两个子集合组成。高校思想政治教育重点关注理想、信念教育等对高校学生成长的影响及其传承和发展的规律。这样看来，学生工作的内涵是包括学生事务管理，两者是从属关系，学生事务管理属于下位概念。

高校学生事务管理反映了高校学生工作从关注学生思想政治发展到学生的全面发展。其中，对学生进行思想政治教育，始终是我国高校学生工作的核心内容。学生事务管理内容日益丰富，包含范围广泛，任何一方面的缺失都将影响思想政治教育工作的最优化和最大化，最终高校会无法完成以学生为本的人才培养的重要使命。

二、学生事务管理相关理论

（一）人本管理理论

人本管理，是以人为本管理的简称。人本管理往往把人作为考虑一切问题的根本，因此也可以称为以人为根本的管理。早在20世纪30年代，西方很多企业已经把员工作为企业最重要的资源，根据员工的兴趣、特长、能力、心理状况等情况来科学合理地为其安排最合适的工作。并参考马斯洛早期的需求理论，在工作中兼顾员工的成长和价值，通过使用科学的管理方法、完善的企业文化建设和人力资源开发计划，在工作中充分地调动和发挥企业员工工作的积极性、主动性和创造性，进而提高工作效率、增加工作业绩，以求让员工能够在实现企业目标的过程中发挥最大的作用。管理学家陈怡安教授把人本管理提炼为三句话："点亮人性的光辉，回归生命的价值，共创繁荣和幸福。"

而人本管理对高校学生事务管理而言，主要是要求高校学生事务管理做到区别于传统"以物为中心"的物本管理，要求高校开展学生事务管理工作既要依靠原则规定、制度约束、规范管理等硬性手段来开展，更要通过培养、调动和锻炼学生的情感、意志、思想等方法来加以完善，这就从人本的角度对目前高校学生事务管理工作提出了新的要求。同样，在高校开展学生事务管理信息化过程中，更要注重"以人为本"的管理理念，学校各级管理者首先应该树立"以人为本"和"管理育人"的理念，积极创造民主、自由、平等、有效的育人环境，制定和实施正确的管理政策、措施。在开展学生事务管理信息化过程中要把学生当作学校管理之本，强调以学生为中心，特别要重视学生作为青年人的特征，充分尊重他们的爱好和兴趣，最大限度地满足他们的种种合理需要，维护学生的权益和利益，充分调动学生发展的个性，切实服务学生。

（二）目标管理理论

20 世纪 50 年代，美国管理学专家彼得·德鲁克（Peter Drucker）在其名著《管理实践》中首次提出了目标管理（Management By Objectives，MBO）的概念。当时，由于科学和经济的蓬勃发展促使企业组织越来越大，企业分工越来越细，专业性越来越强，而整体的一致性和协调配合相较于分工专业性等问题则更容易被忽视。这种情况下，如果管理者不能及时地应对外部环境的变化，继续使用以往忽视人性的管理模式，仍然采用家长式的"压迫式"管理已经不能完全控制整个局面，同时，会造成管理者与被管理者对立的局面。德鲁克结合管理的实质，提出了"目标管理"理论，该理论在重视理性管理的同时也兼顾人性的管理，通过设定目标，激发人的动机，引导人的行为，使人的需求与个人的期望和目标挂钩，以实现充分调动人的工作热情，唤起人的积极性和创造性为基本内涵。新的管理方法在总目标确定的基础上，同时，再确定一定的分目标，并为努力实现这一分目标而进行进一步的组织管理和控制。用"目标"代替手段实现对下属的管理是其精髓。

21 世纪以来，随着社会的发展和高等教育改革的不断深化，高校学生事务管理工作也面临许多新情况，招生和就业制度改革、教育教学内容及方式改革、学生个体情况发生变化等带来许多挑战，而网络技术及新媒体的突飞猛进更给高校学生事务管理应用信息化手段带来了较大的不确定性。高校在开展学生事务管理信息化的过程中可以参照企业目标管理的理念，首先重视人的因素，让学生和一线学生事务管理人员参与信息化项目目标的制定。同时，要注意建立目标体系，当学校组织者确立总体目标之后，必须对其进行有效分解，把学生事务管理信息化的目标转变成个人和各个部门的目标，以实现学生事务管理信息化的高效开展。

（三）过程型激励理论

在很长一段时间里，管理学的核心问题一直是激励问题。对人类行为的不同假设，从而提出不同激励机制也一直是行为管理学派、科学管理学派，以及其他一些管理学派之间的一个最基本分歧。"激励"一词在管理学与经济学中的含义也各不相同。相对于以强调人的内在动机为基础的管理学中的激励，经济学中的激励重点强调更多地利用外部手段，例如激励、惩罚来诱使人采取某些行动。长期以来，经济学与管理学的激励理论研究并没有充分地结合起来，而一直是泾渭分明的。管理学中的"行为科学"在20世纪30年代以后得到了迅速发展。现代非常有影响力的一些激励理论，大多是建立在"行为科学"这一理论基础上的。现代激励理论的发展则经历了从侧重激励内容的研究到对激励过程的探索。过程型激励理论是指着重研究人员从动机产生到采取行动的心理过程。根据激励理论的要求，激励具有促进社会交往和人际关系、激起创造的欲望，健全人格等心理效应。期望理论是过程激励理论的一种，美国心理学家弗鲁姆（Frum）的"期望理论"认为，一种行为倾向的强度取决于个体对于这种行为可能带来的结果的期望强度以及取得这种结果时的行为吸引。期望理论的基本模式是：

$$激励 = 效价 \times 期望值$$

该模式表明，能够以最大化效价满足个人需要的是行为目标，如果实现目标的可能性过小，那么激励效果也就不会十分有效。相反，虽然某种目标实现的可能性很大，但如果对于其个人没有很大的价值，那么人的积极性也不会被明显地激发出来；如果要取得有效的激励，那么应当使效价和期望值都足够大。

学生事务管理信息化建设的目标很大程度上是满足学生及一线学生事务管理人员的需求，以求实现信息化手段带来的高效和便利。而对于不同学生事务管理职能部门，在开展信息化建设时也应该注重对它们的激励，毕竟每个部门信息化建设的目标不同，只有对它们进行积极的激励才能激发起它们更多的参与意识，也才能保证最后信息化建设能最大限度地符合各个部门及人员的需求。

三、高校学生事务管理信息化

高校学生事务管理信息化的含义就是在原有学生事务管理模式的基础上，以交互化的学生工作信息网络为支撑，通过全面开放的信息化应用服务体系，对学生事务管理工作的传统体系在应用模式和管理模式层面进行改造，以求形成更便捷高效的学生工作管理模式和实现对高校学生有效的教育及引导。

（一）高校学生事务管理信息化内容

学生事务管理信息化就是高校通过建立和使用功能完善的学生事务管理网络平台，实现数字化和流程网络化学生信息管理模式。学生事务管理信息化的根本是要以信息技术对传统的学生事务管理工作流程进行优化改造，在运用基于信息化管理平台的学生管理工作运行机制基础上，使用数字化形式将学生事务管理工作的信息加以整理、归纳、运用及共享。

高校学生事务管理信息化主要由学生事务管理的各个信息化系统平台、信息化硬件、信息化制度和相关熟悉信息化操作的工作人员共同组成。高校学生事务管理信息化的核心是学生信息管理系统。在学生事务管理的整个信息处理过程中，学生档案信息处于中心位置。

（二）信息化高校学生事务管理的构成要素

作为一个管理领域的信息化，高校学生事务信息化管理同样包括信息网络、信息资源、信息技术应用、信息化人才、信息化产业和信息化政策法规六大要素。这六个要素是一个有机整体，构成了一个整个高校学生事务管理信息化体系。其中，信息网络是基础，信息资源是核心，信息资源与信息技术的应用是目的，信息化人才、信息化产业、信息化政策法规是高校实施学生信息化管理的保障。

1. 信息网络

信息网络是高校学生事务管理信息化建设的重要内容，也是实现学生事务管理信息化的物质基础和先决条件。目前，我国很多高校都提出"数字化校园"的建设构想，并付诸行动，校园网络建设得到快速发展，几乎所有的高校都拥有自己的校园网络并与中国教育管理网无缝连接。学校的各级管理部门大多实现网上办公并积极建设自己的管理网站。同时，高校为学生上网提供了各种各样的便利条件，加大了学生计算机中心、网络实验室的建设力度，加强了学生宿舍局域网的建设。这些基础设施的建设为高校学生事务管理信息化奠定了坚实的基础。

2. 信息资源

学生事务管理信息资源是应用于高校学生事务管理和管理过程中的各种信息资源，它的有效开发和利用是高校学生信息化管理的核心，也是关系到高校学生信息化管理成败的关键所在。

学生事务管理信息资源可分为以高校学生事务管理信息为核心的学生事务管理软件资源和以学生事务管理信息系统中的基础数据为核心的学生信息资源。其中，学生事务管理软件资源主要包括以多媒体素材为基础的多媒体信息资源和以学生事务管理信息资源的生成、处理、分析、决策、利用为基础的各种工具资源和互联网资源，学生信息资源指为实现现代学生事务管理而建立的以被管理者、管理内容、管理资源及其支持服务体系为主要内容的各类数据库资源等。

3. 信息技术应用

信息技术在高校学生事务管理中的应用，是高校学生信息化管理建设的根本出发点和主要目的。有了信息网络和信息资源这些基础条件之后，信息技术的应用成为高校学生信息化管理建设的主角。可以说，学生信息化管理的效益主要体现在信息技术的应用这一环节。在信息技术应用方面应主要做好四件事：一是做好与思想理论、方法密切相关的建设，它决定信息技术在学生事务管理方面应用的方向，直接关系到信息技术管理应用的质量和效果；二是建立与当地学生事务管理信息化环境、教育管理对象及教育管理内容相适应的信息化学生事务管理模式；三是必须提高管理者及受管理者应用信息技术的兴趣和基本技能；四是在不同层次上开展信息技术与高校学生事务管理整合的理念研究和实践，并将其作为学校信息技术管理应用的主要任务。

4. 创造力的类型

实行高校学生信息化管理，人才要先行。为了实现高校学生信息化管理，需要培养大量掌握信息技术基本知识，具有先进的学生事务管理理念以及信息技术应用能力的学生信息化管理人才。

高等教育行业某一领域的信息化管理人才有两种含义：一是通识型学生信息化管理人才，这是对在高校中从事各种学生教育、管理、服务的各类人员而言的，是对该领域全体工作人员信息技术知识、能力和素质的共同要求；二是专业型高等教育学生信息化管理人才，主要是指专门从事学生信息化管理物态化技术和智能形态技术的研究与开发，高校学生信息化管理应用和维护的专业人才。

一般来说，对通识型高校学生信息化管理人才的要求是具备基本的获取、分析和加工信息的能力；对专业人才的要求更高，分工更细，可以是高级软件人才、网络工程师等。

5. 信息化产业

信息技术是指对信息的采集、加工、储存、交流、应用的手段和方法的体系。它的内涵包括两方面：手段和方法。手段即各种信息媒体，如印刷媒体、电子媒体、计算机网络等，是一种物化形态的技术。方法即运用各种信息媒体对各种信息进行采集、加工、储存、交流、应用的方法，是一种智能形态的技术。信息技术就是由信息媒体和信息媒体的应用方法两个要素所组成的。信息技术的核心是信息的数字化、信息传播的网络化。信息技术是高校学生信息化管理的技术支持，是学生信息化管理的驱动力。在高校学生信息化管理过程中开展信息技术研究不仅可以丰富高校学生事务管理信息化的研究内容，更重要的是可以将新的、更加有效的物态技术和智能形态的技术应用于信息化学生事务管理中，提高学生信息化管理的效果和水平。

信息技术产业主要指信息技术设备制造业和信息技术服务业。由于信息技术设备制造业的发展需要强大的技术和资金优势做后盾，因此，在我国高校学生信息管理进程中，信息技术产业的发展应有不同的社会部门分工协作来完成。其中学生事务管理信息技术产品的制造业应动员学生事务管理部门、科研院所和相关企业等互补性较强的部门共同参与，以便将学校从学生事务管理信息技术产品的开发中解脱出来，集中精力和优势资源做好以学生事务管理信息资源的开发、利用为主的信息技术服务。

6. 信息化政策法规

高校学生信息化管理是一项系统工程，为确保高校学生事务管理信息化工作的顺利进行，高校及相关部门必须对学生事务管理信息资源开发、学生事务管理信息网络建设、学生事务管理信息技术应用、学生事务管理信息产业等各方面制定一系列政策法规，以规范和协调各要素之间的关系，这既是高校学生信息化管理发展的重要条件和有力保障，也是开展高校学生事务管理信息化工作的依据和蓝图。只有这样，才能使高校学生事务管理规范化、秩序化，推动高校学生信息管理健康顺利地向前发展。

（三）高校学生事务管理信息化的性质和特征

高校信息化的实质，就是利用先进的计算机技术、网络技术，实现高校校园网络化、管理科学化和信息资源数字化。其中，校园网络化是信息化的基础，管理科学化是信息化的保证，信息资源数字化是信息化的核心。

高校信息化是一个动态的发展过程，是一个对传统教育观念、教育模式、管理体制、组织结构及业务流程等不断改革和优化的过程，有利于提升教学、科研、管理、服务等活动的效率和质量。同时，其本身也在这个动态发展的过程中得到不断地健全和完善，并被注入新的内涵。

从静态的组织结构形态来看，高校信息化具有系统属性，有其自身的体系结构。从其表现形式来看，是一个观念信息化、组织信息化、管理信息化、事务信息化、工具信息化等有机结合的整体；从其体系结构来看，是由网络平台体系、信息资源与数据库体系、信息化应用与服务体系、信息化规范与标准体系、组织管理体系、技术与安全保障体系等构成的完整体系。

（四）信息化技术在高校学生事务管理中的应用方式

针对学生事务管理的难点，高校应该把握大方向，充分利用信息化技术，及时了解学生的思想发展趋向，调整管理方式。

1. 构建完整的信息化学生事务管理系统

信息时代，智能技术迅猛发展，人们生活方式发生了较大改变，无论进行何种活动，采用自助方式能够最大限度节省时间。高校学生事务管理应该与时俱进，构建完整的信息化管理系统，使学生在感受"自由"气息的同时，培养自我约束的能力。

2. 充分利用智能设备了解学生的真实思想

高校学生思想各异，是学生事务管理中的难点。学生进入高校之后，迅速由"他律"转向"自律"，学生很容易迷失；骤然离开自己生活了近20年的故乡，风俗习惯、语言文化都可能受到强大的冲击。在无法倾诉的情况下，学生容易产生心理问题，只靠老师、同学当面关心无法解决问题。因此，管理者必须充分利用智能设备，通过互联网的隐蔽性与学生进行充分沟通，及时了解学生的真实思想，积极引导，使学生尽快调整心态，全身心投入学习之中。在具体管理中，高校应该做到：第一，明确利用智能设备与学生的沟通方式，人人平等，没有老师与学生、没有管理者与被管理者；更没有上下级关系，沟通双方处于同等地位，可以无话不谈。第二，保证沟通内容的隐私性。学生的内心既脆弱又坚硬、既单纯又决绝，一旦学生认为自己受到了最信任的人的欺骗，学生内心会骤然冰冷，会对学生事务管理造成严重障碍。第三，隔着网络这层窗户纸，学生会放下很多思想包袱，认真与管理教师分享自己的心路历程，教师需要用心聆听学生完整的陈述。一些年龄偏大的人往往认为"我走过的桥比你走的路都多"，自以为了解一切，在他人话说一半时会粗暴打断，从而使学生再也不想、不愿甚至厌恶与他人交流。聆听过程是管理教师收集学生事务管理信息的最佳方式，明确学生的问题出现在哪里，对症下药，能够在管理上取得事半功倍的效果。

3. 结合信息化技术改善思想教育工作方式

高校学生思想教育工作不仅需要在课堂上进行，在学生事务管理中同样可以"渗透"。学生普遍对"开大会、喊口号"等方式无感。网络时代，学生获取信息的渠道多种多样，接触事物涉及领域广泛，加深了学生的爱国主义等情怀。高校应该注意收集极具鼓舞性的视频，通过校园网、微信公众号、微博等信息交流平台分享，既可以增加学生关注度，又可以让学生看到学校管理者并不是高高在上、只会空谈，接地气的做法最容易获得学生的好感。针对国家政策导向等相对严肃的话题，为了便于学生理解，管理者也可以制作一些趣味性视频和新闻稿，使用网络用语，将严肃的气氛冲淡一些，使学生乐于观看，在轻松的氛围中了解国家大事，提升思想教育工作成效。

4. 建立有效的信息化反馈渠道

当代学生想法丰富，敢想敢做，敢梦敢当，对于高校日常事务拥有自己的见解和疑问。过去很多学生的建议，管理者并不重视，看完之后在学年大会上提及一句了事，导致很多有为青年的合理构想被埋没。因此，高校应该建立有效的信息化反馈渠道，实时接收来自学生的建议并及时回复。很多高校正在兴建新校区，占地规模、配套设施等相较老校区都有根本性改变，比如智能化图书馆、游泳馆、健身馆等，但很多工程需要经年累月的建设才能完成，有些学生终其高校生涯都无法等到建成的一天。基于此类情况，管理者可以通过信息化渠道向学生宣布，无论何时，学生的母校都不会变，尽管现在无法享受到新设施新服务，但在不久的将来学生可以随时返回校园重温学生时代。学生毕业之后虽然会各奔东西，但会永远记得学校的好，尤其是在学校重视学生意见、利用信息化渠道与学生沟通这一点上，毕业生会对学弟、学妹进行正向引导，从而使高校学生事务管理工作长时间维持高效率。

总体来说，我国高校教育水平正在朝良好趋势发展。高校学生事务管理需要从学生思想方向和实际情况出发，积极了解学生的真实想法并加以正确引导，让每一名高校学子树立正确的世界观、人生观、价值观，努力成为能为国家发展作出贡献的人。

第二节　信息化发展对高校学生事务管理的影响

一、我国高校学生事务管理的现状

目前，我国各大高校在校园信息化基础设施的配置和信息化管理平台建设方面已经相对完善，对各项学生事务基本实现了信息化管理。

（一）高校学生事务管理信息化的基础设施建设不断完善

20 世纪 90 年代以来，我国的教育信息化建设呈现快速发展的趋势，高校学生事务管理作为信息化建设的一部分也在迅速发展。校园信息化基础设施建设、计算机系统建设以及在高素质的信息化人才培养方面都取得了显著的成效。目前，在全国范围内已经逐步建立起中国教育科研网、地区性教育网等。各大高校也逐步普及了校园网，它们大都和互联网直接相连；校园里各种多媒体教室、数字图书馆、自助校园导航终端等大量出现。当前，教育信息化进入了一个新的更加便捷的发展阶段。高校的这些基础设施广泛应用了先进的通信和计算机技术，很多高校在新生入学、学期注册、咨询服务等方面都实现了信息化。

（二）高校学生事务管理信息化系统和平台建设日趋完善

教育信息化的一个重要方面就是构建一个适用于教育领域的庞大信息资源系统。信息化平台不仅是一个事务管理系统，而且是一个集决策支持、行政事务管理等功能于一身的综合管理服务平台。它是以高校信息资源管理和应用为核心，建设基于高校管理与服务，适应学校发展与创新需要，构建一体化、多层次的高校管理信息系统应用体系。在具体实践中，数字化校园网络平台由以下几个层次结构组成：计算机硬件基础设施建设是高校信息化平台建设的基础，包括各种计算机设备、交换机和校园网专用服务器等，这是高校校园网建设的根基。数字化校园的核心是数据库，由学生信息库、教师信息数据库、档案信息库、教学资源信息库和管理信息库构成，为信息化平台建设提供数据支持。各个数据库相互独立但是也存在着很强的关联性，学校可以通过不同数据库之间的内在联系把各个数据库连接起来，方便师生进行查询。基本信息服务是指数字化校园在以信息共享的软件基础上，能提供给我们的各项基础应用，包括校园一卡通管理系统等。利用数据挖掘技术对数据仓库进行应用挖掘，生成的各个应用系统直接管理各种信息资源，校园网用户可以直接使用。高校是教育信息网络资源技术的中心，同时，高校拥有信息化的最重要的资源——通信、网络、计算机的专门人才，拥有强大的技术优势。各大院校相继建立了校园网，校园网涵盖了学校概况、师资力量、后勤服务、就业服务以及论坛等各方面，为学生的学习生活提供一站式服务。信息化系统和平台建设逐步完善，从数字信息化建设开始到现在各高校信息化平台的建设更加完善。

二、信息化为高校学生管理工作提供了新的机遇

（一）信息化实现了高校学生管理工作科学数字化

社会信息化，是以互联网技术为代表的信息技术发展的一个必然结果。社会已经步入信息化时代，社会信息化对于高校学生思想政治教育工作的影响是深远的。信息化让学生管理工作转向数字化。以前，高校在统计学生基本信息时往往采用一个学生一张信息登记表的形式，以便辅导员或其他老师了解学生的基本情况。而现在，在对部分高校的老师进行调研时发现，学生的信息统计基本上都已经采取数字化的存储方式，当需要查找学生信息时则可以方便地进行数字信息查找。同样，在高校数字化校园建设中，由于要求每个新建设的系统都要与中心数据交换平台相兼容，要符合数字化校园的标准，因此往往新系统的业务数据都会被提交到中心数据库中。这样做方便实现学校数据管理的标准化、集成化、权威化，并确保数据的完整性、有序性、一致性和共享性，为业务系统和最终用户提供了便捷、高效、安全的数据存储，让访问服务实现对数据的有序组织和集中管理，同时，推动和促进职能部门的业务规范化和学生管理工作的科学化。实行高校学生管理信息化，可以使学生管理工作的内容与管理流程更加科学化、制度化、规范化，它可以避免繁重的人力劳动，将原来大量的重复工作简化，避免人为的不合理因素，节约了人力，减少了工作量，并且避免了工作中的一些失误和错误，提高了工作效能，拓展了学生管理人员的工作空间。

（二）信息化加强了高校师生间的沟通与反馈

高校学生作为具有较高文化层次的特殊群体，在网络时代无疑也是受影响较大的重要团体。如此庞大的参与群体给高校学生管理工作的开展提供了便利，也为进一步加强与学生沟通与反馈提供了便利。

信息技术的发展和普及使得低沟通成本的信息化手段迅速深入高校学生管理

的各项工作中，高效便捷的信息技术在被高校学生所追捧使用的同时也在较大程度上提升了高校学生管理者与学生的沟通效率。另外，微博、微信等网络新媒体所具有的互动性、移动化、个性化、主动性等传统媒体所无法比拟的优势让它成为一种全新的传播技术，也越来越受人们喜爱。在对高校学生管理工作人员的访谈中，他们也都提到，高校学生特别钟爱微博、微信这些新媒体，如果能够利用新媒体来突破高校学生思想政治教育工作局限，使人与人之间交流与沟通得以增强，那么针对高校学生的思想政治教育的实效性会极大增强。同时，由于网络等新媒体具有信息量大、共享便捷、传递快速的优势，在高校开展学生管理工作中如果可以利用新媒体及时传播时事资料、先进思想、先进案例等信息，学生管理工作者就可以将这些信息制作成自己喜欢的资料，使思想政治教育工作内容更加丰富化、灵活化，这既能使高校学生开阔视野、提升境界，又能使思想政治教育工作多样化，为高校学生管理工作的创新提供良好的条件。

（三）信息化让高校的学生管理工作更加高效便捷

学生管理工作信息化是高校工作的现代化和高效化的助推器。作为高校发展目标的学生工作信息化管理既是信息社会的一种表现也是社会信息化的一个具体目标，管理信息化和人本主义教育协调发展有机结合的学生信息化管理，有力推动了高校学生管理工作的现代化和高效化。

三、信息化对我国高校学生事务管理的积极影响

信息化在高校的迅速普及极大方便了学生的学习生活，也极大提高了学校管理部门的工作效率。学校在实现校园管理的同时，更加注重便捷的服务。

（一）信息化促进数字化校园的建设

所谓数字化是指应用现代信息技术，将文本、声音、图像、动画等物理信息以一定数字格式录入、存储及传播，简单地说，就是信息处理的计算机化。数字化校园就是要在校园内建设一个以校园网为媒介，以信息化管理为重点，以信息化服务为支撑的便捷的校园管理系统。同时，校园主干网络的建设覆盖整个学校的建设，连接包括图书馆、食堂等自助终端设备，实现校园网和区域主干网的对

接，实现教师教学、学生事务管理、教师教育研究的信息一体化，随时随地为校园里的教师和学生提供便捷的信息服务。建设数字化校园就是建设一个理论和实践相结合，信息技术过硬、应用广泛的信息系统，实现信息服务数字化、智能化，信息管理自动化。实现学生事务信息化管理就是要借助于智能化的电脑系统，将学校行政管理、学生事务服务等不同的系统对接，使各个部门之间的数据库实现共享，可以有效地改善各个部门、各个院系各行其是的状况。这些信息通过网络转化为数字形式，比起传统的上传下达的工作模式，极大加快了信息的传播速度和辐射范围，提高了工作效率，促进了数字化校园的建设。以华中师范大学为例，校园内师生分别持有不同类型的校园一卡通，师生可以凭借这张卡片享受图书馆的各项服务，也可以在食堂、学校各大超市自主消费，同时，还可以在学校各个教学楼、食堂的圈存机进行银行圈存、补助领取、消费明细查阅等，真正实现了"一卡走遍校园"。除此之外，学校建立了博雅论坛，学生可以在上面查阅到休闲娱乐、兼职就业等各种不同板块的消息，同时，可以实名注册，在网坛上各抒己见，畅所欲言。

（二）信息化创新高校人才培养模式

所谓人才培养模式是指高等学校根据国家人才培养目标和质量标准，为高校学生设计的知识、能力和素质结构及怎样实现这种结构的方式。传统的高校人才培养模式强调模式化、专业化和统一化，普遍使用的还是家庭、学校、社会三位一体的育人模式。在这个模式中，家庭、学校、社会各自发挥自己的育人功能，力求每一环节都做到最好，但是三方面缺乏信息的沟通和共享，不能及时了解每个学生的不同需求，不能因材施教、量体裁衣，难以真正实现学生的全面发展。而在当前全国信息化的大趋势下，信息社会中人类智能化的创造力得到普遍运用，这对人才的思考问题方式、经济活动方式、社会实践产生了巨大的作用。高校培养人才必须与时俱进，符合社会不断变化的发展和需要，必须不断提升学生的能力素养和职业素养。学生熟练地掌握和应用计算机可以根据相关专业知识对信息进一步分析，果断进行思维判断，科学实践，从而能对现代化的信息社会从容适应。高校培养的人才不是温室里的花朵，是能够投身于信息化的大潮中，能够在激烈的市场竞争中脱颖而出的高层次人才。现在高校信息化发展是处于依托校园网络，继续加强和完善的阶段。传统的像产品制造一样的机械式人才培养模式早已跟不上时代的潮流，必将被信息社会所淘汰。我们应当抓住高校信息化建设的时机促进人才培养模式的转变。同时，我们应该以人才培养模式的转变进一步带动高校信息化的发展，真正做到人才培养和信息化建设两者相得益彰，协同发展。

（三）信息化促进高校工作载体创新

所谓思想政治教育载体是指承载、传导思想政治教育因素，能为思想政治教育主体所运用，且主客体可借此相互作用的一种思想政治教育活动形式，比如班会、讨论、电视、广播、各种社会活动等。教育者正是借助这些活动媒介对教育对象进行思想教育并与其进行双边互动活动，从而达到一定的教育目的。

传统的高校工作载体主要是交谈、书信、电话、报纸、广播、电视等。但是这些载体已经不能适应信息化时代的要求，在信息化时代，互联网已经成为主要的载体，思想政治教育载体应与时俱进，与信息化协调一致已成为一种趋势。网络的虚拟性使学生在网上建立虚拟共同体、虚拟社区等。QQ、微信、短信、微博、网络心理咨询等越来越成为一种大众交流的方式。将短信、微博等新形式纳入思想政治教育载体的范畴，是当前信息技术迅速发展的要求，也符合思想政治教育载体与时俱进、多元化、宽领域的要求。这些新载体的出现是对传统思想政治教育载体的补充和发展。手机的使用在我国相当普及，已经成为生活必需品，有的人甚至不止拥有一部手机，人们可以通过手机随时随地发信息、打电话，因此，短信成为一种新的载体形式，突破了传统载体时间、地点的限制。学校可以提供不同的思想政治教育板块，学生可以采用短信免费定制这些内容，随时随地接受思想政治教育的熏陶。而微博也是随着信息化产生新兴事物，它借助互联网和手机两个平台，作为思想政治教育新载体，更具有针对性和实效性，其最大的优势不仅在于用户多，还在于它的闪电式传播，一条有吸引力的信息能在短时间内遍及全球。高校可以建立自己的微博，不仅要有相关最新通知政策，还要有学生感兴趣的时事政治、娱乐新闻等内容。学校的官方微博除要形式新颖外，还要善于开发出学生感兴趣内容背后的教育价值，实现一举两得。高校网络心理咨询主要是指一些心理方面的专家或心理学院的教师开设的网上工作室，有意咨询者可以通过电子邮件向其咨询关于心理学的专业知识，获得心理问题方面的帮助学会调适、寻求发展。电子邮件比传统的信件省时省力，而且大部分是通过匿名的方式，使学生没有后顾之忧，更有利于及时发现和解决思想政治教育和学生事务管理中存在的问题。可以说，信息化极大地促进了高校工作载体的创新。

四、高校学生管理工作信息化中的软件与硬件配置需求分析

由于高校学生工作信息化建设涉及面比较宽，其不但包括办公计算机、网络服务器、多媒体、电教设备等硬件设备，也包括学生信息管理系统等系列专用软件，这些都需要大量的资金。而一些学校的领导对学生管理工作信息化的必要性认识不足、重视不够，积极性不高，缺乏对高校学生管理信息化建设的必要投入。高校学生管理工作信息化软硬件投入不足首先表现在领导的学生管理信息化意识不强。由于高校个别领导缺乏战略思维，没有意识到信息化在当前高校学生管理中发挥的重要作用，对信息化建设存在着可有可无的认识。即使有开展信息化的想法，但是由于主观上缺乏对信息化的全面认识，最后也因为技术、资金等问题不能开展。

高校学生管理工作信息化是一项巨大的、高投入的系统工程，需要一些必要的硬件设备，还需要诸如防火墙、入侵检测系统等一定的软件支持才能发挥作用，这一切必须有足够的资金做保障。同样，网络建成后的维护与管理、软件的开发与研制、设备的更新与升级，也都需要大量的经费作为后盾。经费投入是高校学生管理信息化建设的前提条件。经费投入的多少从某种程度上决定了学生管理信息化建设的质量和水平。而部分高校没有建立完善的资金投入机制，缺乏信息化建设和系统运行所需经费，最后只能是"巧妇难为无米之炊"。

第三节　教育信息化背景下高校学生事务管理机制构建路径

一、明确信息化背景下高校学生事务管理创新的目标和任务

信息技术对教育发展具有革命性影响，必须予以高度重视，要充分利用优质资源和先进技术，创新运行机制和管理模式，整合现有资源，构建先进、高效、

实用的数字化教育基础设施。宽带网络要基本覆盖校园，初步优化信息化学习环境，完善教育信息化体系，提升信息化服务质量，提高教育信息化管理水平，使教育信息化成为教育改革和发展的先锋。

校园信息化是教育信息化的核心。校园信息化的实现要以先进的计算机硬件设施为基础，以信息高度共享作为媒介，最终达到每一名学生都能对信息处理得心应手。而高校学生事务管理信息化是信息化校园建设的重要组成部分。实现学生事务管理信息化，就是要利用先进的信息技术高度整合管理信息，优化高校学生事务受理程序，完善高校学生事务管理机制，打造科学合理的学生事务管理信息化平台，为师生提供高效率、高质量的管理与服务。高校学生事务管理信息化建设包含以下几方面的内容：信息化基础设施的建设，数字化校园建设，信息化受理程序的优化建设。高校学生事务管理信息化建设必须依靠先进的信息技术，也就是要凭借相关的硬件设施和计算机软件的辅助。事务管理数字化建设就是指将高校学生的信息网络化，将高校可能会用到的学生学籍信息、课程资源等和已经完备的管理信息库以相对固定的标准输入学生事务管理系统中，以便管理人员和学生查阅和调用。高校学生事务管理信息化并不是仅仅把传统的管理事务完全照搬到网络上，而是有目的地对管理机构进行调整和重组，同时，还要对一部分烦琐的、过时的信息受理程序进行改造更新，改变传统的信息化管理理念。高校管理信息化建设只有做到这些，才可以极大提升管理效率，才能为高校师生、为社会提供更加优质的管理服务。高校可以将已经优化更新的受理程序保存下来，用于进一步升级，以节约后续的开发资源，同时，也可以使学生事务管理更加规范化、系统化、科学化。学生事务管理人员运用科学的方式对管理数据进行整合、加工、处理，保留有用的信息，剔除无关的信息，不仅能优化程序，同时，可以为管理层提供有益的管理经验。

二、培育适应信息化的高校学生事务管理新理念

高校学生事务管理创新的前提是理念创新，但是，管理理念的创新不仅要有形式创新，内容也应有所创新。所谓理念创新，是一种高度凝缩的集体的智慧，它以提高自主创新能力为核心，不仅注重人们外在的显性理念，更注重潜移默化

的隐性理念。管理理念创新的目标就是要使学生事务管理者能够在信息化的大潮中及时更新个人观念，融合集体的智慧，创造出优化学生事务管理、提高事务管理效率的新观念。

（一）高校学生事务信息化管理的新理念

第一，柔性管理理念。柔性管理理念是时代发展的产物。只有在知识的社会地位提高的时候，人们才会更加关注人的主体发展。美国管理学家麦格雷戈（Douglasm. MCGregor）于 20 世纪 50 年代后期提出了 X-Y 理论。这个理论指出，人们趋向任务目标的目的性，拥有的内在发展潜力都是人本身所固有的，不是完全在后天形成的。管理的作用就在于为人们提供一个扫除发展阻力、开发内在潜力、促进成长的平台。权变理论是在 20 世纪后半叶，由美国管理学家弗里孟特·卡斯特（Fremont Custer）与杰姆斯·罗森次韦格（James Rosenthweg）提出的。这个理论认为在管理过程中，管理者要机智地应对各种可能发生的情况，因时制宜，因地制宜，具体问题具体分析。而柔性管理理念就是在 Y 理论与权变理论的前提下发展起来的一种科学优化管理理念。

高校柔性管理主要涉及学生管理方式、学生管理机构和治校理念的提升。高校学生柔性管理理念是指以学生身体和心理发展规律为基础，依靠民主的方法说服学生，使学生自觉自愿地把学校的目标内化为学生集体的自觉行动的心理意识。高校学生柔性管理理念主要体现在具体的微观方面。即对学生的管理理念上不仅要摆脱长辈似的权力式教育，尊重学生的个性需求，而且要鼓励学生民主式参与，强化管理者的服务意识，这就需要加强学生事务管理人员的专业素质。柔性管理理念不同于传统高校学生事务管理理念，高校学生柔性管理理念的最大特点就是管理理念的落实不是强制地灌输给学生，而是让学生在日常生活中潜移默化地体验到被尊重，然后依靠学生群体的内在心理活动，让学生积极地发挥主观能动性，逐渐从自觉意识到主动实践。同样，高校学生柔性管理理念来源于学生事务管理的实践，又对学生事务管理实践起指导作用，还对学生无意间起到心理动员和激励作用。马斯洛理论曾指出人只有在低级需要得到满足的时候才会有高级需要——自我实现的需要。柔性管理理念就是通过对学生需求的满足而不是单纯通过纪律来实现管理。在高校学生事务管理中，必须抓住柔性理念的比较优势，在对传统理念批判吸收的基础上，使两者形成互补，才能真正促进高校学生事务管理水平的提高。

第二，服务推荐理念。推荐系统是指一种在特定数据库中搜索指定数据，使用相关信息分析技术对数据进行处理，向用户主动提供及时、精确、科学的信息，并依据用户的反馈及时对推荐结果进行改进的应用技术。推荐系统不仅要能根据用户个性需要对用户提供及时的信息服务，而且要能积极主动地关注收集甚至提前预测用户可能感兴趣的信息，提前进行信息的收集和整理工作，切实实现对用户的个性化信息服务。服务推荐的主要特征就是主动性、高效性和灵活性。主动性即推荐服务在用户没有发出信息请求的时候主动传输用户可能会用到的数据。高效性主要是指推荐系统能够有效利用网络空闲时期传送大量的数据信息。而灵活性则表现在用户能够灵活地根据个人需求安排系统连接时间，自动获取网上音频、视频等个人用户指定的信息资源。这种服务推荐的技术体现在高校学生事务管理上即为服务推荐理念，即借鉴服务推荐技术的主动性、高效性、灵活性，使高校学生事务管理人员增强主动服务意识，提升到战略思想发展的高度，使每一位管理人员都拥有让"让每一名学生满意"的服务理念，满足不同学生的个性化需求，把"让每一名学生满意"作为信息服务的最终目的，为每一个学生提供高质量的信息服务。

（二）更新信息化的高校学生事务管理理念的途径

首先，重视教育培训，学习事务管理新理念。高校学生事务管理信息化建设必须以学生为本，大力增强管理队伍的信息化意识。第一，通过培训强化管理人员的信息化意识。学生事务管理队伍是贯彻落实管理信息化的主体，因此，管理人员应用信息技术的水平和能力直接关系到整个学校管理信息化的速度。但是管理理念的养成必须建立在对现代化信息技术熟练应用的基础上，因此要加强对管理人才的信息化技能培训，确保人人能够基本掌握信息技术的相关知识和实践操作能力，并能够对相关的学生信息进行简单的加工处理，比如学籍信息、注册信息、学生选课信息等。更重要的是要加强管理人员的思想观念培养，让他们能够充分认识到信息技术在当代信息社会的重要性，再把对信息化的认识上升到一定高度，同时，要树立在管理中自觉应用信息技术的观念，培养和现代信息技术相适应的新型化管理理念，这是信息化培训的重中之重。第二，建立一支专业化的信息技术队伍作为信息化培训的有效支撑，同时把一部分计算机专业的学生纳入信息技术管理人员的行列，让他们利用课余时间进行信息化的兼职工作。这支队伍一方面负责信息系统的完善和维修工作，确保系统设计的科学合理；另一方面负责教育培训的后期工作，及时解答培训人员遇到的各种疑惑和问题，帮他们尽可能快地掌握基本信息技术和现代信息管理理论。第三，对全校人员开展信息化培训，不仅包括管理人员，还应包括学校领导和全校学生。使他们能够系统了解信息系统的开发和应用原理，强化信息化管理思想和意识，增强个人信息化素养。提高管理人员在日常管理工作中自觉应用信息技术的能力，提升工作效率，促进学生事务管理体制的改革和创新。

其次，通过校园文化，加大对管理新理念的宣传力度。传统的校园文化主要是通过广播、公告等方式传播。在当代信息化的冲击下，校园文化的与时俱进能够促进柔性管理和服务推荐理念的传播。学生事务管理人员要积极主动以网络平台为教育阵地，努力开展积极向上的线上文化活动。第一，利用校园网普及范围广的优势，设立专门的形式新颖的理论研究窗口，及时对国内外重大教育时事新闻、国家重大教育政策和学校有关学生管理方面的政策进行宣传，使网络成为教育政策、教育理念宣传扩散的平台，使学生事务管理理念不只是走进"校园网"，而是走进学生心里。第二，学校建立网上互动平台，由专门的队伍负责，包括学校里各种受学生欢迎的社团，也包括一部分专业教师，通过各种调查研究了解当代高校学生感兴趣的话题、感兴趣的活动、学习生活中可能会遇到的问题，在这个平台平等地与学生互动交流，畅所欲言。学生也可以在线提出各种活动意见，以便及时地加以改进。最重要的是活动要具有超前性和预测性，真正做到推荐服务、主动服务。第三，开设专门的心理健康咨询室。网络具有隐蔽性、匿名性，学生可以通过网络听取心理专家的建议，把心理疾患扼杀在萌芽状态，增强心理素质，保持心理健康。

三、建立和完善信息化发展要求的高校学生事务管理新机制

高校学生事务管理体制包括高校学生工作管理行政体制和高校内部学生工作管理体制。其中，高校学生工作管理行政体制是指高校组织领导高校学生工作的机构设置和权限划分。高校内部学生工作管理体制是指国家组织、领导学生工作管理的机构设置和权限划分。目前，高校组织机构庞大、重叠，信息不灵通、管理回路不封闭，在信息化浪潮的冲击下，现行的学生事务管理体制已经不能够满足事务管理的要求，在信息化背景下迫切需要创新。

（一）建立高校学生事务管理新机制

高校学生事务管理机制的信息化创新建设主要涉及两方面：机构组织结构变化和柔性管理机构的建立。

第一，管理组织机构会从高型化组织结构趋向扁平化组织结构。高型化组织机构管理机构过分重叠，责权分配不明确，人员配备不合理，工作效率低下。而过多的组织机构必然会导致形式主义与官僚作风。相反，扁平化的组织机构可以很好地避免上述问题的产生。扁平化的管理组织结构可以控制高校在学生事务管理上的不必要的投资。信息化的网络平台建设可以高效、准确、及时地处理大量人工无法完成的管理任务。这种节省大量人力资源成本的效率可以把闲置的管理机构予以合并或撤销。对于创新型的信息化人才，在网络信息化平台建设和管理策划过程中尽可能地发挥其所能，给予更多发挥职能的机会，对于其职业生涯的提升将起到极大的促进作用。

第二，管理组织机构从刚性管理演化为柔性管理。许多高校的管理组织结构非常庞杂，导致学生管理活动非常复杂。在急速发展的信息化时代背景下，陈旧的组织管理机构难以适应时代需求与社会发展的需要。而柔性组织结构可以顺应时代和社会的变革，适时做出管理调整。柔性组织机构建设的过程也是高校简政放权的过程和提高时代适应性的过程。这种柔性组织结构可以充分发挥机构运行的高效性和统一协调性，提高决策的成功率与创新型管理模式的形成。国外的高校学生事务管理系统是一种扁平化的结构，管理层级少，分工精细合理，设置了

直接服务学生的专业性事务中心，对学生多变的服务需求能做出快速的反应。我国高校需要借鉴国外扁平化的管理机制与柔性结构管理模式，减少学生事务系统工作机构的烦琐冗余。利用节余下来的管理成本，建设高效的信息化交流平台与优质的硬件服务设施，建立直接面向大众和全体学生提供服务和咨询辅导的学生事务管理服务中心，创建"一站式"服务大厅，简化学生事务工作流程，改变过去偏重行政管理的方法，以良好的学生事务管理促进学校各项事务的发展。

（二）建立高校学生事务管理新机制的途径

首先，四位一体，协同服务。协同服务是指以整体应用效果为目标，以实现一个部门或几个部门信息交换与共享而建设的信息系统建设项目。对高校学生事务管理来说，则是实现学校、学院、学生、社会四位一体协同服务。在信息化的冲击下，只有学校、学院、学生、社会四位一体，协同服务，信息共享才能满足信息化高效率的要求。只有以学生为主体，满足学生需求，高校学生信息化管理与服务才能持续发展和良性运行。高校的管理信息化系统将逐步变成多元主体参与的"大信息服务平台"。建立学校、学院、学生参与，社会辅助的管理与服务运作机制，将快捷的网络融入其中，将丰富的信息应用服务和各部门的协同管理结合起来，可以减少各部门各自为政，服务效率低下的问题。尊重学生是基本，学生满意是出发点，主动服务是基本模式，双向沟通是成功要因。

其次，开展电子校务，促进信息公开。电子校务是指改变传统的校园管理模式，在校园管理中引入信息技术和管理理念，通过搭建网络平台来实现校园管理办公自动化以及资源的共享。电子校务的含义包括以下几方面：第一，电子校务的建立要以校园网络设施的建设、信息技术的推广、信息网络技术人员的培养为基础；第二，电子校务的建立是以推进校务管理和拓宽校园服务为目标；第三，电子校务的建立并不是简单地将互联网技术运用到传统校务管理上，而是借助信息网络技术对校园组织结构、校务管理观念、管理方法以及业务流程进行优化重组；第四，电子校务通过信息网络平台实现了校园内资源的共享，建立了校园优化服务体系，提高了校园管理工作效率。电子校务应用信息技术，调动学校管理部门的积极性，对学生事务管理进行信息化处理。电子校务关注的焦点是在高校学生事务的管理与服务中，如何实现学校、学院和学生的良性互动。开展电子校务，及时通过学校的校园网、校园广播等公布学校的各项通知及各项活动等，信息公开能够提高学生事务的工作效率和效能，促使学校事务管理部门从职能型向服务型转变。

最后，参与国际合作，借鉴有效机制。在全球信息化背景下，高校学生事务管理信息化难免受到国际化的影响，管理信息化可以参与国际合作，吸收其有益经验，促进我国高校学生事务管理机制的创新与发展。针对我国的具体特点，实行引导、服务机制，尊重学生的主体性。

四、丰富高校学生事务管理的内容、方式和手段

（一）增加高校学生事务信息化管理的内容

我国高校学生事务管理的内容包括日常事务管理、学生成长辅导、学生生活服务等。与中国当前信息化的国情相适应，高校学生事务管理还应包括信息化教育。

学生事务管理的内容应该随着时代的不同，针对不同的学生群体适时地做出调整和变化。高校的信息化管理内容涉及高校学生的学习、生活等方方面面。丰富高校学生事务的内容主要从数量和质量两方面进行扩展。从内容数量上来看，不同学生对高校管理服务的不同要求制约着高校学生事务管理内容的广度和深度。高校学生事务管理内容也要与时俱进，不能故步自封。除此之外，学生认知发展有同化和顺应两种机制。随着信息化的发展，学生事务管理的内容逐渐增多，同样也存在同化和顺应机制，即加强对高校学生事务管理内容的整合。如果新增的信息化内容在传统的内容框架之内，则直接把它同化入原有知识体系之内；如果新增的信息化内容自成体系，则把原有的内容做出调整之后顺应新的内容体系。通过同化和顺应不断丰富学生事务管理内容，可以为建立科学高效合理的学生事务信息化管理模式打下良好的基础。

（二）丰富高校学生事务管理信息化方式和手段

在信息化背景下，以信息化管理方式和手段代替传统事务管理的方式和手段

是一种必然趋势。信息化管理工作的实践必须依靠有效的信息化管理手段。这就要求我们在管理手段上进行重点创新，使管理手段适应信息化时代的发展趋势与要求。

未来的信息化的管理方式最大的特点，在于管理组织机构的任务主要集中在信息的加工、制定、传播、服务和反馈等方面。这将与传统的组织管理模式完全不同。作为权威机构的管理者负责提供丰富的、有针对性的数字化信息。这种智能的定位要求管理部门必须采用先进的计算机硬件设备，同时，开发符合自身特点的软件应用型系统（如基于互联网的 MIS 应用、微博、校园论坛等），通过这些系统可以实现信息化的线上线下、实时及时的信息收集、处理、协商和决策等管理服务。这种软硬件相结合、专业化的管理与职业化的理念会使得管理内容既有标准化又有个性化，既有可依据的规范，又不失人本主义的服务理念。高校学生事务信息化管理者是信息的重要提供者，信息的共享与资源的充分利用是管理的关键。信息的传播范围与面向的成员主体都应当及时进行调整。

第六章 高校创业教育管理的信息化建设

在信息化时代背景下，高校创业教育管理的信息化建设显得尤为重要。随着信息技术的飞速发展，高校创业教育体系亟须与时代同步，构建起一个能够适应数字化转型的教育模式。这一模式不仅需要整合教育资源，促进教育内容与方法的创新，还要加强与社会的互动，提高教育的实践性和针对性。高校应充分利用信息技术，推动创业教育的深度融合与创新发展，以适应全球化竞争和知识经济的挑战。

第一节 信息化时代下的高校创业教育

一、创业教育体系

创业教育是指培养人的创业意识、创业思维、创业技能等各种综合素质，并最终使被教育者具有一定的创业能力的教育。

高等学校创业教育和企业家精神培养体系是指构成与推进高等学校创业教育和企业家精神培养相关的系统的管理要素。主要包括：创业教育和企业家精神培养目标体系、创业教育和企业家精神培养课程体系、创业教育和企业家精神培养制度体系、创业教育和企业家精神培养保障体系等。

创业教育和创业精神的培养目标是根据社会发展的需要和人类发展需要综合确定的，创业教育和创业精神的培养目标和要求，是创业的基础课程和评估，是创业教育和创业文化选择的教育内容、教育方法、教育项目的实施进度和发展的起点。基于对创业教育和企业家精神培养内涵的理解，高等院校实施创业教育和创业文化的目的是培养创业人才的创新精神和实践能力。高等学校的创业教育和创业精神培养不同于社会上以解决生存为目的基础的就业培训，在创业教育和企业家精神培养目标设计上，更强调了培养当代高校学生的创业精神和责任感。因此，高校创业教育和创业精神的训练应该在两个层面上下功夫，第一个层面是加强学生的创业意识，提升学生的创业理念、强化学生的创业知识、培养学生的创造性思维、提高学生的创业能力和技能、树立学生创业的信心，强调基本素质教育。第二个层面是以有创业意愿的少数学生为重点，对他们针对性地实施创业教育和创业精神培养，主要培养他们的创业品质。

创业课程是实现创业教育和创业目标的重要载体。创业教育和创业培训课程是基于创业教育和创业教育目标而选择和设置的，课程内容和方法要紧扣创业制定，方法要得当，要简单易行。高等学校创业教育和企业家精神培养课程类型从课程表现形式上可分为必修课程和选修课程，从课程属性上可分为理论学习课程和创业实践课程。为了更明晰高等学校创业教育和企业家精神培养课程体系的构成，高等学校创业教育和创业培训课程体系主要指的是创业教育和创业文化有关的主题课程、活动课程、环境和创业实践课程。

创业教育和企业家精神培养的教师必须能够开展创业教育和企业家精神培养课程内容方面的培训，必须拥有涵盖工商管理方面的经济法、管理学、营销学等多个学科的知识，把心理学、社会学、营销学渗透其中。高校应该能够为教育和创业培训的骨干教师进行全面的培训，也可以根据学校学科布局、专业优势的特点，开展有创造性、针对性的培训。同时，创业教育和创业文化的教师授课方式必须遵循创业教育和创业文化的教学模式，创业教育和企业家精神培养不同于传统形式的课程教学。因此，教学模式也有不同的要求，它更强调对学生的主动参与意识和在实践中应用能力的培养。有学者指出，创业教育和创业精神培养与传统教育的不同，在教学计划的制订上，教学技巧和方法都和传统教育有很大差别。把主动学习和创业体验实践作为学习的重点，着重培养学生分析问题和解决问题的能力。在教学的过程中，通过课程教学、讲座、创业竞赛、商业案例分析、创业模拟等活动容易让高校学生接受，使学生自觉地参与到创业活动中，努力提升高校学生的创业意识和创新精神。因此，要加大创业教师培训力度，这些教师通过培训，会具备优良的思维方式和符合创业教育特色的授课习惯。高校创业教育和创业精神的培养者才能具备实践实训的能力，才能掌握丰富的创业理论知识，才能积累丰富的实践经验，也才能更好地为高校创业教育的顺利开展打下坚实的基础。

在信息时代的今天，社会和高校为创业教育和企业家精神培养提供必要的设备，创造必要的条件，优良的创业环境是创业教育和企业家精神培养得以实现的最好保证，在整个社会形成尊重创业者，激励创业者的机制，使创业者无后顾之忧。各高校要把创业教育和企业家精神培养融入本校教学体系，努力构建传授创业知识，提高学生创业能力的课程体系、管理模式，充分利用现代网络信息技术，大力建设创业实践基地，形成科学合理的创业人才培养体系。

二、信息时代对高校创业教育的影响分析

（一）信息时代对高校创业教育的影响

第信息时代背景下的高校创业教育主体和对象之间的关系的变化给高校创业教育带来积极的影响。

一是建立教师和受教育者之间的对等协调关系，使高校创业教育更有特色，企业家精神培养效果更加突出。为创业教育和创业文化的院校提供良好的教育氛围和环境。信息时代揭示人与人之间的平等性，这有利于建立教师和受教育者之间的良性对等关系，从而形成一种和谐的教育关系，为高校创业教育和创业精神培养创造了适合人才发展的人文环境。同时，信息时代拓宽了师生之间的互动沟通的渠道，也使受教育者可以感受到一种公平的受教育乐趣，可以通过信息化交流把自己难以启齿的想法，通过短信、微信、微博、QQ等形式进行交流和沟通，从而使不良情绪、心理困惑通过这样的方式得到发泄，有利于高校创业教育者抓住受教育者的思想动态，及时进行情绪疏导、意识形态指引和心理预防等，从而使高校创业教育效果更加明显。

二是有利于提高创业教育和创新精神培养的效率。信息时代教师和学生是站在平等地位探讨问题。把从虚拟空间中获取信息作为相互交流、沟通的平台，毫不保留地奉献给对方，既增加了受教育者的主动性，又加强了师生之间的情谊。又由于信息时代下，获取各种信息的流量逐步超过任何时候，包括国际、国内

的，为我们进行创业教育提供了便利条件，也为我们提高工作效率奠定了良好的基础。信息时代一定程度上避免了国家的方针、政策在传播时拖延，减轻了高校创业教育和企业家精神培养者的负担，增强了高校创业教育和创业精神培养时效，真正提高了高校创业教育和创业精神培养的效率，使高校创业教育少走了许多弯路，节省了大量的人力、物力。

（二）信息时代高校创业教育对人的思维方式的影响

第一，信息时代高校创业教育对人的思维方式产生积极影响。在信息时代背景下，由于时空限制，人们在长期生活、工作中形成了以标准的思维方式判断"真与假""是与非"，而创业教育和创业精神培养作为一项教育创新实践活动在高校中生存和发展，也形成了与之相对应的学科模式。信息时代是一种交互式的、三维动态的、创造性的和个性化很强的时代。它拓展了人们的思维方式，开阔了高校创业教育和创业精神培养学科思维的视野，促使人们从封闭向开放发展、从静态向动态迈进，在激活人的创造性思维的同时，为高校创业教育和创业精神培养提供了展示高校学生风采的广阔天地。

第二，信息时代对人的思维方式和高校创业教育传统的教学方式产生负面影响。首先，在高校创业教育和企业家精神培养中，要把人们的思想和行为引导到现实中来，尤其是引导到创业教育中来，困难较多。因为，人们长期形成的思维模式根深蒂固，一下子把他们从传统的思维下解放出来很难，要靠全社会的支持和宣传。因此，信息时代带来的虚拟思维、冲击，影响着高校创业教育和创业精神培养。已形成的相对封闭性思维模式，使传统思维方式维系的高校创业教育和创业精神培养的有效性受到了很大的冲击。其次，信息时代的信息获取的便利性、共享性、快捷性等特点，使得人们的日常生活更加便捷，从点菜、诊疗疾病等日常生活到旅游，从网购到网聊等，信息越来越丰富，这在一定程度上代替了人们的思考，导致人的思维日益弱化，这为高校创业教育和创业精神培养提出了新的课题。

（三）信息时代对高校创业教育环境的影响

第一，信息时代给人们带来了更多的开放性的选择和自由，使高校创业教育和创业精神培养在褪去强制性后，在多种职业选择面前失去了魅力。在信息时代以前，由于时间和空间限制，高校创业教育和创业精神培养在一个相对封闭的环境中进行，这为高校创业教育和创业精神培养及其宣传提供了良好的环境，并且，在此期间，高校创业教育和创业精神培养，使学生们能相对自觉地接受高校创业教育。然而，信息时代拓展了人类的生存环境，人类在一个更加开放的环境中生存和发展，再加上虚拟空间中良莠不分，如果辨别是非的能力不强，便容易丧失意志，这在某种程度上阻碍了高校创业教育的发展。

第二，信息时代对人的价值观和意识文化产生冲击，使高校创业教育和创业精神培养所宣传和倡导的正能量受到冲击，人的价值观念和意识形态也受到了影响和挑战，从而出现了高校创业教育和创业精神培养的思想困境。在信息时代产生之前，人们主要是通过图书、期刊、广播等获取信息，进入信息时代后，各种信息在网络上五花八门，让人眼花缭乱。高校创业教育和创业精神培养系统化数据与非高校创业教育和创业精神培养的系统化数据共同存在，使高校创业教育和创业精神培养的生存环境变得复杂，对创业教育思想及创业精神的传播造成了一定的困扰。在网络空间中，一些不良信息侵蚀着人们的价值观和人生观，造成思想混乱、意志品质不坚定，在一定程度上影响了高校学生世界观，使得一部分高校学生动摇了建设社会主义的伟大理想，对实现中国梦持怀疑态度，对高校创业教育和创业精神培养所提倡的价值观念产生怀疑，在某种程度上导致了高校创业教育和创业精神培养的认同困惑。

第二节　信息时代我国高校创业教育体系的构建

一、我国高校设置创业教育课程的目标

随着经济的发展和社会的不断进步，人们的综合素质得到极大的提升，开展创业教育应逐步纳入高校课程体系之中，创业教育的目标应根据市场的需要而确定。目前，我国创业教育向内涵式发展，通过课堂教育和实践教育为手段来表

现，创业教育就是要培养具备创业技能、创新精神的复合型人才。高等院校开设的创业课程应当具备完善的教学体系，不能简单等同于培训机构所开设的技能培训课程。高等院校开设的创业教育课程除了传授技能，更应注重培养学生的创业意识和创新精神。因此，高等院校开设创业教育的目标应包括以下两方面。

第一方面是强化创业意识，提高创业技能，丰富自己的创业知识。创业基本素质对高校学生的心理素质、业务能力、创业精神等都有很高的要求。通过创业教育，培养学生的创业能力和创业意识，让学生清楚地认识到我国的就业形势非常严峻，在就业压力巨大的现实情况下，开展创业素质教育，是顺应形势发展的需要。熟悉我国面临的就业新情况，把握发展机遇，动员更多的高校学生投身于创业事业之中，为社会创造更多的财富。培养学生大胆创新的精神，能在创业教育中找到创业的商机。总之，通过创业教育，有利于培养学生的创业意识和创业精神，有利于营造良好的创业氛围，使学生真正从创业中找到乐趣，有利于学生创业观念的转变，使学生真正将创业作为自己的一份事业。我国的高校学生应该抓住改革所创造的机遇和有利条件，树立自己的创业目标，了解中国面临的发展机遇，投身于创业。总之，通过创业教育，形成一个强大的创业氛围，使学生真正感受到创业的必要性和紧迫性，转变就业观念，树立创新意识，抓住改革所创造的机遇，积极创业。

第二方面是对少数具有创新潜能的学生进行专门的培养，使他们具有吃苦耐劳的精神，培养他们的创业勇气，使其人格品质、业务能力和创业技能得到提升和完善。对这部分群体进行创业教育，主要是对他们进行决策能力、规划能力、应变能力、抽象思维能力、管理创新能力的培养，注重锻炼他们的创业中所必需的沟通技能，团队合作精神，使他们能够真正在创业中拥有融资、领导和企业家的精神，能够合理解决企业在资金运转过程中所遇到的困难，从容应对突发事件，取得团队成员的信任。创业教育目标的实现不是一朝一夕的事情，而是一个相对复杂的过程，这个过程必须通过实践来完成，在完成的过程中发现问题、分析问题、解决问题，最终促进创业目标的实现。

（一）我国高校创业教育的共性目标

创业基本素质的培养是我国所有学校创业教育的共性目标。创业基本素质分为两个层面的含义，一是指先天因素，即通常所说的创业天赋，这是先天的遗传素质，也是创业的基础。二是身处社会环境中，通过后天的引导和影响而形成的创业相关素质。以上两个层面的创业基础素质在创业过程中都会表现出相对稳定的特征。为更清楚地认识我国高校创业教育的共性目标，本书从创业意识、创业知识、创业能力、创业品质四方面进行阐述。

1. 创业意识

创业意识在整个创业过程中扮演了十分重要的角色，是创业者在创业过程中所有社会属性的集中体现。可以将其定义为创业者进行创业活动的一种心理素质，主要在创业活动前期起作用，其中包括的具体内容有创业的基本动机、创业机遇的把握、创业行业的准确分析，以及成为企业家或管理者的潜在素质，如价值观或创业信息等。

2. 创业知识

创业知识是一个总称，是指创业者在创业活动中所必备的各种知识和能力的总称，如企业管理知识、营销策划活动、金融的相关知识以及相关法律法规的知识等。创业知识在创业活动中的重要作用是不可替代的，只有掌握了足够的创业知识后才能扩宽创业者的创业思维，从而影响创业方式，因此，创业知识是决定创业成败的关键因素。

3. 创业能力

创业能力与创业意识是两个不同层面的内容，创业能力着重强调后天因素，是指创业者通过学习和实践活动所掌握的影响创业活动效率的各种因素的总和，只有具备相应的创业能力，创业者的创业活动才能成功地开展。创业者的决策能力、团队合作能力、领导和人际交往能力及对市场商机的把握能力都属于创业能力。

4. 创业品质

创业品质是指创业者个人道德品质在创业活动中的具体体现。良好的创业品质是创业活动得以长久开展的重要保证，它能够很好地引导创业活动在国家的法律法规允许的范围内进行。创业品质同时也是社会公认度高和社会责任感强的创业企业应具备的必要条件。通常情况下，创业品质主要包括创业者思维和行为模式、创业者的社会道德认识、创业者的社会责任感，以及创业者自我情绪的控制能力、面对挫折和失败时应有的心态调节能力。

（二）我国高校创业教育的个性目标

创业教育的共同性目标是开展创业活动的基本条件，与此同时，要想真正实现和开展创业活动，进行创业教育是十分必要的，尤其重要的是进行开创型教育。在高校开展开创型教育，必须建立高校创业教育的个性目标。创业教育本身就是一种创造性教育，这些在创业教育的个性目标中得以实现。简单地讲，高校创业教育的个性目标旨在通过培养创业者的创业技能和知识，依靠良好的社会环境合理地创造出一种新的创业格局。开创型教育主要包括以下几方面的内容。

1. 要有敏锐的洞察力和决策力

优秀的创业者应该具有一定的创业前瞻性眼光，能够对市场变化做出准确的预测，以便更好地抓住市场商机，在市场竞争中掌握主动地位。在面临创业决策时，创业者应该做到自主决策、善于决策，通过自己的创业意识，根据自己的创业能力做出合理的决策。

2. 要有冒险精神和竞争意识

面对创业有冒险性特点，创业者必须通过自己对市场信息的掌握，面对市场中出现的新机遇能理性分析，敢于尝试，敢于冒险，并要做好失败的准备。创业者一定要清楚地认识到市场竞争无处不在，在激烈的市场竞争中，不能退缩，而是应该在做好充分准备的前提下，表现出不畏对手的强烈竞争意识。

3. 要有坚强意志和创新能力

创业者在面对困难时，尤其是创业前期和创业瓶颈时期，应该拿出不屈不挠的精神，充分利用自身的优势和各种资源解决问题。创业者开展的是创造性的活动，这一特质就要求创业者能打破常规，创造性地开展活动。

4. 要适应市场的变化，加强沟通

市场环境是复杂多变的，这是创业者必须面对的现实问题，无论是地理位

置、政策制度，还是虚拟环境的变化，都要具有一定适应新环境的能力。优秀的创业者同时也是一名优秀的领导者，要善于把握全局，尤其在面临复杂多变的创业环境时，创业者必须发挥自己应对问题的特长，在听取别人意见的同时，做出明智的决断。还要擅长交流沟通，创业活动不可能是一个人的活动，不可避免地要与他人交流沟通，这就要求创业者要平易近人、要与人为善，才能在市场经济大背景下与人和睦相处。

二、我国高校创业教育课程的设置体系

创业教育是一项实践性很强的教育，高校的创业教育也离不开课堂，同时，创业教育与普通的教育又有较大的区别，如何设置高校创业教育的课程也成了不少专家学者探讨的话题。目前，对高校创业教育课程体系的设置有三种思路，第一是按照授课内容的不同分为实践性课程和理论性课程，第二是按照课程表现形式不同分为隐性课程和显性课程，第三是按照授课形式不同划分为学科课程、环境课程、活动课程和创业课程。本书依据高校创业教育的共性目标和个性目标，将高校创业教育课程做出如下体系设置。

（一）创业教育的活动课程设置

创业教育本身是一门实践性很强的课程，因此，创业教育课程改革中活动课程的设置尤为重要，创业教育的活动过程旨在让创业学生通过具体实践，了解创业活动的整体流程，并在具体创业活动中找到自己感兴趣的方向，能够将自己所掌握的知识、信息、技能和资源具体运用到一项实实在在的创业活动中去，真正实现创业的意愿，在此过程中能够了解和掌握创业活动的基本细节，为真正开展创业活动奠定坚实基础。创业教育的活动课程可以从以下四方面来衡量。

1. 创业教育集体活动课程

创业教育集体活动课程具有广泛性的特征，该活动课程应根据学校的总体创业教育目标，面向全校创业学生而设置，旨在达到全面认识创业活动，了解企业真正运作流程和目的。其开展形式可采用报告或讲座形式，由学校出面，在规定的时间段邀请创业教育专家或成功创业者与创业学生开展面对面的交流，使创业

学生能够从他们的亲身创业经历中获取所需，起到培养创业学生创业精神和提高创业素质的作用。

2. 创业教育专题活动课程

创业教育专题活动课程是在创业教育集体活动课程的基础上，专门针对创业活动中某个环节而开展的创业教育实践活动。创业教育专题活动课程所选择的专题环节一般是创业活动中重要的环节，如营销环节、决策环节。当然，也可根据创业学生的要求，就某一个他们感兴趣的环节或是他们认为困难的环节而展开主题活动。创业教育专题活动通常采用商业计划竞赛的形式组织开展活动，而且还能培养和锻炼创业学生的团队合作意识、竞争意识等。常见的创业教育专题课程有模拟营销大赛，参观企业了解企业文化和企业运作流程，等等。

3. 创业教育项目活动课程

创业教育项目活动课程是按照高等学校开展创业教育的目标，在创业教师的引导下，创业学生在明确自己创业活动的主题下，自行设计创业活动项目。并且在学校的支持下，亲自实践自己的创业活动，最终完成整个创业活动，然后再对自己的创业活动全过程进行自我批评、自我总结，以期来丰富创业学生的创业经验。通过对创业教育项目的实施，强化创业学生在创业过程中的独立判断能力，自我管理能力，培养创业学生企业家的基本素养，使学生在项目活动过程中得到锻炼。

4. 创业教育项目潜在课程

创业教育项目潜在课程强调的是在高等学校里营造一种创业活动氛围，通过营造这样的创业活动氛围来潜移默化影响创业学生，以达到培养学生的基本创业品质，提高学校创业教育发展水平和质量为目的。创业教育项目潜在课程手段可通过学校已有的条件，如开展企业家校友事迹展，邀请知名企业家定期开展交流会等，激励学生开展创业活动，培养学生的创业精神。

（二）创业教育的实践课程设计

创业教育实践课程有利于提高高校学生对企业知识的运用，培养高校学生的创业技能，有利于开阔高校学生的视角，发挥高校学生个人技能。创业教育实践课程主要分为创业模拟实验和创业实践两种形式。

1. 模拟创业实验

模拟创业实验过程是一种创新仿真实验，学生可以模拟体现创业者经历的各个阶段，体验从创业决案、创业项目选择、团队组建、如何管理企业、产品如何推广的整个创业历程。模拟创业实验还可以通过案例分析形式进行，使学生身临具体案件之中，将自己想象成创业者，并且分析自己在解决创业过程中出现的问题与各种做法。模拟创业实验要开设沟通技巧与训练、商业营销模式、商务案件分析、商业计划与培训体验等课程。

2. 创业实践

创业实践是为了将创业理论与实践结合。高校学生创业实践可以通过两种方式进行：一方面，可以利用校内的专业实习平台，让学生进入学校的后勤、投资等部门进行体验，使其能够积累丰富的与人交往的社会经验；另一方面，可以开展校企合作方式，通过与企业的沟通和洽谈，让更多的学生进入企业内部实习，了解企业的经营与发展模式，积累处理各种问题的经验，为其创业打下坚实的经验基础。

三、我国高校创业教育的制度保障体系

（一）创业教育的学校制度保障体系

创业精神的培养不一定要从高校学生开始，可以从孩子抓起，逐渐培养其创新创业意识。但是高校期间由于大多数学生已经成年，所以能够更好、更容易理解创新精神。为了使高校能够为国家培养出更多优秀的人才及企业家，建立创业教育的制度保障体系意义重大。

1. 转变教育思想，变"适应性教育"为"创造性教育"

"适应性教育"是我国教育的主流形式，不可避免地具有传统教育的一些缺点，长期实行"适应性教育"严重阻碍了学生的创新意识形成，阻碍了教育的创

新，这也是我国教育改革必须解决的重要问题之一。只有改变传统的教育观念，给学生创造更多的空间，才有利于培养学生独立思考的意识，形成创业观念，可以与时俱进、打破常规、大胆创新。我国应将创业精神的培养作为教育教学内容，社会发展需要不同的人才，单纯的传统教育已经不能满足社会对于创业型人才需要。所以高校必须改变传统的人才培养机制，转变传统的毕业就业观念，更多引导学生创业，使学生从单一型人才逐渐向社会需要的复合型人才转变。也就是学校要从"适应性教育"向"创造性教育"过渡，使学生掌握更多的社会技能，能够在社会竞争中得以生存，并取得一定的成功。

2. 深化高校教学改革，营造创业教育氛围，构建现代创业教育模式

目前，我国创新精神和创业实践能力的培养是高校教育相对薄弱的一个环节。因此高校应加强教育教学内容的改革，积极营造良好的校园创业教育氛围，建立新型的创业教育模式。高校应开设创业相关课程，如经济学、管理学、心理学、法学、企业管理等，打破学科之间的壁垒，采用交叉学科互补的教学新模式。同时，学校应积极营造创业环境，加强学生的创业观念，使学生发展成为社会需要的复合型人才。学校可以开展一些创业相关活动，如"创业计划大赛""模拟商业竞赛""模拟营销大赛"等，通过这种形式，使学生能够亲身感受创业的环境与氛围，有利于学生创业意识的培养。学校还应该加强校企之间的合作，让学生能够深入企业之中体验，让学生能够在实践中真正意识到创业的过程充满了挑战。认识企业生存、发展的关键因素，有利于为高校学生自主创业提供宝贵的经验。

（二）创业教育的国家政策保障体系

创业具有一定的风险，创业资本也可以看作是风险资本，风险资本的融资相对比较困难，尤其是对刚走出校门，步入社会的高校学生群体来说，风险资本的筹集变得难上加难。由于我国的国家信用评价体系尚未确立，企业家对于风投行业热情度不高，风投体系本身也存在诸多不够健全的问题，这些就使得创业企业的资本融资缺少信用的保障。

随着市场经济不断发展，我国应该不断引入新市场主体，创业企业成为新的

存在主体，并在经济制度的发展中起到不可或缺的作用。为保证创业环境的公平，我国应学习国际上先进的经验，不断完善创业相关法律法规体系建设。首先，完善中小企业的融资体系，积极发挥中小企业及创业企业在我国经济中的作用，建立健全风险投资机制，为创业企业提供资金支持。其次，国家应出台创业相关法律法规，从法律角度维护创业企业的公平竞争，为创业企业的发展建立一个良好的法治环境。最后，对创业企业实施税收优惠政策，不对风投企业进行双重征税，建立有效的风险投资企业的退出机制，确保创业企业和风投企业可以实现互利共赢。另外，在资金来源方面，除自己筹措、政府划拨之外，还可以信贷、募集、担保抵押，形成多元的创业资金来源渠道，促进创业的发展。

第三节　信息时代我国高校创业教育的优化路径

一、转变家庭教育观念

家庭是孩子的教育的摇篮，家庭环境对人的影响是终身的，尤其在心理素质培养方面、人格品质养成方面，它的影响力是学校及社会教育无法相比的。因此，家庭教育对孩子养成健康的心态、包容宽容的性格、积极乐观的态度、对新鲜事物的钻研精神都是非常重要的。尤其是父母的言谈举止、待人接物、处事态度、吃苦精神都是孩子模仿学习的榜样。所以家长一要"言必行，行必果"，一定要起到模范作用。

家长要关心孩子成长、成才，尤其是未来发展，所以家长和社会必须努力做到以下几点。

第一，家长和学校要加强沟通。要完全了解孩子的想法，了解孩子的优缺点，才能更加有目的地主动对孩子进行教育，而不是一味地把孩子的教育推给学校，只有学校和家长双重重视了，才能更好教育孩子，才能挖掘他们的潜能，更有创造性地学习和生活，这就为培养孩子的创业精神打下了坚实的基础。创业精神要提前给孩子灌输，让他们认识到艰苦创业、自强自立的重要性。

第二，条件成熟的学校可以组织家长相互交流，尤其加大对农民家长的交流。使家长从思想上完全接受孩子创业的理念，并列举一些实例，使他们既要看到创业有风险，又要看到创业对提升各方面能力有很大的促进作用，从心理上完全接受这种育人模式，真正实现家庭完全支持学生创业，学校努力实施创业教育。

第三，家长应尊重孩子的选择，并支持孩子的事业。鼓励孩子多参加社会实践、参加知识援助、参加创业技能大赛、参加素质拓展等，培养孩子适应各种环境的能力和独立做事、动手的能力。还要培养孩子的思维能力、处事能力、克服困难的能力等。不要挫伤孩子的积极性，让孩子知难而进，培养他们坚强的品格和顽强的意志，这些都是创业所必需的。

二、高校对创业教育体系建设的保障

（一）创业教育教学机制的实施

创业教育的实施过程中，无论是何种形式的教学方式，都立足于高校自身的教育教学管理体制之上。这就对理论教学和实践教学提出了新的要求。

第一，改变教学观念。当前社会正处在飞速发展的时代，经济全球化和市场经济化要求教育不能故步自封，改变传统的教学方式势在必行。创业教育的目的就在于，在传授知识的基础上，融入新的元素，使学生养成刻苦钻研、踏实敬业和终身学习的良好习惯。要让学生掌握科学学习的方法和技巧，让主动性学习成为他们坚持的目标，让创造性学习成为他们追求真理的动力，这些都要贯穿教学的全过程。

第二，改变教学评价。传统的仅以考试成绩来衡量学生优劣的评价模式已经在现代社会中出现病态。对教学的评价，不能仅仅考虑学生学业，而要注重实效，一定要和社会接轨，要和就业挂钩。因此，创业教育为今天的教学评价提出新的要求，因为创新教育、创业教育需要的不是整齐划一的评价模式，而是多元化的评价标准。

单一的教学模式既不符合教育规律和社会发展的需要，也不利于创业教育的顺利开展。应主要从培养模式上和课程设置上进行改革，根据市场需求调整专业，制订培养计划，调整自身内部的教学模式和教学评价，以增强学生对社会的适应力和竞争力。

第三，改变管理模式。国内高校的管理模式基本上都以集权式为主，这不利于学生创造性思维和创新意识的形成。要探讨和制定适合今天高等教育发展的开放式管理模式，真正发挥以人为本的观念，让全体教师和学生都参与到管理工作中来，将学校中的一些事务工作交给学生管理，如学生活动中心、学生超市等。这样大家才会以主人翁的身份更好地管理、建设高校。

（二）打造创业教育专业化师资

创业教育的开展不仅需要良好的教学机制还需要专业的师资队伍。但是，目前我国创业教育师资力量薄弱、师资水平低下对创业教育质量的提升有一定的影响。创业课程的教师很难做到理论联系实际，他们大多缺乏经验、缺乏实践。针对国内现状，我们可借鉴成功的创业教育经验，根据基本国情，制定适合我国创业教育发展的新路子。创业教育专家体系涵盖了工程技术、成功创业、经济管理、政府部门、风险投资几个领域，创业教育应加强这几方面专家队伍的建设。

第一，工程技术类。科学技术在不断进步，世界在瞬息万变。抓住前沿发展的最新动态、掌握第一手资料，是对从事高新技术创业的创业者提出的新要求。科学技术相互依赖、相互制约、相互影响，信息共享不受制于任意学科。作为工程技术类的专家，不仅要掌握本领域内的知识，还要涉猎其他领域的信息。同时，高校可聘请此类专家作为客座教授，为这方面学科的学生传授创业的经验并提供创业决策。

第二，成功创业类。每一个成功的企业家背后都有一段不寻常的创业之路。他们的成功对创业者来说都具有非常令人敬佩的影响力和感召力。创业者以他们为楷模，学习他们宝贵的经验财富，吸取失败的教训，不断激励自己前进，冲破障碍树立信心。在实施创业教育过程中，成功企业家备受创业者青睐主要由于他们创业的事例比较感人，具有说服力。同样，创业成功人士对创业者创新精神的引领，这种很直观的教育和启发，增强了创业者的信心和勇气。再加上他们通过不断学习实践，既增强了创业意识，又提高了市场洞察力。

第三，经济管理类。经济学家能够了解市场运作规律，熟知现代经济理论发展运行轨迹，对市场动态变化比较敏感，能基本把握和预测经济政策变化趋势，能够分析政治、文化对经济的影响，能站在市场发展的前沿。他们可以以顾问的身份参与企业管理和讲师团，用自己渊博的知识既为企业做风险预估出谋划策，又为经管类高校学生传道授业解惑。这样这类高校学生就增强了市场敏感度和经济政策的领悟力，为他们更好地适应市场的各种变化打下坚实的基础。

第四，政府部门类。政府部门是经济发展、市场运作的决策者，他们对经济的发展具有至关重要的作用，每一项政策和法规的出台都会引起经济变化，也引起经济界的波动。同时，它在市场经济变化中起着引导、执行、监督、实施的作用。在创业教育中，可以把一些主管经济发展、政策制定、保障实施部门的领导聘请为高校创业教育指导专家，分析经济发展方向，政策法规影响，既能为高校创业教育提供政策保障，又能把握宏观调控方向，为创业教育的繁荣和发展寻求政策扶持。

第五，风险投资类。风险投资家既是投资者又是经营者。也就是说，风险投资家为风险企业提供的不仅是资金，更重要的是专业特长和管理经验。风险投资家不仅参与企业的长期或短期的发展规划、企业生产目标的测定、企业营销方案的建立，还要参与企业的资本运营过程。他们的投资经历对于学生学习创业知识、提高创业技能具有重要作用。要明确地告知高校学生，一切创业投资都有风险，让高校学生做好心理准备，但风险投资专家要鼓励高校学生敢于面对失败，才能取得成功。

（三）创业教育评价体系的构建

创业教育能否走好走远，需要切实可行的运行机制及完善的评价系统。并且这种重要性随着高校创业教育的不断开展日益凸显出来。创业教育旨在培养和提高高校学生的创业意识、创业技能及创业精神，其教育价值和社会价值需要通过创业教育评价做出正确的判断，即只有创业教育评价才能更好地促进创业水平的提高。把确定评价方法、制定评价标准、实施评价和评价反馈作为创业教育的主要内容，应该在创业教育中很好的体现。

考虑到创业教育具有教育和社会两方面的价值，我国的创业教育评价采取阶段性评价和价值性评价相结合的方法。在高校开展创业教育，其效果不应单纯从学生自身的成就上评判，还应该从其所产生的社会价值上体现，为社会增加了多少财富，并且这些财富给社会带来了多大发展，这些都是增强创业教育效果的真正标准。

创业教育评价不能纸上谈兵，要切实落实评价的可操作性。作为评价体系的重中之重，创业教育的评价标准必须尽快制定，并作为高校教学评价的内容之一。实践是检验真理的唯一标准，只有经得起社会的检验，创业教育才能永葆活力。以评价体系促进创业教育发展，才能更好地贯彻落实创业教育政策。

三、优化高校学生创业环境

（一）培育浓厚的校园创业文化

校园创业文化是一种观念形态的文化，是全校师生敢于开创事业的思想意识形态，是社会存在的反映。创业文化氛围的营造需要全体师生的共同努力，其影响力是巨大的。高等学校可以通过开展一些与创业相关的论坛、讲座、交流会、研讨会及模拟创业活动等，动员学生广泛参与其中，培养其创新创业意识，塑造创业品质，提高创业素质，练就创业本领。创业能力需要从实践中去锻炼，所以高校应该提供相对宽松的学籍管理环境，开展一些特定的创业类竞赛，组建学生创业咨询机构，设立学生创业基金，并形成适合学生创业的制度，使高校学生创新成果走向产业化。

高校有着得天独厚的创业市场及环境，学生熟悉学校情况，了解学校资源，明确课程设置，从而易于培养学生创业的素质。高校应向高校学生提供校内的创业市场，让高校学生充分利用校内资源进行创业锻炼，例如建立创业示范基地和创业实验室，学校提供资金支持，并设置专门的老师负责指导，帮助学生解决各种难题。现在好多高校已经设立创业示范基地或者创业园，形成校企共建，以各种方式为学生创业提供条件，从而培养他们勇于创业的精神和创业必备的能力。

高校学生难以筹措创业所需的资金，高校可以设立一笔专项资金，并成立专门的风险基金管理组织。科学、规范地设立学生创业项目，聘请专家对高校学生项目进行评审，选出符合创业条件的项目立项，实时监控各创业项目经营情况，对各项目适时进行调控，要保证风险资金的顺利回收及循环利用。让学生在实践中领略创业的乐趣，培养他们敢于冒险的精神。

学校应利用现代化的资源，建立创业服务网站，负责信息的收集、研究和处理，以及相关创业信息和政策的发布，为学生创业及就业提供充分的信息。学校要尽可能地调动一切资源，充分发挥人才优势和资源优势，协调一切可利用的资源为学生创业所用，促进各项创业成果的转化，多方位提供技术、信息、资金的支持。学校要大力宣传创业的重要意义，宣传创业成功的典型及案例，营造校园创业文化氛围，弘扬创业精神，充分利用校刊、广播、网络等宣传工具，引导学生重视创业，参与创业。

（二）营造良好的社会创业氛围

在创业教育中学校承担着教育的功能，起到主导性的作用；家庭起着鼓励孩子树立坚强意志创业品质的力量；政府起着创业教育投入政策和经费支持的作用。所以，创业教育要动员全社会的力量营造良好的氛围。良好的社会环境对创业教育会起到意想不到的结果。尤其在社会教育方面，大力开展创业优势的宣传，积极引导人们关注和支持创业教育，利用各种媒体积极宣传具有典型意义的成功案例，使人们能从思想上认识到创业教育的重要性。

创业氛围的形成对创业教育的良好发展起到了推波助澜的作用，同时，对全体师生有潜移默化的启发和影响。高校浓郁的学术氛围可以帮助学生成长成才，高校要积极营造一个文化教学氛围，实现资源优化配置，从精神及舆论层面鼓励高校学生接受创业教育，树立创业成功者为高校学生学习的榜样。还有，学校应该大力支持辅导创业工作的教师或科研人员，在经费政策以及评职称方面给予倾斜，调动他们对创业教育风险的积极性和热情，设立一个专门负责创业教育的管理机构，鼓励高校学生积极参与，形成浓厚的教育实践氛围。可以定期开展各种教育理论讨论活动，创办创业教育网站，及时分享各种创业心得体会。经常组织学生去创业成功的企业参观学习，使学生零距离接触创业企业，改变其传统的就业观念。

政府要支持高校开展学生创业教育，既要为创业教育提供政策支持，又要对高校学生创业提供一些贷款，帮助高校学生启动创业。其他单位要完全响应政府号召，为高校学生创业提供方便。一些企业可以与高校建立稳定的长期合作关系，提供人力、智力及场地支持。在家庭教育方面，鼓励孩子父母重视创业教育，家长要教育孩子，要有不怕失败、敢于担当的精神，要充分发挥他们创业的积极性。政府要调动一切社会力量支持和参与创业教育，全社会应该形成一种重视创业教育的联动文化氛围，积极提升高校学生创业意识及品质。

（三）建立和完善创业组织机构

社会发展到今天，我国的创业教育仍然没有普及，缺乏一定的理念指导，没有纳入高校的教学计划中，既缺失管理机构，又缺乏专门经费、课程设置、评价体系。在一些高校中，只是把类似于"挑战杯"大赛、"创业"大赛、高校学生科技协会等活动由校团委组织实施；个别高校把就业和创业放在就业中心管理，并且把创业教育和就业教育混同。

各高校应统一创业教育思想，并且形成制度，建立健全创业教育工作保障机制，设置专门负责创业教育的组织机构，确保创业教育工作落实到位。学校还应该设立督导考核机构，分阶段督促各部门、各单位积极落实创业工作，并适时给予指导。创业教育领导班子应结合学校自身定位及发展规划，制定创业教育政策，优化创业教育环境，可以通过狠抓培训服务及加大激励等环节，强化师资队伍，深化高校学生创业意识，努力搭建师生满意的高校学生创业服务平台，把建立和完善创业组织机构作为高校学生创业的坚强后盾。

四、社会配套体系对创业教育的支持

在信息化时代的今天，要重新定位创业教育，就要改变认识。创业教育的实施不仅是学校的任务，更是全社会应该共同承担创业教育的责任和义务。高校创业教育要与社会的认同和创业的外部环境相适应，不仅是高校与学生个人之间的

教育与被教育的关系。因此，建立和完善与创业教育相适应的社会认可体系非常重要，社会对创业的鼓励和支持，对创业者的宽容和理解，为高校学生创业创造有利的成长环境，所以推进高校创业教育的发展，完善社会配套体系对创业教育的支持是非常重要的，因为高校创业教育要真正成为高校的教育内容，还需要社会的认同，社会的关注。

（一）加大政府对高校创业的支持力度

高校创业教育当中的政府职能可以体现在两方面：一方面，在实施过程中扮演倡导者，另一方面，扮演扶持者。为了避免高校创业教育最终形式化，政府要出台相关政策对新的体系进行维护和扶持。当前，我国正处在市场经济的大环境下，为满足市场需求，同时给高校学生提供更为良好的创业环境，政府相关部门制定了可以满足市场经济需求的政策方针，这一举措更好地推动了高校创业教育的发展。国家和地方政府出台了相关政策，旨在鼓励高校毕业生进行自主创业。

目前，政府已有相关文件要求，对各类高校毕业生创业提供了便利，包括对营业执照的办理，管理费、合同费等的减免都做了相应的规定，鼓励高校学生毕业创业。各地政府出台了相关的创业优惠政策，有的地方提出两年之内免除全部税收，争取把高校学生的创业风险降到最低。而对一个刚进入创业阶段的高校学生来说，更需要政府部门、行业专家给予指导，让创业的高校学生更有信心去智力投资。同时，建议国家逐步放宽相关政策的限制条件，鼓励更多的高校学生参与创业，使全社会形成一种良好的创业氛围。

（二）积极谋划，强化校企合作

开展就业指导与服务是高校学生工作的重要内容之一。近年来，随着高校毕业生就业形势日趋严峻，很多高校都开始鼓励学生创业并逐步开展创业教育。对高校学生进行创业教育是一种创业意识培养，创业教育就是为了培养高校学生自主创业的方法、技巧和理念，与此同时，必须注重和企业合作对高校学生创业教育的影响，不能片面强调高校的作用，要强化学校和企业对高校学生创业意识培养的不同角色与任务。众所周知，创业教育的核心是实践，而企业恰恰能为高校学生提供实践机会，同时也能在资金方面提供便利条件。目前，很多高校都非常重视校企合作与联合办学，很多企业为了扩大影响，引进人才，也都积极与高校建立合作关系，很多企业都在高校以自己的名义设立了奖学金。这种校企合作关系的出现与不断强化，为高校学生创业教育的开展提供了重要平台，对企业与高校而言无疑是一种双赢的局面。

校企合作的优势之一就是创业教育实践服务基地的建立，它对高校学生课外科技活动的开展提供了强有力的支撑，能够使高校学生创业教育在广度与深度、内涵与外延方面得到不断深化，逐步形成一个系统教育工程。就目前而言，高校有多种活动方式可以强化这种教育工程，诸如聘请企业家做专题讲座、企业在高校进行宣讲会等等，在这种不断丰富的校园创业教育实践过程中，一部分高校学生开始萌生创业意识，开始积极投身实践，开始培养自己的创业意识，并不断矫正自己的认知盲区。据了解，目前很多高校都有鼓励高校学生创业的学生社团，学校和企业为他们提供活动场所和必要的资金支持，这俨然已成为校园里面亮丽的一道风景线，这些创业先行者的一言一行都在影响着校园文化，改变着我们固有的择业观念，很多创业实习基地的建立都充分证明了这一点。

对企业而言，这种日益强化的校企关系也能给自身带来便捷。学校可以为企业输送大量实习生，帮助企业解决实际问题，同时让高校学生通过一线的实习、实践，产生对创业的兴趣，这在很大程度上对高校学生来说是一种很好的创业教育。目前，很多民办院校和专业技校的专业设置和市场接轨比较明显，以学生就业为最终目的，走出了一条产学研紧密结合、互惠双赢的新路子，受到社会各方面的一致好评。总之，强化校企合作，建立创业教育实践服务基地，实现校企间各种资源的优化配置，越来越受到高校和企业的青睐，这无疑对高校学生创业教育提供了良好的内外部环境。

（三）发挥创业教育中介优势

创业教育中介组织是一个由西方高等教育中介组织引进的概念，至今大约已有一百年的历史。教育中介组织的形成，为政府、高校和社会共同起到了桥梁和纽带作用。在世界各国的教育变革和发展中扮演着重要的角色，发挥着特殊作用，任何组织和个人都无法替代。推动我国教育中介组织的发展道路还很漫长，还得政府的大力支持，但随着创业教育的兴起与发展，创业教育中介组织其作用日益凸显。建立创业教育中介组织就是充分发挥政府力量、鼓励民间力量，建立若干个创业非营利组织。这些创业中介组织不仅可以通过项目推介、对学生进行创业教育与培训、对学生的创业项目进行评估与指导、协助学生办理政府小额创业贷款、承担创业贷款担保等分担政府对创业承担的风险。而且，创业中介组织还可以通过提供创业信息服务、市场指引服务、技术咨询服务等项目，为高校学生创业教育提供便利条件，分担了高校学生创业教育的工作压力，使高校创业教育多渠道，创业教育形式具有多样化。

具有专业知识和技术的创业教育中介组织为学校和其他教育主体提供各种服务，可有效地降低教育支出和成本，提高教育效益和效率。它为学校之间的沟通和联系提供了便利，互通有无、交流经验、统一认识和态度，为学校提供教育咨询、评估等服务，有助于学校及时发现问题、解决问题，实现学校的长足发展。还为政府和社会公众提供信息服务，加强信息共享，增进交流与合作。另外，信息的获取和处理应用需要具有很强的专业性，政府和学校专业人员水平有限，导致信息的精确性降低，而创业教育中介组织因其专业性，提供的信息更加客观、准确、针对性更强。比如在一些西方国家，政府部门没有信息收集的专业部门，在信息收集方面都是委托创业教育中介组织来收集，以期作为政策制定的依据。同时，创业教育中介组织是独立于政府和高校之外的组织，其信息容易被社会所接受，其分析结果可信度高，因而可增进社会公众对政府和高校的认识和理解，减少发展阻力，促进政府、高校和社会共同发展。

另外，发挥创业教育中介组织作用，以对高校实施创业教育进行客观公正的评估，为更好地监督高校创业教育的实施起到保驾护航的作用。根据实际情况合理构建创业教育中介组织的评估机构专家团队，把一些资深企业家、企业管理高层、高校决策者、主管企业发展的政策领导们加入专家团队，对高校学生创业进行定期的分析评估，充分发挥创业教育中介组织专家团队的优势，建立健全高校创业教育制度，把创业教育工作做细做实。

第七章 大数据环境下高校教育信息化平台建设

在大数据时代背景下，高校教育信息化平台建设正经历着前所未有的变革。微课教学设计模式，以其短小精悍、易于传播的特点，成为教育信息化的重要组成部分。微课不仅能够满足学生个性化学习的需求，而且通过大数据分析，可以对学生的学习行为进行精准分析，从而实现教学内容和方法的优化。慕课（MOOCs）作为开放在线课程的代表，其基本特征在于开放性、灵活性和大规模参与性，为全球学习者提供了便捷的学习途径。慕课的课程模式通过整合丰富的教学资源和先进的信息技术，促进了教育资源的共享与知识的广泛传播。展望未来，微课与慕课的融合发展趋势将更加明显，它们将共同推动高校教育信息化平台的创新与发展，为构建终身学习体系和实现教育公平提供强有力的支持。

第一节 大数据时代下微课教学设计模式

一、微课教学与微课教学设计

教学设计强调的是在进行教学活动之前，根据教学目标要求，运用系统方法，对参与教学活动的诸多要素所进行的一种分析和策划的过程。简言之，教学设计是对"教什么"和"如何教"的一种操作方案。

微课教学设计是根据微课的教学目标与功能，运用系统方法综合考虑教学中各要素之间及要素与整体的本质联系，并在设计微课时综合协调它们的关系，形成时间短、内容精、以视频为主要载体的微课的策划过程。

常规的教学设计是基于教师和学生双边教学活动的设计，整个教学过程包含师生的互动。而微课的教学设计主要是基于教师单边的教学设计，微课中没有师生互动，主要包含微课学习中或者学习后的主观与客观测试、讨论与练习。

决定微课质量高低的首要因素是微课的教学设计。合理的教学设计是保持学习者注意力的最佳方式，然后才是微课的表达形式。

微课教学设计是教学设计理论在微课开发过程中的应用。微课教学设计应更强调学生的自主学习，要考虑学习时间的零散性与片段性。微课教学设计的学习内容是独立的知识点或技能点，学习媒介是多样化的，学习方式是个性化与网络化的，教学活动是学生依托视频的单方面的学习。

在解决重难点问题的微课设计中，应考虑微课讲授知识时要具有高内聚、低耦合的特点。内聚是指微课内部各个知识模块之间关系的紧密程度，耦合是指各个微课之间的知识关联的紧密程度。所以，高内聚实现了单个微课描述的知识要紧凑、要独立，低耦合则强调了微课与微课间的联系要少，这样学习者更容易明白。在学习综合知识的微课设计中，则要主动加强知识之间的联系，使学习者能够综合运用所学知识。

二、微课教学设计的原则

微课的教学设计主要遵循微型化、以学习者为中心、实效性、易懂性的原则。

（一）微型化原则

在知识爆炸的时代，信息资源的无限量与注意力的有限性存在着矛盾，因此微博、微信、微课等微型化的资源受到热捧。微课就是微型课，课程时间短，通常仅为 5~8 分钟，最多不超过 15 分钟。微课要有效利用学习者的碎片化时间，精心设计内容明确、短小精悍的教学视频，以减少学习者的认知负荷，维持学习者的注意力，提高学习者的学习效率。当然，在坚持微型化原则的同时，要注意微课的系统化设计，以保障微视频结构课程的相对完整性。

（二）以学习者为中心原则

微课是为学习者服务的，往往以学习者的最终学习体验为衡量课程效果的评定标准。在课程设计过程中，课程内容的选择、学习活动和各项资源的组织都要围绕学习者这个中心进行。在课程内容选择方面，应先了解学习者的学习需求。在学习活动和学习资源的组织上，要充分体现学习者的主体地位，调动学习者的学习主动性，激发学习者的学习兴趣。

（三）实效性原则

微课是为广大学习者提供帮助的。在进行教学设计之前，一定要充分了解学习者真正需要的是什么，在他们学习过本微课之后，是否能够帮助他们顺利解决在日常生活中碰到的现实问题。微课内容的选择要来自真实的生活情景或存在的现实问题，让学习者意识到这节微课是与大家的生活息息相关的。以真实情境引发要讨论的问题，不仅能够激发学习者的学习兴趣，还能保持学习者的学习动机。

（四）易懂性原则

易懂性原则是指在进行微课教学设计时要把抽象的问题形象化，把复杂的问题简单化。具体来讲，就是教学媒体的选择要恰当，要选择最合适的表现形式。不同的教学内容应选择不同的教学媒体来体现。或者说，不同的教学媒体适合表现不同的教学内容。

三、微课教学设计流程

教学设计的系统模型在微课中的应用，应结合职业教育的特点以及人们对教学设计过程模式的理解与认识，形成微课的教学设计模型。设计微课教学模型应包括以下流程。

（一）学习需要分析

教学系统同其他系统一样具有一定的目标，教学目标确定的依据之一就是针对教学系统环境的分析。这是系统理论中的一条重要原则——教学系统的目标应根据更大的教育系统的环境要求来确定，这是进行教学设计的逻辑起点。例如针对职业教育，教学目标就是通过受训者所准备从事的职业、岗位的具体要求来确定。

由此可以看出，在制定教学目标之前，必须分析教学系统的环境。分析教学系统环境的过程，就是对学习需要的分析。只有在客观地分析了学习需要的基础上，才能提出并确定教学设计课题的目标。同时，还有许多其他问题需要考虑。例如开展教学设计需要哪些条件，有哪些不利因素，哪些因素必须考虑进去，哪些因素可以从轻考虑，等等。总之，在学习需要分析中，必须解决教师"为何教"，学习者"为何学"的问题。

（二）学习内容分析

根据教育目标的指引，不同学校要有不同的培养目标，不同课程要确定不同的教学目标。根据课程目标，确定课程标准，选择教材。在此基础上，依据课程的整体目标，确定单元目标时，要着重分析学习者需要学习哪些知识和技能（知识点与技能点），要达到什么程度和水平以及培养何种能力和态度，要使得身心获得怎样的发展。学习内容的分析与学习者的分析密切相关，不仅要考虑教师如何教授这些内容，更要考虑学习者要怎样学习这些内容。

（三）学习者的分析

诸多心理学家的研究表明，学习者对某项学习目标的学习已具备的知识和技能、了解和掌握的程度是教学工作成败的关键。这就告诉我们，要完成教学设计的蓝图，必须分析学习者在进入学习过程前所具有的一般特征，必须确定学习者的初始状态，必须注意学习者认知结构的特点，必须了解学习者的学习准备。因此，要分析学习者的生理、心理特点，从事某项学习的知识和技能的储备状态，并据此进行教学设计。

目前，高校的生源处于多样化的状态，针对多种生源的学习基础参差不齐、学习能力各不相同、个性鲜明等情况，无论从系统设计上，还是在具体课程的教学设计上，都要敢于实践与创新。单纯根据教学内容进行微课教学设计而不考虑学习者的水平与能力，是不可能获得良好的教学效果的。总之，教学设计要以学习者为中心，时刻考虑"谁学"的问题。

（四）教学目标的设计

在对学习需要、学习内容和学习者进行分析的基础上，可以对教学目标进行设计和编写。教学系统方法和现代教学理论强调，教学目标应该预先确定，应该说明学习结果，并以具体的、明确的术语加以表述，在教学活动前，必须把教学目标明确地告知学习者，使师生双方都明确教学目标，做到心中有数，以使教学、学习活动有的放矢。例如有学者提出，应以学习者通过学习后所期望达到的行为改变的具体指标来确定教学目标，而学者泰勒早在 20 世纪 30 年代就有类似的思想，不管从什么角度确定教学目标，它都应是明确、具体的。明确具体的教学目标有利于教学策略的制定和教学媒体的选择，同时，也为教学评价提供了依据。

（五）教学策略的设计

教学目标确定后要进行教学策略的设计。首先，教学策略是实施教学过程的教学思想、方法模式、技术手段这三方面动因的简单集成，是教学思维对这三方面动因进行思维策略加工而形成的方法模式。其次，教学策略是为实现某一教学目标而制订的付诸教学过程实施的整体方案。它包括合理地组织教学过程，选取具体的教学方法和材料，制定教师与学生所遵守的教学行为程序。最后，教学策略是实现教学目标的重要手段，是教学设计研究的重点。教学策略主要研究课程的类型与结构，教学的顺序与节奏，教学的活动、方法、形式、时空安排，教学活动失效对策等问题。简言之，教学策略主要解决教师"如何教"和学习者"如何学"的问题。

教学策略的设计需要考虑诸多因素，必须创造性地开展教学设计工作，灵活地安排教学活动，巧妙地设计各个环节，合理地安排各种因素，使之形成一种优化的结构，以发挥整体功能，求得最大的效益。

（六）教学媒体的设计

过去，教学媒体主要是黑板与粉笔，而现代科技突飞猛进的发展为教育提供了越来越多的教学媒体。所以，现在可以选择的教学媒体多种多样，选择的余地也很大。

1. 选择教学媒体的依据

（1）依据教学目标

每个知识点都有具体的教学目标，为达到不同的教学目标常需要使用不同的媒体去传递教学信息。

（2）依据教学内容

各门课程的性质不同，适用的教学媒体会有所区别，同一学科内各环节的内容不同，对教学媒体的使用也会有不同的需求。

（3）依据教学对象

不同的学生对事物的接受能力不一样，选用教学媒体时，必须顾及学生的年龄特征。

（4）依据教学条件

教学中能否选用某种媒体，还要看当时当地的具体条件，其中包括资源状况、经济能力、师生技能、使用环境、管理水平等因素。

2. 选择教学媒体的原则

（1）最优决策原则

教学媒体有许多种类，各种教学媒体各有其优势与不足，没有一种能对所有教学情境都适用的教学媒体，所以要考虑在媒体的功效与所付出的代价之间取得最优决策。

（2）有效信息原则

从戴尔的"经验之路"理论可以看出，各种教学媒体所体现的学习经验层次是不同的，有的属于具体的经验，有的属于替代的经验、间接的经验，有的则属于抽象的经验。因而，不同的教学内容应选择不同的教学媒体来体现。或者说，不同的教学媒体适合表现不同的教学内容。

（3）优化组合原则

各种教学媒体都有其各自的优点，也有其各自的局限性。没有一种可以适合所有教学情况的"超级媒体"。各种教学媒体的有机组合将会扬长避短、优势互补，取得整体优化的教学效果。但是，媒体的组合要以取得极佳的教学效果为出发点，而不只是形式上的相加。

总之，不仅要选择教学媒体，还要具体设计教学媒体。教学媒体的设计是根据教学的实际需要和具体要求，将教学内容与方法转换为印刷的或视听的等具体详细、具有可操作性的实施方案，把学习内容充分展示给学习者，使学习者花费最少的时间，投入最少的精力，用最简捷的方式，获得最佳的学习效果。

（七）微课教学过程的设计

经过以上三个分析环节与三个设计阶段，教学设计者即可着手设计教学过程，即用流程图的形式，简洁地描述教学过程，简明扼要地表达各个要素之间的相互关系，直观地表示教学过程，给教师提供一个可供参考的教学流程。教学设计专家完成的更多的是教学设计过程模式的理论模型，实际具体完成教学设计任务的主体是教师。所以，一般情况下，作为微课的教学设计可以采用思维导图的方式来实现。

思维导图又叫心智图，是表达发射性思维的有效的图形思维工具，它简单却又极其有效，是一种革命性的思维工具。思维导图运用图文并重的技巧，把各级主题的关系用相互隶属与相关的层级图表现出来，把主题关键词与图像、颜色等建立记忆链接。思维导图充分运用左右脑的机能，利用记忆、阅读、思维的规律，协助人们在科学与艺术、逻辑与想象之间实现平衡发展，从而开启人类大脑的无限潜能，因此，思维导图具有人类思维的强大功能。

（八）教学设计的评价

经过以上各环节可以得到教学设计的初步产品，即教学设计的实施方案。设计的方案能否带来理想的教学效果？学习需要、学习内容和学习者的分析是否准确、到位？教学目标的确定是否明确、具体？教学策略设计得是否合理、科学？教学媒体的选择与设计是否经济、有效？要回答这些问题，必须对教学设计进行评价。

对教学设计进行评价主要采用形成性评价，也就是在教学设计成果推广使用之前，先在一定范围内试用，以了解教学设计的可行性、有效性、实用性等效果。其中，教学目标的完成度是教学设计实施方案评价的主要方面。如果没有达到预期的教学目标，则要修改教学设计实施方案，然后再试用，再修改，直到满意为止。此外，有时也可以采用总结性评价。

四、微课的教学顺序

微课的教学顺序在整个教学设计中是非常重要的。由于微课具有短小精悍的特点，所以在有限的时间里讲什么内容是非常重要的。因此，应充分考虑如何引入讲授内容，如何吸引学者的注意力，如何展开知识，如何深入与拓展，如何指导，如何结尾等。通常来讲，微课的通用教学顺序为引起注意→明确目标→知识讲授→教学指导→教学小结。

五、微课教学设计中可参考的教学模式与教学策略

分析学习者特征明确了学习的起点，分析教学目标明确了教学的终点，那么如何教与学就是选择恰当的教学模式与教学策略的问题，这也是核心问题。

(一) 教学模式与教学策略

教学模式是在一定的教育思想、教学理论和学习理论指导下，为完成特定的教学目标和内容而围绕某一主题形成的比较稳定且简明的教学进程结构及其具体可操作的教学活动方式。教学模式是教学理论与教学实践的桥梁，既是教学理论的应用，对教学实践起直接指导作用，又是教学实践的理论化、简约化概括，可以丰富和发展教学理论。

一般将教学策略理解为在不同的教学条件下，为达到不同的教学目标所采用的方式方法的总和，它具体体现在教与学相互作用的活动中。教学策略分普遍性教学策略和具体性教学策略。普遍性教学策略是指不与具体的学科知识和技能教学紧密相连的策略，如学习动力激发策略、课堂组织策略、自主学习策略、协作学习策略等。具体性教学策略是指针对某一具体知识和技能开展教学的策略，如语文学科的识字教学策略、作文教学策略，英语学科的听说教学策略、词汇教学

策略等。

虽然在实践层面，教学模式、教学策略以及教学方法之间常常不是那么界限分明，但学界认为，相对而言，教学模式属于较高层次，规定着教学策略、教学方法，教学策略比教学模式更详细、具体，受到教学模式的制约。

在某个教学模式中，可以采用多种教学策略。同时，一个教学策略可用于多种教学模式中。

（二）常用的教学设计模式

在教学理论研究与实践中，形成了适用于不同学习结果的教学模式，这些教学模式有些体现了以教为主，有些侧重于以学为主。下面列举一些具有代表性、有较大影响的教学设计模式，可供大家根据不同的教学目标和学习内容选择参考。

1. 传递—接受教学模式

传递—接受教学模式适用于认知领域的教学目标，教师控制教学过程，学生能在较短的时间内掌握大量的知识，但不利于学生主体地位的发挥。该模式包括激发学习动机、复习旧课、讲授新课、巩固运用、检查等五个主要环节。

2. 九段教学模式

九段教学模式是美国教育心理学家加涅将认知学习理论应用于教学过程而提出的一种教学模式。加涅认为，教学活动是一种旨在影响学习者内部心理过程的外部刺激，因此，教学程序应当与学习活动中学习者的内部心理过程相吻合。根据这种观点，他把学习活动中学习者内部的心理活动分解为九个阶段，相应的教学程序也应包含九个步骤：引起注意—阐述教学目标—刺激回忆—呈现刺激材料—提供学习指导—诱发学习行为（反应）—提供反馈—评价表现—促进记忆与迁移。

九段教学模式由于有认知学习理论作为基础，所以不仅能发挥教师的主导作用，也能激发学生的学习兴趣，在一定程度上调动学生的学习主动性、积极性，建立起学与教之间的联系，再加上其实施步骤具体明确，可操作性强，因此，影响和应用都比较广泛。

3. 引导—发现教学模式

引导—发现教学模式适用于认知领域的教学目标，其以问题解决为中心，注重学生的独立活动，有利于学生的探究能力和创造性思维能力的培养，需要学习者具有一定先行经验的储备，比较适用于数理学科。该模式包括提出问题、产生假设、验证假设、总结结论四个环节。

4. 掌握学习教学模式

掌握学习教学模式是美国心理学家和教育学家布卢姆提出的，该模式旨在把教学过程与学生的个别需要和学习特征结合起来，让大多数学生都能够掌握所教内容并达到预期教学目标。该模式包括学生定向、常规授课、揭示差错、矫正差错、再次测评五个环节。

5. 随机进入教学模式

由于事物的复杂性和问题的多面性，要做到对事物内在性质和事物之间相互联系的全面了解与掌握，真正达到对所学知识的全面而深刻的意义建构是很困难的。因为从单一视角提出的每一个单独的观点虽不是虚假的或错误的，但却是不充分的，往往从不同的角度考虑可以得出不同的理解。为克服这种弊病，在教学中要注意对同一教学内容，在不同的时间和情境下，为了不同的教学目的，要用不同的方式加以呈现。同时，应避免内容的过于简单化。在条件许可时，应尽可能保持知识的真实性与复杂性，保证知识的高度概括性与具体性的结合，使知识富有弹性，以灵活适应变化的情境，增强知识的迁移性和覆盖面。作为教学内容的知识源泉应该是高度联系的知识整体，而不是各自为政的、分割的。换句话说，学习者可以随意通过不同途径、不同方式进入同样的教学内容学习，从而获得对同一事物或同一问题的多方面的认识与理解，这就是所谓的随机进入教学模式。随机进入教学模式主要包括以下几个步骤：呈现基本情境—随机进入学习—思维发展训练（由于随机进入学习的内容通常比较复杂，所研究的问题往往涉及许多方面，因此，在这类学习中，教师还应特别注意发展学生的思维能力）—小组协作学习—学习效果评价。

6. 支架式教学模式

支架式教学模式来源于心理学家维果茨基的"最邻近发展区"理论。最邻近发展区是指学生独立解决问题时的实际发展水平（第一个发展水平）和教师指导下解决问题时的潜在发展水平（第二个发展水平）之间的距离。可见，学生的第一个发展水平与第二个发展水平之间的状态是由教学决定的，即教学可以创造最邻近发展区。因此，教学绝不应消极地适应学生智力发展的已有水平，而应当走在发展的前面，不停地把学生的智力从一种水平引导到另一种新的更高的水平。建构主义者正是从维果茨基的思想出发，借用建筑行业中使用的"脚手架"作为上述概念框架的形象化比喻。所谓脚手架是指教师所能提供给学生，帮助学生从现有能力提高的支持形式。支架的例子包括教师揭示或给予线索，或帮助学生在停滞时找到出路，通过提问帮助他们去诊断错误的原因并且发展修正的策略，激发学生达到任务目标的兴趣，指引学生的活动朝向预定目标。通过这种脚手架的支撑作用，可以不断地把学生的智力从一种水平提升到另一种新的更高的水平，真正做到使教学走在发展的前面。支架式教学模式由搭脚手架、进入情境（将学生引入一定的问题情境）、独立探索、协作学习、效果评价等环节组成。

在以上几种教学模式中，传递—接受教学模式和九段教学模式体现了以教为主的教学思想，引导—发现教学模式、支架式教学模式、抛锚式教学模式及随机进入教学模式更强调情景创设、学生主体地位的发挥，倡导自主、合作、探究的学习方式和策略，因而，具有更鲜明的信息化环境下的教学特征。

除了上述几种模式外，近些年在信息化教学实践中，已逐渐探索和形成了很多信息化教学模式。由于自主、合作、探究的学习方式既是信息化教学的主要特征，也是新课程改革所倡导的。下面将重点对常用的学习策略中的自主学习策略和协作学习策略作进一步的介绍。

（三）常用的学习策略

1. 自主学习策略

自主学习策略的核心是要发挥学生学习的主动性、积极性，充分体现学生的认知主体作用，其着眼点是如何帮助学生"学"。因此，这类教学策略的具体形式虽然也是多种多样的，但始终有一条主线贯穿始终，这就是"自主探索、自主发现"。所以，通常也把这类教学策略称为自主学习策略或发现式学习策略。然而，由于一些教师对自主学习缺乏深入的了解和深刻的认识，导致在实践中出现了一些问题。

（1）缺乏明确的学习任务

学习过程松散而效率低下，一切从学习的"需要"和"兴趣"出发，课堂处于放任自流的状态。

（2）缺乏必要的指导

教师在课堂上为了多给学生留出"自由"的空间，而不敢多讲一句话，不敢多提学习要求，不敢多对学生的学习做出适当的评价。

（3）自主学习活动花样繁多

为了自主而"自主"，对教材内容、学生的特征等缺乏深入的分析，在形式上追求丰富性，忽略了促进学生的意义建构这一根本目的。

因此，在自主学习设计中，应该注意以下几方面。

首先，重视人的设计。要在学习过程中充分发挥学生的主动性，体现学生的首创精神。环境是促进学习者主动建构知识意义的"外因"，理想的学习环境是必要的，但学习者是学习的"内因"，如果缺乏人的自主学习，意义建构将无从谈起。设计的重点应放在能够促进学生发展上，而不是活动的形式上。

其次，目标明确。在自主学习中，学生对知识的意义建构是整个学习过程的最终目的。在学习过程中强调对知识的意义建构是正确的，但如果不分析学习目标，对当前所学内容不加区分，一概完成"意义建构"（确定深刻的见解与掌握）则是不恰当的。正确做法应该是在进行教学目标分析的基础上选出当前所学知识中的基本概念、基本原理、基本方法和基本过程，将它们作为当前所学知识的"主题"（或者说"基本内容"），然后再围绕这个主题进行意义建构。另外，要让学生有多种机会在不同情景下去应用他们所学的知识，即将知识外化。

第三，让学习者能根据自身行动的反馈信息，来形成对客观事物的认识和解决实际问题的方案，即能实现自我反馈。

最后，重视教师的指导。教师是学习过程的组织者、指导者，教师要对学生的意义建构起促进和帮助作用。在充分体现学生主体地位的同时，不能忽视教师的指导作用。

2. 协作学习策略

协作学习是以一种小组或团队的形式，组织学生协作完成某种既定的学习任务的教学策略或形式。在协作学习过程中，学习者之间以融洽的关系、相互合作的态度，对同一问题运用多种不同观点进行观察、比较、分析和综合。学习者共享学习资源，共同担负学习责任，共同享受成功的喜悦。常见的协作学习策略有讨论策略、角色扮演策略、竞争策略、协同策略和伙伴策略。

（1）讨论策略

讨论策略的运用要求整个协作学习过程均由教师组织引导，讨论的问题皆由教师提出。讨论策略的设计通常有两种：一种是学习的主题事先已知，另一种是学习的主题事先未知。多数的协作学习属于第一种情况，但是第二种情况在教学实践中也会经常遇到。

（2）角色扮演策略

角色扮演包括师生角色扮演和情境角色扮演两类。师生角色扮演是指让不同的学生分别扮演学习者和指导者的角色，学习者需要解答问题，指导者则检查学习者在解题过程中是否有错误。当学习者在解题过程中遇到困难时，指导者帮助学习者解决困难。在学习过程中，他们所扮演的角色可以互换。情境角色扮演是指若干学生要按照与当前学习主题密切相关的情境分别扮演其中的不同角色，以便营造一种身临其境的气氛，使学生能设身处地去体验、去理解学习的内容和学习主题的要求。

（3）竞争策略

竞争指两个或多个学习者针对同一学习内容或学习情境，通过计算机网络进行竞争性学习，看谁能够首先达到教学目标的要求。由于学习者的竞争关系，学习者在学习过程中会很自然地产生人类与生俱来的求胜本能，所以学习者在学习过程中会全神贯注，易于取得良好的学习效果。在运用这种协作学习策略时，教师须注意恰当选择竞争对象，巧妙设计竞争主题，一方面，要避免学生产生受挫感；另一方面，又要巧妙利用学生不愿服输的心理刺激其进一步的学习。

（4）协同策略

协同是指多个学习者共同完成某个学习任务，在共同完成任务的过程中，学习者发挥各自的认知特点，相互争论、相互帮助、相互提示或者是进行分工合作。学习者对学习内容的理解和领悟，就在这种和同伴紧密沟通与协作的过程中逐渐形成。

（5）伙伴策略

在现实生活中，学生常常与自己熟识的同学一起做作业。没有问题时，大家各做各的，当遇到问题时，便相互讨论，从别人的思考中得到启发和帮助。伙伴学习策略与此类似，它可以使学生在学习过程中感到自己并不是孤独的，而是有一个伙伴可以互相支持、互相帮助，当遇到问题时，他可以随时与伙伴讨论。由于个人的思考范围有限，若在学习过程中能和伙伴相互交流、相互鼓励，可以达到事半功倍的效果。

在设计协作学习策略以及协作学习过程时，要注意以下几方面。

一是建立合适的协作小组。协作学习指学习者组成一个群体，互相帮助，共同学习，通过协商和辩论，加深对问题的认识。因此，形成一个规模适当和构成层次合理的协作小组对于协作学习的成功与否非常重要。如果规模不合适或协作者之间基础相差悬殊，则可能不能形成协作或协作不充分，协作学习自然便会失败。

二是学习主题具有挑战性，问题具有争论性。协作学习的主题可以由教师指定，也可以由学生自行确定。学习者协作解决的问题，可以是围绕主题的并且能够引起争议的初始问题，也可以是深化主题的问题，还可以是稍稍超前于学生的智力发展水平的问题，这些问题是否具有可争论性关系到是否有必要组织协作学习。

三是重视教师的主导。协作学习的设计和学习过程都需要教师的组织及引导，教师要设计有争议的问题以及评价方式。在协作过程中，教师要关注每名学生的表现，对学生表现出的积极因素给予及时的反馈和鼓励。如果学生的讨论出现离题或开始纠缠于枝节问题时，要及时加以正确引导，将其引回主题；对于学生在讨论过程中暴露出来的关于某个概念或认识的模糊或不正确的问题时，要用适当的方式进行引导。对于整个协作学习的过程，教师要做出恰当的评价。

现代信息技术在学生的自主学习和协作学习方面，能够提供有效的支持。信息技术可以为学生提供探索的问题情境，提供可以利用的各种信息资源和工具，支持学生之间的合作和沟通，并更好地超越课本与教材的限制，拓展学生学习的空间。

六、其他微课教学设计模式应用

（一）开门见山式微课教学模式应用

1. 开门见山式微课简介

开门见山式表示直接点明主题，不拐弯抹角。开门见山式微课表示教师在微课开始时便直接介绍本节微课的主要内容与学习目标。通过对本节重点概念或关键问题的简介，引入知识内容，既突出了授课的重难点，又是一种微课知识引入的良好方式。

开门见山式微课即在视频刚开始时就直接阐述微课题目，如教师可以说："今天我们一起来学习'二进制与八进制、十六进制的数值转换'。"简洁明了不啰嗦，在这一点上，微课与传统授课的过程还是有区别的，即略去课堂语言。开门见山式微课主要针对学习兴趣比较浓厚，学习积极性较强的学习对象。

2. 开门见山式微课教学模式设计

开门见山式微课通常教学内容简洁明了，直接切入主题。在开门见山式微课教学设计中，知识点的引入要能直接引起学习者的关注，知识的讲解要紧凑，教学媒体的选择要适合表现形式，注重直观形象，通俗易懂，教学总结要突出重点，还可以设置一些问题，以检验学生的学习效果。

3. 开门见山式微课的适用场合

开门见山式微课直接点明主题，明示讲解的主要内容与学习目标。这种方法能够引起学生的足够注意，便于其抓住本节课的知识脉络，适用于主动学习的学生，或者是目标明确、积极向上的学习对象。

开门见山式微课适用于课程的概念阐述、重难点解析和疑惑点解析，适合在教材配套的数字资源中使用。

（二）情境式微课教学模式应用

1. 情境式微课简介

情境即情景、境地，也就是在一定时间内各种情况的相对的或结合的境况。从社会学角度讲，情境指与个体直接联系着的社会环境，是与个体心理相关的全部社会事实的一种组织状态。从心理学角度讲，情境指对象和时间等多种刺激模式，对人有直接刺激作用，有一定的社会学意义和生物学意义的具体环境。从学生角度看，情境可以理解为促使学生产生学习行为或从事学习活动的环境和背景，它是提供给学生思考空间的智力背景，能产生某种情感体验并诱发学生提出问题和解决问题的一种刺激事件或信息材料。综上所述，情境是指能使人引起情感变化的具体自然环境或社会环境。建构主义强调用真实背景中的问题启发学生的思维，其所指的真实背景就是情境。

情境可分为三类：第一类是真实的情境，指人们身边真实而具体存在的群体和环境；第二类是想象的情境，指在人的意识中存在的群体和环境，人与意识通过各种媒介可以互相影响和作用；第三类是暗含的情境，指某人或群体的某种行为中包含的某种象征意义。构成情境的要素有目标、角色、时空、设施、阻碍因素等。

孔子说："不愤不启，不悱不发，举一隅不以三隅反，则不复也。"孔子的这段话，在肯定启发作用的情况下，尤其强调了进行启发前学生进入学习情境的重要性。所以，良好的教学情境能充分调动学生的学习主动性和积极性，激发学生思维，开发学生智力，是提高教学效果的重要途径。教学情境指教师在教学过程中运用各种手段与方式营造的一种适教和适学的情感氛围，从而完成教学目标和任务。良好的情境可以使教学内容触及学生的情绪和意志领域，使学生的学习活动变为自己的精神需要，从而使课堂教学充满生命力。教学情境是课堂教学的基本要素，是教师教学意图的体现，而创设有价值的教学情境则是教学改革的重要追求。情境可以贯穿整个微课，也可以应用于课的开始、课的中间或课的结束。一个好的教学情境应具备如下条件：

第一，生活性。要注重联系学生的现实生活，要充分挖掘和利用学生的经验。

第二，问题性。提出的问题要具有一定的挑战性，以利于学生创造能力的培养。

第三，形象性。要适合不同认知水平的学生学习，以引起学生的学习动机和兴趣。

第四，情感性。要具有激发学生情感的功效。

第五，学科性。要符合教学目标、教学内容、教学要求。

情境教学在教学过程中，依据教育学和心理学的基本原理，根据学生年龄和认知特点的不同，通过营造师生间、认知客体与认知主体间的情感氛围，创设适合的学习环境，使教学在积极的情感和优化的环境中开展，让学习者的情感活动参与认知活动，以期激活学习者的情境思维，从而在情境思维中获得知识、培养能力、发展智力。它是利用具体的场景或所提供的学习资源，激起学习者主动学习的兴趣、提高学习效率的一种教学方法。

传统教学与情境教学的区别在于：传统教学是把存在于自然状态中，在时间、空间中零散存在的知识抽取出来，直接呈现和传授给学生，让学生去理解记忆。在情境教学中，教师把自然状态的，在时间和空间上分散存在的情境，有目的地进行加工并组成有机的学习情境来组织课堂教学，学生在情境中可以发现问题和获取知识。不同的教学方式会引起完全不同的教学效果，传统教学中学生完全脱离知识和应用知识的背景，无法发现知识形成的途径，获得的知识难以应用于实践以及解决实际问题，情境教学中的学生可以得到学习策略和方法的锻炼，使获得的知识与实践得以紧密结合。

情境式微课应重视创设情境、设置任务，以激发兴趣，关注学生的内心体验与主动参与，把学生带入与教学内容有关的情境，让他们在情境中捕捉各种信息、产生疑问、分析信息并引出各种设想，引导他们在亲身体验中探求新知，开发潜能。为此，可从以下几方面进行实践：

（1）生活实例式

从学生熟悉的生产与生活的实际问题引入新课，能使学生感知书本知识和生活实际的紧密联系，从而激发学生的求知欲望。例如在学习数据库时，可以让学生思考如何整理归纳班级学籍信息（如姓名、年龄，性别、籍贯和科目成绩等），从而引出建立学籍管理数据库的授课内容。

（2）创设悬念式

针对微课内容精心创设任务情境，让学生的思维在情景中尽情展开，并适时设疑，利用学生的好奇心、好胜心引入新课。例如在一场暴雨之后，汽车被大雨浸泡，车主启动发动机，发现汽车损坏，那么保险公司赔不赔车主的损失呢？带着这种悬念，学生开始学习"汽车保险与理赔"课程的"近因原则"。

（3）实验演示式

英国教育心理学家托尼·斯托克维尔（Tony Stockwell）说："要想快速而有效地学习任何东西，你必须去看它、听它，感觉它。"通过实验演示或实物展示，把抽象、枯燥的内容具体化、形象化，可以使学生获得直观的感性认识，加深对学习对象的理解。例如课前准备好废旧的硬盘、光盘、优盘和移动硬盘等，让学生从存储介质、组成材料、容量、存取速度等各方面分辨这几种外存储器的区别，从而引入"外存储器"的学习。请学生动手交换 A、B 杯中的可乐和橙汁，引出出现第 3 个空杯子的必然性，可以为本堂课讲解数据交换中的"中间变量"的作用打下坚实的基础。

2. 情境式微课教学模式设计

在情境式微课中，情境的创设要贴近生活，以吸引学习者，与学习者产生共鸣，增加学习者的关注度。

情境式微课知识的讲解要注意层次性，注重引导学习者进行思考。教学媒体的选择要适合表现形式，注重直观形象、通俗易懂。问题的讲解要注重情境的延续性，最终要解决情境中的问题，总结考核最好设置一些问题，以检验学生的学习效果，如果存在没有掌握的知识，可重新学习。

3. 情境式微课的适用场合

生活展现情境能使学习者直接、鲜明地感知目标，易于在观察中启发想象，比较适合认知类、思政类和素养类课程。实物演示情境具体直观，易于展示现场观摩、操作，适用于汽车、机床等实践操作类的实践操作演示。图画视频再现情境易于针对问题，分析问题，解决问题，适用于案例分析类课程，如会计、心理健康、法律基础等。虚拟仿真情境可以描述成本较高、难以演示、有安全隐患的场景，如医学类、网络基础、通信类、电子与电气类、数控加工模拟等课程。音乐渲染情境适用于语文、美育、体育类课程。表演体会情境可分为进入角色和扮演角色，适用于情景剧式微课的制作。语言描绘情境中，语言具有主导性、形象性、启发性和可知性，比较适用于素养类、讨论式的课程。

情境的创设要选择适合的老师，恰当的数字媒体资源，表现力较强的教师可以使用语言描绘情境，音乐可以衬托音乐渲染情境，图画、视频、动画可以描述图画视频再现情境，还可以描述生活展现情境，等等。

（三）探究式微课教学模式应用

1. 探究式微课简介

《辞海》将探究解释为"深入探讨，反复研究"。探究有广义与狭义之分。广义的探究是一种积极主动的思维方式，泛指一切独立解决问题的活动；狭义的探究专指科学探究或科学研究。简单地讲，"探究"就是努力寻找答案，解决问题。

探究式教学就是以探究为主的教学。具体地说，它是指教学过程中，在教师的启发诱导下，以学生独立自主学习和合作讨论为前提，以某个知识点或者技能点为基本探究内容，以学生周围的世界和生活实际为参照对象，为学生提供充分、自由地表达、质疑、探究、讨论问题的机会，让学生通过个人、小组、集体等多种解难释疑的尝试活动，将自己所学的知识应用于解决实际问题的一种教学形式。探究式教学是将科学作为探究过程来讲授，让学生像科学家进行科学探究一样在探究过程中发现科学概念、科学规律，培养学生的探究能力和科学精神，找到解决问题的方法。具体包含两层意思：一是从教师角度——教学方面的研究，即探究式教学；二是从学生角度——学习层面的研究，即探究性学习。在教学过程中，教师和学生的作用是相互的，不能分开。

探究式教学模式是在探究教学理论的指导下，在探究教学实践经验的基础上，为发展学生的探究能力，培养其科学态度及精神，按模式分析等方法建构起来的一种教学活动结构与策略体系。一般来说，探究式教学模式包含理论基础、教学目标、操作程序与实施条件，表现为教学活动结构和教学策略体系。探究式教学模式从发展之初就是作为教学策略出现的，更注重微观层面，因而具有可操作性。同时，探究式教学模式具有特定的顺序性和阶段性，因此，形成了一定的教学活动结构。教学模式的本质是程序，是对教学设计、实施、评价与反思等程序的说明。

由于探究式教学是师生共同开展的教学与探究活动，因此，强调教师要创设一个以"学"为中心的智力和社会交往情境，让学生通过探索发现来解决问题。探索的目的不是把少数学生培养成科学精英，而是要使学生成为有科学素养的公民，它既重视结果又强调知识获得的过程，突出以学生为中心和全体参与，因而它特别有利于素质教育和创新教育的有效实施。探究式教学符合自然科学的认知规律。其具有以下特征：

第一，教学过程的主体性。探究式教学是学生在教师指导下的自主探究，在教学过程中突出了学生的主体性，教师的主导完全是为了更好地发挥学生的主体作用，并通过学生主体的充分参与、主动探究和主体发展反映出来。

第二，探究学习的自主性。在探究式教学中，学生是在教师的指导下自主参与教学的全过程的，学生要获取知识，靠的是自己的主动探究，而不是填鸭式地接受灌输。

第三，情境创设的问题性。问题是科学探究的动力和起点，教学中若不能提出富有吸引力和挑战性的问题，学生就不会形成强烈的问题意识，也就不会有认知的冲动性和思考的积极性，因此，问题是探究式教学的关键和核心。创设的具体问题既要充分关注学生的兴趣所在，又要处理好学生倾向与教学目标之间的关系，使二者有机结合。

第四，信息交流的互动性。探究式教学强调在自主探究的基础上进行小组或班级的合作学习探究，与传统模式中由教师单向传递信息所不同的是，在课堂上，师生之间、学生之间可以进行动态的信息交流，实现师生间的相互沟通、相互影响、相互补充，师生在互教互学中，形成学习的共同体。每个学生都能发挥各自的优势，获得表现的机会，从而激起探究性学习的热情。

第五，师生关系的和谐性。探究式教学尊重学生的主体地位，通过师生互动，创建活泼、积极主动的课堂教学气氛。教师的教完全是为了学生的学，师生之间民主平等，易于形成具有感染力和催人向上的教学情境，学生受到熏陶后，会激发出对于学习的无限热情和积极性。而缺乏交流的师生关系甚至严重对立的课堂教学气氛则会抑制学生的学习热情，更甚者则会使学生产生厌学情绪。

第六，教学要求的针对性。由于环境、教育、经历、主观努力和先天遗传等的不同，学生之间具有较大的个体差异，传统的教学模式往往忽视了学生的差异性，一部分学生感到要求过低；另一部分学生又感到要求过高，造成两极分化。而探究式教学对不同层次的学生提出不同的教学要求和不同的学习任务，符合因材施教，教学要求具有针对性，为实现有效的课堂教学创造了条件。

第七，教学评价的激励性。探究式教学变教师独自评价为师生共同评价，自评、互评、组评、师评、综合评价相结合，既重视评价结果，又重视评价过程。探究式教学的分层次要求使学生在原有基础上获得不同程度的进步，既积累了知识，又开发了潜能，因而有机会受到表扬激励，获得成功的体验，从而满足自我实现的需要。

综上所述，探究式微课教学设计是指结合知识点与技能点适当地学习内容，创设生活中与专业相关的教学情境，以问题为中心，采取合作交流的方式，在教师的引导下，通过学生的实验、观察、操作、调查、信息搜索等方式，使学生自主地解决问题的教学设计。

2. 探究式微课教学设计模式

探究式教学是一种以学生为中心的教学模式，主要强调学生主体地位的发挥，倡导学生自主、合作、科学思维的学习方式与策略。在探究式微课的教学设计中，教师是主要讲解者，所以强调教师的角色扮演问题，既可以是学生提出问题，也可以是教师扮演学生角色提出问题，进而探究问题、解决问题。探究式微课的教学设计包括提出问题、产生假设、验证假设、总结结论四个环节。

3. 探究式微课的适用场合

探究式微课适用于理论性与实践性并重的工科类课程，如数据结构、数控机床的维修、机电设备故障诊断与维修、计算机的维修、网络故障的诊断与维修等。例如在数据结构或者 C 语言程序设计微课中，为了更好地发挥实践教学对算法学习的促进作用，在探究式学习理论的指导下，研究并实践以学生为本，以团队协作为载体，融合任务驱动式、启发式等教学方法的教学模式，提高学生调试代码的能力。在机电设备故障诊断与维修微课中，呈现某种故障现象可能是由哪些因素导致的，就是一个"假设排除假设—缩小范围—找到故障"的过程。

（四）抛锚式微课教学模式应用

1. 抛锚式微课简介

建构主义"以学为主"的教学策略有支架式教学、抛锚式教学和随机进入教学三种。这三种教学策略都体现了以学生为中心的教学设计，能有效地促进学生的自主学习和对知识意义的主动建构。

抛锚式教学是指在多样化的现实生活背景中或在利用技术虚拟的情境中运用情境化教学技术以促进学生提高迁移能力和解决复杂问题能力的一种教学方法。抛锚式教学是一种学习框架，它主张学习者在基于技术整合的学习环境中学会解决复杂问题。在这种学习环境中，学生的学习内容和学习过程是真实的，所学结果具有较高的迁移性，从而使学生的学习变得有意义。

抛锚式教学要求建立在有感染力的真实事件或真实问题的基础上。确定这类真实事件或问题被形象地比喻为"抛锚"，因为一旦这类事件或问题被确定了，整个教学内容和教学进程也就被确定了（就像轮船被锚固定住一样）。建构主义认为，学习者要想完成对所学知识的意义建构，即达到对该知识所反映事物的性质、规律以及该事物与其他事物之间联系的深刻理解，最好的办法是让学习者到真实环境中去感受、去体验（通过获取直接经验来学习），而不是仅仅聆听别人（如教师）关于这种经验的介绍和讲解。

由于抛锚式教学要以真实事例或问题为基础（作为"锚"），所以有时也被称为"实例式教学"或"基于问题的教学"。

抛锚式教学中的核心要素是"锚"，学习与教学活动都要围绕着"锚"来进行设计。教学中使用的"锚"一般是有情节的故事，而且这些故事要设计得有助于教师和学生进行探索。在进行教学时，这些故事可作为"宏观背景"提供给师生。该模式在全球范围内产生了较大的影响，已得到广泛认可和应用。

抛锚式教学的基本环节包括创设情境、确定问题、自主学习、协作学习、效果评价。然而，由于微课本身是一种单向的教学，所以抛锚式微课更多的是基于真实事例或问题为基础的实例式教学，或者是基于问题的教学。

2. 抛锚式微课教学设计模式

抛锚式教学的主要目的是使学生在一个完整、真实的问题、事件或环境（如一个事件、一个真实的设备场景，或者是一个真实的项目）中产生学习的需要，并通过学习者共同体中成员间的互动、交流，即合作学习，凭借自己的主动学习、生成学习，亲身体验从识别目标到提出和达到目标的全过程。总之，抛锚式教学是使学生适应日常生活，学会独立识别问题、提出问题、解决真实问题的一个十分重要的途径。

3. 抛锚式微课的适用场合

抛锚式微课适用于思想政治类、财经类等文科或者素养类摆事实、讲道理的系列专题微课开发，因为这种类型的课程通常能以视频、图片的方式把学生引入相关的事件中，表达方式相对单一。工科类课程则会涉及相关的实践项目，具体包括项目的展示、问题的分析、教师的相关操作与演示等。

（五）理实一体式微课教学模式应用

1. 理实一体式微课简介

理实一体式微课即理论实践一体化的微课教学设计模式。其突破了以往理论与实践相脱节的现象，教学环节相对集中。它强调充分发挥教师的主导作用，通过设定教学任务和教学目标，让师生双方边教、边学、边做，全程构建素质和技能培养框架，丰富理论教学与实践教学环节，提高教学质量。在整个教学过程中，理论和实践交替进行，直观和抽象交错出现，没有固定的先实后理或先理后实，而是理论中有实践演示，实践中有理论的应用，突出了学生动手能力和专业技能的培养，可以充分调动和激发学生的学习兴趣。

理实一体式教学中主要运用讲授法、演示法、练习法。

（1）讲授法

讲授法重点在课堂上，其将项目展开并通过演示操作及相关内容的讲解后进行总结，从而引出一些概念、原理并进行解释、分析和论证，根据教学内容，既突出重点，又系统地传授知识，使学生在较短的时间内获得构建的系统知识。讲授要有系统性，重点突出，条理清楚。讲课的过程是说理的过程，即"提出问题—分析问题—解决问题"，做到由浅入深，由易到难，既符合知识的系统规律，又符合学生的认识规律，使学生逐步掌握专业知识。

（2）演示法

演示法是教师在理实一体式教学中通过教师进行示范性实验及示范性操作等手段使学生通过观察获得感性知识的一种教学方法。它可以使学生获得具体、清晰、生动、形象的感性知识，加深对所学知识点与技能点的理解，把抽象理论和实际事物及现象联系起来，帮助学生形成正确的概念，掌握正确的操作技能。教师要根据课题选择好设备，如软件、工具、量具等。

（3）练习法

练习法是指学生学习完理论课之后，在教师的指导下进行操作练习，从而掌握一定的技能和技巧，对理论知识通过操作练习进行验证，系统地了解所学知识的方法，练习时，一定要掌握正确的练习方法，强调操作安全，提高练习的效果。教师要认真巡回指导，加强监督，发现错误动作时立即纠正，保证学生练习的准确性。教师要对每名学生的操作次数及质量做好记录，以提高学生练习的自觉性，促进练习效果的提高。教师要求不操作的学生在旁边认真观摩，指出操作中的错误。教师还要及时提问，并将提升课作为平时的考核成绩。

理实一体式教学模式旨在使理论教学与实践教学交互进行，融为一体。采用该教学模式，一方面，可提高理论教师的实践能力和实训教师的理论水平；另一方面，教师将理论知识融于实践教学中，让学生在学中做、做中学，在学做中理解理论知识、掌握技能，打破教师和学生的界限（教师就在学生中提问，就在学生身边），从而极大激发学生的学习热忱，增强学生的学习兴趣，学生边学边练边积极总结，能达到事半功倍的教学效果。

2. 理实一体式微课教学设计模式

理实一体式微课避免了理论与实践相脱节的问题，使教学环节相对集中。在实训项目过大时，可以开发系列微课或者专题微课，实训类微课可以加强知识的联系与应用，也可以结合抛锚式或者探究式教学模式一起使用。

3. 理实一体式微课的适用场合

职业教育的特点是以学生的生活、生存技能的培养为根本目的，更强调对实践技能的训练。理实一体式微课适合职业教育电子类、电气类、机械类、汽车维修类、计算机类、机电一体化、经管类实训、物流类等众多实践性较强的专业使用，也非常适合开发系列化的专题微课。它不仅能将现场操作演示、虚拟展示、桌面操作过程等记录下来，同时，也便于模仿与推广。

第二节　大数据时代下慕课的基本特征与课程模式

一、慕课的基本特征分析

"慕课"这一概念被提出后，迅速在全世界得到了普及。由于经济、文化以及国情的不同，人们对慕课的认识存在诸多差异，试图对慕课概念做出广泛认可的清晰界定会比较困难，但是慕课的基本特征已经被大家广泛地接受。

在课程范围上，慕课是以连通主义理论和网络化学习的开放教育学为基础的。这些课程跟传统的课程一样循序渐进地让学生从初学者成长为高级人才。课程的范围不仅覆盖了广泛的科技学科，比如数学、统计、计算机科学、自然科学和工程学，也包括了社会科学和人文学科。慕课课程并不提供学分，也不算在本科或研究生学位里。通常情况下，参与慕课的学习是免费的。然而，如果学习者试图获得某种认证的话，则一些大规模网络开放课程可能会收取一定学费。在授课形式上，采用的是一种将分布于世界各地的授课者和学习者通过某一相同的话题或主题联系起来的方式方法。

尽管这些课程通常对学习者并没有特别的要求，但是所有的慕课都会以每周研讨话题这样的形式提供一张大体的时间表，其余的课程结构通常会包括每周一次的讲授、研讨问题及阅读建议等。

在测验方面，慕课的每门课程都有频繁的小测验，有时还有期中和期末考试。考试通常由同学评分（比如一门课的每份试卷由同班的五名同学评分，最后分数为平均数）。一些学生成立了网上学习小组，或跟附近的同学组成面对面的学习小组。

二、慕课的课程模式

在慕课的发展过程中，有基于连通主义学习理论的 cMOOC 和基于行为主义学习理论的 xMOOC 两种不同教学理念和特征的课程模式。

（一）cMOOC 课程模式

cMOOC 的理论基础是连通主义学习理论，即知识是网络化的，学习是连接专门节点和信息源的过程。西蒙斯（Simmons）指出，cMOOC 的核心包括连通主义、知识建构、师生协同、分布式多空间交互、注重创新、同步与共鸣、学习者自我调节等。cMOOC 将分布于世界各地的授课者和学习者通过某一个共同的话题或主题联系起来，学习者通过交流、协作构建学习网络以及进行知识学习。

1. cMOOC 课程模式分析

（1）cMOOC 课程模式中学习者的基本学习活动

第一，浏览课程内容与安排，注册课程。

第二，获取教师在学习网站上提供的各种类型的学习材料。

第三，参加讨论组、在线讲座等活动，参与讨论学习内容，分享个人观点。

第四，制作个人学习资源，如音频、视频等，并进行分享。

第五，充分利用社会化网络各种工具，如微博、博客、社交网络等，进行学习活动，建立学习网络。

（2）cMOOC 课程模式的特征

第一，在 cMOOC 中，教师提供的资源是知识探究的出发点，教师的地位和作用与传统课堂教学不同，更多的是扮演课程发起人和协调人的角色，而非课程的主导者。教师要设定学习主题，安排专家互动，推荐学习资源，促进分享和协作。

第二，学习者在 cMOOC 中具有较高的自主性，学习依赖学习者的自我调控。

学习者会自发地交流、协作、建立连接、构建学习网络。

第三，学习者进行基于多种社交媒体（如讨论组、微博、社会化标签、社交网络等）的互动式学习，通过资源共享与多角度交互，拓展知识的范围。

第四，学习者通过交流、协作、构建学习网络，通过社区内不同认知的交互，进行新的知识的学习。

2. eMOOC 应用策略与方法

就如何进行 cMOOC 的学习，研究者与实践者们给出了有价值的策略和方法。

（1）柯米尔（Komir）：成功学习慕课的五个步骤

第一，确定学习目标。

第二，在博客、微博等社交网络上介绍和展示自己。

第三，构建个人学习网络。

第四，参加学习小组和学习社区。

第五，关注个人学习进程和内容。

（2）西蒙斯（Simmons）：有效参与 cMOOC 的九个步骤

第一，确定学习目标。

第二，在社交网络上展示自己。

第三，交互。

第四，构建学习网络。

第五，管理课程资源。

第六，创作与分析。

第七，发现和解决问题。

第八，合理期望。

第九，坚持参与。

（3）其他观点

克措普洛斯（Ctroplus）与豪格（Haug）认为，要想成功学习慕课需要从课前、课中、课后三个阶段入手。在课前，要通过浏览网站了解课程内容，考虑个人时间安排，熟悉课程中将要用到的学习工具。在课中，要及时进行自我介绍，积极参与课程讨论与交流，学会提出问题，从大规模的信息中过滤有用知识等；

在课后，学习者之间仍然要继续保持交流。

（二）xMOOC 课程模式

1. xMOOC 课程模式分析

xMOOC 是慕课的一种新型发展模式。xMOOC 与 cMOOC 都是基于网络的慕课类型，但两者是具有不同应用模式的开放课程。与 cMOOC 相比，xMOOC 更接近于传统教学过程和理念。

一门 xMOOC 一般会在预定的时间开始，为了及时参加课程，学习者需要提前了解课程介绍与课程安排，并进行注册。在学习过程中，也可以根据学习者的个人学习情况，退出某门课程的选课。每门课程相对传统教学的学期较短，一般为 10 周左右。慕课平台为课程实施提供了多种课程组件，包括课程视频、讨论区、电子教材、测试等。

课程开始后，教师定期发布课件、作业、授课视频，这些视频不是校内课堂的录像，而是专门为了该 xMOOC 录制的，很多视频会提供多语言字幕（如中文），以方便全球学习者学习，延伸课程的开放程度。

在 xMOOC 中，学习视频一般比较短小，而且在视频中会安排及时的问题与测试。这是为了更好地保证学习效果。由于视频学习是一种单向传递，学习者需要在没有他人监督的条件下保持对学习内容有足够的关注与交互。通过短视频并辅以及时的问题测试，可以保持学习者注意力的有效集中和对学习内容的理解。同时，这种短视频方式也有助于学习者对学习步调的把握，使学习者能够比较方便地定位到自己的学习位置。

课后一般有需要完成的阅读和作业，作业通常会有截止日期，学习者应自觉、按时完成课程作业。作业成绩可以通过在线自动评分、自我评判打分、学习者同伴互评等方式获得评估。

课程会安排小测试和期中、期末考试。学习者应在规定的时间内参加考试，获得考试成绩。学习者被要求诚信守则，诚实而独立地完成学习、作业与考试。

课程网站开设有讨论组，学习者可以进行在线学习交流。课程还会组织线下见面会，使学习者进行面对面的交流活动。例如 Coursera 已经在全球 3000 多个城市组织了课程线下见面会，学习者可以根据自己的地域选择加入邻近的线下见面会，进行面对面的学习交流，形成地区性的学习小组。

完成课程并考试合格后，学生可以得到某种证书或者获取学分。

2. xMOOC 的教学原理

（1）检索性学习与测验

在进行慕课学习，观看视频的过程中，学习者经常会有这样的体验：看着视频难以持续集中注意力，逐渐开始走神，有时候甚至会停下课程去做其他事情。这样的体验无疑会浪费学习时间，降低学习效率。如何从课程设计上提高学生在线学习的注意力呢？一种有效的方法是检索性学习与检索性测验。因此，慕课教学设计的关键要素之一是广泛使用交互式练习，在视频、测试中提供丰富的互动练习，使学习者可以及时检测学习效果。这是一种检索性练习方式。

检索性练习是一种从短期记忆中回溯信息，以增强长期记忆的行为。卡尔·斯帕纳（Carl K. Spana）等人研究发现，频繁互动可以避免注意力分散，这是确保学习者持续专注的一种有效手段。例如在视频中插入暂停，要求学习者回答简单的问题后才得以继续，以确定学习者是否还在认真学习，是否已经充分理解所学的内容。卡尔皮克和罗杰与卡尔皮克和布朗特的研究，也证明了学习者的"知识检索"和"知识重构"等学习活动的效果甚至优于许多复杂的学习策略。

（2）精熟学习

20 世纪 70 年代，美国心理学家布鲁姆（B. S. Bloom）针对美国教育制度中只注意培养少数尖子学生而忽视大多数学生发展的弊端，提出了"精熟学习"的新学习观。他指出，现代教育不能只面对少数学生，而应该面对全体学生，让绝大多数学生都能学好。

精熟学习建立在以下三个基本假设的基础上：第一，几乎所有的学生都能掌握某一学科的学习内容；第二，一些学生比另一些学生需要多花一些时间达到掌握水平；第三，一些学生比另一些学生需要更多的帮助（例如个别指导或额外的练习等）。因此，精熟学习认为，只要给予足够的学习时间和相应的教学，大多数学生都能够掌握学习内容。该方法将学习内容分成小的单元，学生每次学习一个小的单元并参加单元考试，直到 80%～100% 地掌握学习内容通过考试后，才能进入下一个单元的学习。布鲁姆在教学研究中，证实了精熟学习的成效相对于传统教学能提升一个标准偏差。一个标准偏差的差异，即指在传统课堂中如果有50%的学生能够通过评量，则通过实施精熟学习能有84%的学生通过评量。

慕课平台课程的嵌入式测验和在线练习的设计理念为学习者提供多重知识内容的练习和实时与重复的反馈练习。课程会随机派送相关知识主体的不同形式的题目让学习者练习，使学习者有机会反复熟悉相关概念，强化重要概念，实现知识的习得与迁移。

精熟学习通常包括下列组成成分，这些部分在慕课平台也得到了良好的实现和使用。

第一，教学内容被划分成一系列较小的独立单元，每一单元包含有少量的学习材料。

第二，各单元按一定的逻辑序列排序，为后面的学习奠定基础，使基本概念先得到学习，较复杂的概念随后进行学习。

第三，在每一单元结束时，通过考试检验掌握水平。在学习者学完一个单元，进入下一个单元前，必须参加有关这个单元内容的考试，以检验是否掌握了该单元的学习内容。

第四，每一单元要有一个具体的、可观察、可测量的单元测验掌握标准。

第五，为需要额外帮助或练习的学习者提供"补救"措施，以使他们掌握知识。有些学习者并非总是能够一次通过测验，对这些需要帮助的学习者，教师要提供更有针对性的教学方法，如不同的学习材料、参考书，学习小组以及个别指导等。

（三）cMOOC 与 xMOOC 的比较

cMOOC 与 xMOOC 在教学理念上存在不同：cMOOC 侧重于连通主义的知识建构，注重促进学习者的知识获取与创造；而 xMOOC 则更侧重于传统教学模式，注重使学生掌握课堂教学内容。在当前慕课的发展过程中，xMOOC 成了主流。

第三节　大数据时代下微课与慕课的未来发展

当前，信息技术已发展到移动互联网时代，其对教育具有革命性的影响，政府和个人必须予以高度重视。今天的学生被称为"数字时代的土著居民"，他们的思维方式、学习方式与生活方式发生了巨大变化，教育工作者需要适应这种变化。美国教育学家杜威说过，"如果还像昨天我们被教授的那样去从事教学的话，那么，我们就掠夺了我们的儿童的明天"。教育的时空在不断扩大和延伸，"先学后教""以学论教""以学定教"成为教育改革和评价的新趋势。今天，教育工作者不仅要关注自己"如何教"，更要去多关注学生"怎么学"。信息时代的每一位教育工作者都必须以敏锐的信息素养、开放的教学理念和学习者的姿态，积极参与新技术、新媒体下教与学方式的变革，比如翻转书包、翻转课堂、微课、思维可视化、3D打印、图片处理技术、网上会客室、可汗学院、未来学院虚拟现实、学分银行等。

这也是信息时代每一位教育工作者专业发展的有效途径和必然使命。

一、微课的未来发展

当今社会是一个"互联网+"的时代，是一个移动互联的时代，它给教育带来的变化是非常可观的。它会带来资源获取方式的变革，以前的教育以"教育工作者、教材、教室"为中心，这些资源都是相对封闭、极其有限的，而且是趋于僵化的、静态的。例如教育工作者反复在课堂上强调让孩子们放学后去预习功课，这个习惯一直延续到现在，然而却是违背教育规律的，不符合人性化学习原则；教育工作者布置的课后作业是预习第几页到第几页的教材，可这些教材是专家编写的，它们的表述严谨、结构完整甚至"面孔冰冷"，教育工作者让对课本不熟悉的学生进行预习，这些预习往往是浅层而无效的。现在，教育工作者把这些知识点做成微课，在学生放学回家后让学生观看，通过直观的视频形式让学生预习新课。和从前的教材预习的模式相对比，这种方式更适应学生的需要、更具有"温度与情感"。

微课建设理念从提出至今仍是一个新生事物，其理论基础、开发途径、应用模式、技术指标、评价体系等方面还有许多需要完善的地方，这就必须依靠广大教育工作者在实践中去修订、丰富和结合未来教育的发展趋势，相关学者认为，微课将在以下五方面得到突破。

第一，未来微课在开发方式上：将跳出"小微课"的局限，迈向"大微课"时代。当前的微课过于关注单个微课的设计与开发，视野过小，过于零散、碎片、重复、无序，学生在使用的时候往往是"用了上节没有下节"，微课学习往往是支离破碎、"只见树木，不见森林"。未来微课的发展方向将会是在微课程专家主导下的基于"顶层设计"和"系统规划"的建设导向。微课将从无序走向有序，从零散走向系统。例如基于学习主题、专题的建设，围绕教材知识体系的同步建设，建成一门课程一个学科（专业）的系列化、体系化的微课程。要引领大众从当前过于关注微课"碎片化呈现""快餐式学习"的认识泥淖，走向在关注在线教育时代微课"碎片化呈现"的同时，深入学习者高效学习体验的"自我知识体系建构"和"问题解决能力形成"的深化应用阶段。

第二，未来微课在建设类型上：支持移动、在线、泛在学习的微课数量将激增。调查统计数据表明，目前我国现有微课类型过于单一、同质且以知识讲授型微课为主（占80%以上），单个微课内容较多、容量较大、时间偏长、使用不便，应用环境和方式以离线、下载观看、教室使用为主。未来微课的应用将更加靠近微课的"本质使命"：时间更短、内容更精、类型多样，支持用户个性化的移动学习、在线学习、泛在学习等多种学习方式，实现"人人皆学、处处可学、时时可学"。基于微信端的移动学习型微课和基于应用程序的学习型微课开发将成为一个新热点。

第三，未来微课制作技术上：交互式学习、虚拟仿真、3D视频体验式微课将成为新宠。微课教育工作者应该经常追问自己几个问题：一节40分钟的完整版的视频课件，学生学不下去"情有可原"，但做成4分钟的微课学生就一定能够看完看懂吗？学生学习微课时难道仅仅是"观看"微课视频吗？学生在课堂上迫于教育工作者的"监控"和"情面"也许还会听下去，但微课更多是"一个人""一对一"的学习情景—很多时候旁边并没有教育工作者和同学在场,单靠传统的讲授甚至是灌输,学生学习微课时只是按顺序播放视频还能吸引学生的注意力吗?因此,即使是最简单、简短的微课,也要通过交互教学设计(如创设情景、提出问题、布置练习、设计任务、开展活动)和交互技术设计(如师生互动、虚拟仿真、3D视频、在线评测反馈等),来促使学生深度参与到微课教学活动中来,与视频里的教育工作者、问题、任务等进行"互动",这样的学习才是有效的。

第四,未来微课在建设主体上:将从"单打独斗"的封闭式建设走向基于"互联网+"思维的"众筹"与"联盟"。未来的微课建设开发人员将不再局限于教育工作者,而是多主体和多元化,体现出"互联网+"时代的"众筹"和"创客"的特点。教育工作者、学生、家长、教育企业及任何对教育感兴趣的人员,都可以将有教育价值的主题加上自己的创意制作(创作)成具有个性化的微课,信息时代的任何一个人都具有资源提供与消费的双重权利。因此,从某种意义上来说,学生创作的微课、教师指导学生或与学生共同录制的微课,既是当前热火朝天的"创客教育"的一种新范式,也是人类学习金字塔中倡导的"让学习者及时教会别人"作为一种移动互联时代最有效的学习方式的新突破。

第五,未来微课应用途径上:基于大数据的智能化的区域性微课学习管理平台将会百花齐放。微课就像是一粒沙、一滴水,随意放置不能产生任何价值。因此,从某种意义上来说,微课学习与管理平台比微课资源本身更为重要。微课平台设计要考虑到用户的"应用体验需求"而不是"资源数据管理",除了要符合在线教育的规律,还要与线下传统班级教学流程相融合。这方面可以借鉴美国的可汗学院平台,其不仅是自主学习的个性化平台,更是学校基于翻转课堂、混合学习的公用平台,具有实名注册、学习诊断、学习行为记录、学习路径形成、个性资源推送、志愿者答疑和参与讨论交流等功能。微课只是一个学习行为激发的"引子",由于众多的学习者经常在学习社区互动交流、讨论留言,因此,将会形成一个群体性学习的社交区域,产生更多的智慧型资源。

二、慕课的未来发展

慕课作为世界开放教育资源运动的一项新的发展成果,对高等教育、基础教育、职业技术教育等学校教育中的正式学习和非正式学习，都产生了重要而深远的影响。

从国内外的平台开发、慕课建设、学习应用、科学研究发展情况来看，慕课始终处于一种高速发展和快速演变之中，而且，作为新兴事物，慕课学习与教育实践又迫切需要教育理论研究者跟进研究，为学习与实践提供支持和指导。

学术界、教育界、新闻媒体、社会公众对慕课进行了诸多评说，人们议论纷纷、褒贬不一。在诸多评说之后，对于慕课，人们开始回归到一种更加务实和理性的思考之中。世界各地数千万的慕课学习者始终没有停止学习的步伐。在今天这样的一个学习型社会，每一个人都可以通过网络，随时、随地向其他人学习想要学习的几乎任何东西。这是人类历史上前所未有的。然而，究竟如何将慕课整合到各级各类的学校教育和培训实践之中，使这种非正式学习模式为正式学习贡献力量，各级各类学校和教育工作者还面临诸多严峻的挑战。展望未来，慕课的发展及应用可能会出现以下趋势。

第一，在未来一段时间里，慕课将会持续高速增长。当前，慕课的平台越来越多，越来越多的院校加入进来，越来越多的课程上线，越来越多的公众了解并开始借助慕课促进自己的成长与发展，越来越多的研究报告涌现出来。展望未来，我们相信，在未来相当长的一段时间里，就全球范围而言，慕课将会保持持续高速增长的态势。

第二，对于慕课，人们的看法将会越来越趋于理性。目前，慕课已经并正在对世界范围内的各级各类学校教育和企业培训产生重要而深远的影响，这种影响将持续地显现出来。但是，有关慕课"颠覆学校"的看法仍然过于激进。毕竟，无论是慕课还是学校，都在有意无意地进行着或快或慢的变革。慕课为每一个社会公民提供了借助网络提升自己、自我发展与完善的一个机会，然而，这个机会要变成现实，还需要每一个学习者的自觉、自主、自愿、自控的学习内驱力以及在线参与式的学习方法与技巧。唯有如此，这个机会才有可能带来成功。

第三，慕课将会不断地渗透到学校教育与企业培训之中。随着慕课模式的不断成熟，国内外越来越多的高等院校、企业人力资源部门、培训机构开始尝试将慕课整合进学校课堂教学和企业培训之中。慕课这种发端于世界在线教育与开放教育的非正式学习模式，已经开始不断地渗透到高校和培训机构的课堂之中。

展望未来，相信会有越来越多的高校开始尝试将传统的面对面教学与包括慕课在内的在线教学结合起来，把世界范围内的一流高校的慕课资源用于课堂教学。基于混合学习的教学模式将成为最有前景和最具生命力的教学模式，我们深信，这种态势将会有增无减。

第四，慕课的学分认证和商业模式等问题将找到解决途径。就目前情况而言，在国内外，慕课还主要是作为一种非正式的在线学习形态，受到了学习者的喜爱和推崇。可是要想将慕课整合进高校之中，学分认证、考核评估、学籍管理等一系列难题就必须得到很好的解决。否则，慕课就很难很好地进入各级各类学校教育体系之中。这是慕课发展目前面临的诸多瓶颈中比较突出的问题。就国内外慕课的发展实践来看，一些慕课提供者、在线教育机构和高校管理者已经开始尝试采取各种不同形式的解决方案，并取得了良好的效果。展望未来，相信慕课的学分认证和商业模式等问题将会找到解决途径。

第五，慕课教学法将会得到更多关注，学习支持服务将会进一步加强。回顾过去几年慕课在国内外的发展，不难发现越来越多的报刊、文章、会议、讲座、研讨会开始谈论慕课，相关的报道、评论、赞誉、批评不断地涌现出来。然而，对于慕课教学法这一关键因素，人们却不够关注。要想真正体会慕课的奥妙、了解慕课的机制、感受慕课的魅力、享受慕课学习带来的乐趣，非得了解慕课教学法不可。因为不了解慕课教学法，就没有办法真正了解慕课，也就不可能真正地开发出好的慕课平台和课程，自然也就不可能很好地提供慕课学习支持服务。

不仅如此，对慕课教学法的相关研究也将不断涌现出来。慕课到底是如何组织教学的？慕课学习者应当具备怎样的素质和技能，得到怎样的学习支持服务，才能更好地享用来自全球一流高校的"精神大餐"？慕课学习者如何借助慕课学习，融入全球性的实践社群之中，通过网络，向其他来自世界各地、背景不一、职业迥异的慕课学习者学习？如何激发慕课学习者的学习动机，并使其学习动机得以保持？所有这些问题，都将成为未来研究的方向和重点。

第六，慕课研究将会成为在线教育和开放教育的热点，得到进一步加强。作为一种新兴事物，慕课也是一门实践先行的课程。随着慕课实践的不断快速发展，慕课研究，包括慕课教学法、慕课学习、慕课平台、慕课教学设计、慕课学习支持服务、基于慕课的混合学习、慕课学习评价、课程设计与开发等一系列问题，将会成为在线教育和开放教育研究的热点。未来，慕课研究将会得到进一步加强，并反过来有力地推动慕课快速、健康发展。

第八章　高校教育信息素养提升与培养

进入 21 世纪后，"信息""信息时代""信息化"等词汇充斥于整个社会，可见信息对社会的影响之深、之大。在这种时代环境下，教育领域同样受到了信息的影响。教育跨入信息化时代，当代信息技术的发展使得全球掀起了学习方式变革之风，在这场变革中，高等教育信息素养产生了极其重要的作用。因此，为了适应教育信息化的发展，赢得高等教育改革的最终胜利，教师要不断提升自身的信息素养。本章主要对信息技术条件支持下的教师专业发展、教育信息化战略规划人才及其培养以及教师信息素养的结构及其提升措施等内容进行分析探讨。

第一节　信息技术条件支持下的教师专业发展

一、信息技术条件下教师专业发展的新要求

随着信息技术的大量引入，教师教育中的教师专业发展一直深受信息化的影响，这种影响对教师提出了新的要求，教师不仅要重新定位自己的角色，也要不断提高自身的信息素养。

（一）重新定位角色

在信息化推动下，新的课程和教学改革使教师所承担的角色发生了重要的变化，这就需要对教师重新进行角色定位。在当代社会中，教师的角色定位主要包括以下几方面的内容。

1. 导师

在现代社会中，高度发达的信息技术给教师的角色定位带来了深远的影响。一方面，发达的信息技术使得人们获取知识的途径变得更为便捷，这就在很大程

度上弱化了教师作为知识传递者的角色；另一方面，信息技术又有效地强化了教师的导师身份。从整体上来看，教师的导师身份主要体现在引导、指导、诱导、辅导和教导这五方面。

2. 终身学习者

在当代社会中，信息技术向教师提出了终身学习的要求。为了适应现代社会发展所提出的新要求，为了把学生培养成为合格的人才，教师必须使自己得到相应的提升。与此同时，信息技术也为教师的终身学习提供了十分便利的条件，教师可以借助先进的技术手段进行学习，提高学习的质量和效益。

3. 信息资源的设计者和查询者

在现代社会中，信息技术高度发达，这种时代环境有利于学生的主动探索和对所学知识的意义建构。需要指出的是，学生建构主义式的学习需要教师为其提供各种相关的信息资源。这就要求教师能够熟悉地掌握多媒体技术、网络通信技术，学会在网上查找信息，能够确定学习某种主题所需要信息资源的种类和每种资源在学习中的作用。教师只有掌握了这些技术，才有可能为学生的学习活动创设良好的环境。

4. 课程的设计者和开发者

在信息技术条件下，教师应当从宏观上发挥其课程设计者的作用。教师在制定课程体系时，对于传统课程内容的改革必须根据社会发展对课程内容的要求，以新的知识、技能、技巧来对传统课程进行改组。

在课程的开发与设计工作中，还必须注意相关教育理论对于实践的指导作用。例如可以以建构主义学习理论为基础对课程教学的组织形式、教学策略等进行改革。

5. 协作的研究者

在信息技术条件下，教师的教育活动与科研活动的联系日益密切。在教师的教学与科研实践中，不仅要培养富有创新精神的学生，还要不断发展自我。这就要求教师在教学研究中善于通过网络与其他教师进行协作交流，共享教学经验。

总而言之，在当今信息时代下，无论教师通过怎样的途径和方法去适应时代发展的要求，其目的都是为了要促进学生在学习中主体作用的充分发挥，更大限度地激发学生的创造力，使学生真正成为学习的主动建构者。

（二）提高信息素养

在当代社会中，信息化在教育领域得到了广泛的应用，教育信息的发展要求教师必须具备较高水平的信息素养。教师信息素养的高低在一定程度上决定了其所教育的学生的信息素养水平。因此，当代社会中的广大教师必须学会充分利用各种可利用的因素，努力提高自身的信息素养，培养出更多更好的符合时代需要的人才。

二、信息技术在教师专业发展方面的作用

在现代社会中，信息技术为教师的专业发展提供了相当便利的条件，使之可以更好地实现。具体来说，信息技术对教师专业发展的促进和支持主要体现为对教师个体专业发展的促进和教师群体专业发展的促进两方面。

（一）信息技术能够促进教师个体专业发展

信息技术不仅可以成为教师个人的认知工具，还可以帮助教师对其专业发展进行反思和实践，同时支持对其发展过程进行管理。信息技术对教师个体专业发展的影响和支持是比较明显和直接的，以个性体现与个人知识管理为主。

1. 信息技术能够帮助教师充分认识个人专业发展

在信息时代，信息技术能够促使教师意识到自身专业发展的必要性和紧迫性，从而促进教师专业发展。信息技术能提供理论指导和技术支持，为教师的个人学习和发展提供资源支持。在当代社会中，诸如微信、QQ 等交流工具，以及 VLEs 虚拟学习环境都能够支持教师的专业发展。这些软件工具给教师个人的学习和进步以及知识更新带来极大便利，通过这些工具，教师能够更加方便地搜集获取各类需要的信息资源，对个人知识进行管理，还可以与其他专家同行进行专业方面的交流。除此以外，现代信息技术为教师的专业发展创造了良好的信息环境，这就为教师提供了终身学习的平台，极大地促进了教师的个人专业发展。

2. 信息技术能够为教师专业发展提供技术支持

反思对于教师的专业发展有着非常重要的作用，是教师获得专业发展的重要途径。信息技术可以为各类反思和实践提供有力的技术支持，在教育实践中，教师可以利用 Blog、BBS 平台进行教育叙事研究与反思，在总结经验过程中提高自己。除此之外，教师也可听取同行、专家的意见，在借鉴他人的教育经验的过程中不断完善自己。

3. 信息技术为教师个人专业发展提供管理支持

教师专业发展的效果和成果是最让人关注的，信息技术可以为教师专业发展管理提供有效的管理支持。对现代社会中的教师而言，由于各方面条件的限制，其自我发展的需求不能得到很好的满足。现代信息技术的飞速发展给教师教育带来了良好机遇，教师可以利用多媒体课件、网络课程、网络平台等，通过远程教育来有效地促进自身的专业发展。

随着信息技术的快速发展，现代数字技术为教师管理个人知识和研究活动提供了极大的便利。具体来说，教师可以将自身的知识加以整理，通过知识的共享与交流，与他人分享经验与教训，积极吸收他人有价值的知识，不断充实自身的知识资源，改善自己的知识结构，最终实现个人与集体的共同提高与成长。

（二）信息技术能够推动教师群体专业发展

教师是群体性的，每一位教师都是成长于具体的学校大环境中的，因此，学校组织和教师群体对教师个人发展的作用这一点是必须重视的。由于信息技术在促进组织内部的协作以及促进个人知识向组织知识发展的方面有着巨大的作用，因而教师可以通过专门设计和开发的虚拟学习环境，解决目前存在的管理困难与协作不足的问题，以实现教师专业发展的有效协作和群体能力发展。

三、信息技术支持下教师专业发展的趋势

人类社会发展至今，教师专业发展已经取得了可喜的成绩。随着世界教育改革的进一步深化，教师教育和教师专业发展受到了前所未有的重视。在信息时代，教师专业发展表现出了以下几种趋势。

（一）多样化的实现途径

在信息技术环境下，教师专业发展途径开始出现多样化的发展趋势。这集中表现为以下三方面。

首先，通过高度发达的信息技术，能够为教师同行之间、教师与专家学者之间提供便捷的交流平台。

其次，可以通过开展"校本研修"活动促进教师专业发展。从本质上来说，校本研修是以学校为基地、通过校外专家和校内有经验教师的专业引领，促使本校教师专业可持续发展及提高学校办学水平的一项教育实践活动。

最后，在信息技术环境下，出现了很多教师学习共同体，如教育论坛、QQ聊天群、微信聊天群等，这些都满足了教师自主发展和群体交流的需要。

（二）综合化的发展模式

目前，信息技术已经在教育领域中得到了广泛的应用。教师只有对于技术整合的教育目标、教学模式、合作探究等有了深入的了解，才能在教学实践中将信息技术融合进去。信息技术条件下，教师专业发展必须寻找和探索新的发展模式。但传统的教师专业发展模式并不过时，因而在这种新形势下，教师可以根据实际条件和发展需要，综合选择和利用多种发展模式，以求得最佳效果。

（三）动态化、全面化的评价方式

利用评价手段促进教师专业发展是教育管理者长期关注的一个课题。客观来说，对教师的科学的评价能够真实地记录教师专业发展过程中的关键信息，并就这些信息对于教师专业发展的价值进行评判，为教师日后的成长提出一些有针对性的建议。在信息技术支持下，人们可以通过利用现代信息技术工具，实时、准确、完整地记录教师的学习、反思、实践活动，将评价活动与教师专业发展活动紧密结合，制定出一整套相对客观、完善的评价措施，对教师专业发展的过程和结果进行动态的、客观的评估，促进教师的专业发展。

（四）从个体专业发展逐渐发展为群体专业发展

仅仅依靠个别或者少数优秀教师是很难提高学校组织中整体的教学质量的。要真正提高学校教学质量，形成学校特色，就必须实现教师群体专业的发展，建立学校组织文化。也正因此，当代教师的专业发展呈现出从强调教师个体发展到整个团队或群体发展的趋势，教师团队和学校组织成为教师专业发展的重要支持力量。在信息时代，广大教师必须适应信息化学习环境、资源和方法，真正做到将信息技术自觉地融合于课程教学之中。

只有这样，才能够保证教学活动的优质、高效，从而更好地实现教师专业发展的目标。

第二节　教育信息化战略规划人才及其培养

人才是一个国家最宝贵的资源和财富，是一个国家在激烈的国际竞争中处于优势地位的不竭动力。教育信息化人才，尤其是教育信息化战略规划人才至关重要。

一、教育信息化战略规划人才概述

（一）教育信息化战略规划人才的概念

教育信息化战略规划人才是从事教育信息化战略规划研究或实践活动的高层次人才，具体从事教育信息化发展规划、教育信息化发展战略、教育信息化发展趋势、教育信息化政策等战略层面研究，或教育信息化发展规划的研制和教育信息化政策的制定。教育信息化战略规划人才属于教育信息化人才的下位概念，内涵相对较小，是教育信息化人才的重要组成部分。教育信息化战略规划人才，既要懂管理，又要懂技术，还需具有很强的沟通协同能力，是典型的复合型人才。

（二）教育信息化战略规划人才的特点

教育信息化战略规划人才所从事工作内容的特殊性，决定了他们具有一般人才不具有的特点。教育信息化战略规划人才具有以下几方面特点。

1. 兼职性

除少数致力于从事教育信息化战略规划研究的专职人才外，大部分教育信息化战略规划人才是兼职人才，在担任教育信息化战略规划研究或研制任务的同时，他们还承担管理、教学、研究等工作任务。

2. 前瞻性

教育信息化战略规划人才具有视野开阔、思维灵活、前瞻性强的特点。

3. 协同性

教育信息化战略规划人才具有跨学科、跨部门的协同工作能力。

4. 思维性

教育信息化战略规划人才具有较强的思维能力，尤其是宏观思维能力和系统思维能力。

（三）教育信息化战略规划人才的作用

教育信息化战略规划人才是教育信息化发展的领军人物，是促进教育信息化未来发展的领导力量，其作用主要表现在以下几方面。

第一，教育信息化战略规划人才是教育信息化未来可持续发展的重要保障，是促进教育信息化发挥最佳功能和效益的中坚力量。

第二，教育信息化战略规划人才是教育信息化发展的设计师与引领者。教育信息化战略规划人才是教育信息化研究课题的设计师，是教育信息化研究方向的引领者和把关人。

第三，教育信息化战略规划人才的水平与教育信息化战略规划的水平成正比，只有高水平的教育信息化战略规划人才才能研制出高水平的教育信息化战略规划，从而保障教育信息化未来的发展沿着正确的方向前进，避免或减少教育信息化发展过程中的损失。

第四，教育信息化战略规划人才是各级各类教育管理部门、电教馆（教育信息技术中心）、学校、企业等教育信息化战略规划的研制者和研究者，是推进教育信息化实现教育现代化的领军人物。

（四）教育信息化战略规划人才的胜任能力

教育信息化战略规划实践工作的复杂性和前瞻性，决定了教育信息化战略规划人才胜任能力的复杂构成。教育信息化战略规划人才的胜任能力模型，见图8-1。教育信息化战略规划人才胜任能力包含知识结构、基本素养和基本能力三方面。

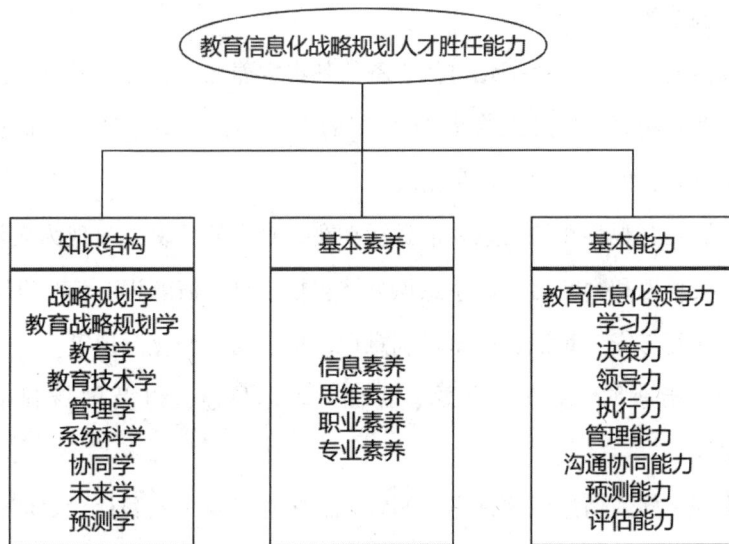

图8-1 教育信息化战略规划人才的胜任能力模型

1. 教育信息化战略规划人才应具有的知识结构

作为复合型人才，教育信息化战略规划应具备战略规划学、教育战略规划学、教育学、教育技术学、管理学、系统科学、协同学、未来学、预测学等学科的综合理论素养和开阔的学科视野，具有扎实的教育信息化理论知识与实践能力，能够把握教育信息化发展的趋势与动态，能够创造性地推动教育信息化发展，通过最大限度地发挥教育信息化的功能与效益，达到引领与变革教育，最终实现教育现代化。

教育信息化战略规划人才只有拥有跨学科的知识结构，才能以开阔的视野，全面分析教育信息化实践活动中面临的各种问题，创造性地提出解决策略与方法。单一学科的知识结构，容易使人的思维局限于固定思维模式，陷入"只见树木，不见森林"的境地。

2. 教育信息化战略规划人才应具有的基本素养

21世纪既是信息化时代，又是数字化时代，这个时代对人类提出了新的能力要求。为了在21世纪得以生存，年轻一代应该需要具有21世纪的素养。教育信息化战略规划人才具有的基本素养包括信息素养、专业素养、职业素养和思维素养等。

（1）信息素养

信息素养是人们步入数字化时代必备的基本素养之一，是一种对信息社会的适应能力，拥有较高的信息素养是21世纪的人才必备的典型特征。信息素养具体包含信息意识、信息能力和信息伦理。

信息意识是客观存在的信息和信息活动在人脑中的反映，表现为人们对信息的敏感力、观察力和判断力。信息意识具体包括信息价值意识、信息获取与传播意识、信息保密与安全意识、信息辨别意识、信息动态变化意识等。

信息能力指获取、处理、传输、存储、表达信息，以及创新利用信息的能力。

信息伦理又称为信息道德，它是调整人们之间以及个人和社会之间信息关系的行为规范。信息道德包含个人信息道德和社会信息道德。

（2）专业素养

专业素养又称为专业素质，指从事某一特定行业所具备的专业理论知识和技能。教育信息化战略规划人才应具有较高的专业素养，具体表现为拥有战略规划学、教育战略规划学、教育学等跨学科的知识结构，掌握教育信息化战略规划的理论与方法，能够开展教育信息化战略规划方面的课题研究，能够主导教育信息化发展规划研制工作，能够对教育信息化发展规划进行评估，能够有效执行教育信息化发展规划。

（3）职业素养

教育信息化战略规划人才的职业素养，是从事教育信息化发展规划研究或研制活动中所表现出来的综合素质，包含职业信念、职业道德、职业技能、职业行为等。教育信息化战略规划人才应该具有推动教育信息化发展、促进社会和人类发展的社会责任感和使命感；应具有高尚的职业道德，面对教育信息化战略规划中涉及的各利益相关者，能够做到平等相待、相互支持、共同发展。

（4）思维素养

教育信息化战略规划人才更应具有较高的思维素养，包括宏观思维、发散思维、求异思维、转换思维、逆向思维、迂回思维、急智思维、博弈思维、逻辑思维、定向思维、辩证思维、推理思维、形象思维、直觉思维、互动思维、系统思维、复杂性思维、线性思维与非线性思维等思维能力，养成良好的思维品质和思维习惯，以便游刃有余地处理教育信息化发展过程中的各种问题。

3. 教育信息化战略规划人才应具有的基本能力

教育信息化战略规划人才应具有的基本能力包括教育信息化领导力、学习力、决策力、领导力、执行力、管理能力、沟通协同能力、预测能力、评估能力。

第一，教育信息化领导力，又经常被称为信息化领导力、教育技术领导力、信息技术领导力、技术领导力、IT 领导力、科技领导力等。教育信息化领导力是教育信息化战略规划人才必备的基本能力之一，对推动教育信息化建设与发展起着至关重要的作用。

第二，学习力包含学习动力、学习毅力和学习能力三要素。学习力是把知识资源转化为知识资本的能力。学习能力是由学习动力、学习毅力直接驱动产生的接受新知识、新信息并运用新知识、新信息分析问题和解决问题的能力。

第三，决策力是每个人所具有的能力，但并不是所有人都具有很强的决策力。教育信息化战略规划人才所面对的很多工作，都需要做出决策判断，因而需具有较强的决策力。

第四，领导力是领导者素质的核心，是指领导者应具有的领导魅力和领导能力。教育信息化战略规划人才是教育信息化建设与发展的领导者，除应具有教育信息化领导力外，还应具有优秀管理者所具备的领导力。

第五，教育信息化战略规划的实施效果，在很大程度上取决于教育信息化战略规划的有效执行程度。教育信息化战略规划的有效执行程度越高，教育信息化战略规划的实施效果就越好。为促使有效执行教育信息化战略规划，教育信息化战略规划人才需具有很强的执行力。

第六，教育信息化战略规划人才扮演着重要的管理角色，应具有很强的管理能力。教育信息化战略规划人才的管理能力，具体包括教育信息化管理、战略管理、绩效管理、风险管理、战略规划团队管理等。

第七，在教育信息化战略规划研制过程中，需强化教育信息化战略规划团队的协同能力，加强彼此间的沟通与协调，拓展沟通途径，加大沟通力度。极其复杂的教育信息化战略规划过程，决定了教育信息化战略规划人才需具有很强的沟通协同能力。教育信息化系统各部门之间沟通协同融洽与否，直接影响着教育信息化系统的运转效率。

第八，教育信息化战略规划人才应具有较强的预测能力，可以较为准确地预知教育信息化战略规划实施后的预期结果，从而增强教育信息化战略规划的精准性。教育信息化战略规划人才具有较强的预测能力，还可避免因决策失误而带来的精力、物力、财力方面的浪费。

第九，教育信息化战略规划人才的评估能力，既包含对教育信息化现状、功能效益的评估，也包括对教育信息化战略规划研制过程、实施过程和实施效果的评估。适时对教育信息化和教育信息化战略规划进行评估，是促进教育信息化和教育信息化战略规划发展的重要措施。

二、教育信息化战略规划人才的培养

战略规划人才的培养具有很大的难度，是较难培养的人才之一。培养教育信息化战略规划人才，应从以下几方面入手。

（一）重视教育信息化战略规划人才的培养

当前，教育信息化领域对教育信息化战略规划人才的地位和作用认识不透彻，对教育信息化战略规划人才的重视程度不够，更没有意识到应加强教育信息化战略规划人才的培养。当前，教育信息化战略规划人才多是从教育信息化人才的基础上自发成长，由于研制教育信息化战略规划的需要而被动成为教育信息化战略规划人才。这就使得教育信息化战略规划人才的专业化程度不高，严重影响了教育信息化战略规划的质量。教育信息化战略规划实践活动是一项专业化程度很强、复杂程度很高的工作，因而迫切需要专业化的教育信息化战略规划人才。

（二）创立教育信息化战略规划学

任何一个学科创建伊始，其人才培养目标的定位、课程资源的建设、师资队伍的组建等都面临着很多问题。学科创建伊始的诸多问题都是一个从不清晰到逐渐清晰的过程，这也是一个学科从潜学科逐渐成长为显学科的过程。

（三）开发教育信息化战略规划系列课程

课程资源是培养教育信息化战略规划人才的重要基础，课程资源的质量与水平直接影响教育信息化战略规划人才培养的质量与水平。拥有高质量、高水平的教育信息化战略规划课程资源，才能够培养出一流的教育信息化战略规划人才。

（四）加强教育信息化战略规划研究

尽管目前已有专家学者开始关注教育信息战略规划研究，但是教育信息化战略规划研究成果还相当缺乏。教育信息化战略规划的理论与方法、教育信息化战略规划人才的培养、教育信息化战略规划的有效执行、教育信息化战略规划的评估、中外教育信息化战略规划比较、教育信息化战略规划课程建设、教育信息化领导力，以及教育信息化项目规划、管理与评估等有待进一步研究。

（五）组建跨学科、跨领域、跨机构的教育信息化战略规划学师资队伍

教育信息化战略规划人才应具有跨学科的知识背景、多种基本素养和基本能力，这对教育信息化战略规划学师资队伍提出了非常高的要求。组建跨学科、跨

领域、跨机构的教育信息化战略规划学师资队伍是培养教育信息化战略规划人才的必要手段，有利于从多视角培养教育信息化战略规划人才，从而为教育信息化战略规划人才形成开阔的视野，养成宏观、灵活的思维方式奠定基础。

第三节　教师信息素养的结构及其提升措施

信息时代对教育提出了新的要求，教育已不再仅仅是为学生建立扎实的知识基础，还包括全面提升学生的素质，其中一个重要的内容就是对信息的归纳、概括以及分析判断能力。这就需要教师不断完善自身的信息素养和技术能力结构，只有这样，才能够适应教育信息化的发展。

一、教师信息素养的结构

教师信息素养是指教师在传递信息的实践基础上，根据社会信息环境和发展要求，自觉接受教育和进行修养而逐步形成的对待信息活动的态度，以及利用信息去解决问题的能力。

具体而言，教师应具备的信息素养主要包括信息意识、信息知识、信息能力、信息道德、信息创新，如图 8-2 所示。

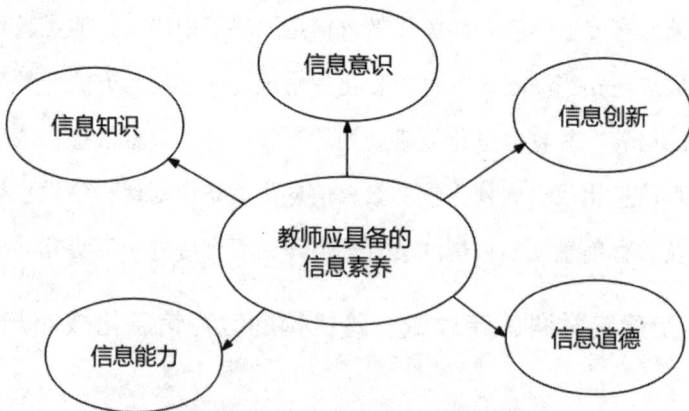

图 8-2　教师信息素养的结构

（一）信息意识

所谓信息意识，就是指人在信息活动过程中表现出的敏感度、判断力和洞察力，以及形成的认识和观念。信息意识的树立与培养，是教师在教育教学过程中自觉运用信息技术的重要前提。同时，教师也只有不断增强自身的信息意识，才能够做到主动积累信息知识、提高自身的信息能力，进而促进信息素养的提升。相关实践表明，如果教师拥有较强的信息意识，就会在教学过程中表现出较强的敏感性，时时刻刻把信息技术"记"在心头。

总体来说，信息意识具体体现在以下三点。

第一，能够充分认识到信息在社会发展中发挥的重要作用，并树立终身学习、积极创新的观念。

第二，具有强烈的获取信息的欲求。只有具备获取信息的欲求，才会产生获取信息的行为，进而适应社会的发展。

第三，对信息具有较强的敏感性，能够准确筛选出有价值的信息。

（二）信息知识

信息知识是指与信息的产生、传播、运用相关的内容。作为信息素养的重要组成部分，信息知识主要包括多媒体知识、网络知识、课程整合知识、外语知识、终身学习、基本信息知识六方面，如图8-3所示。

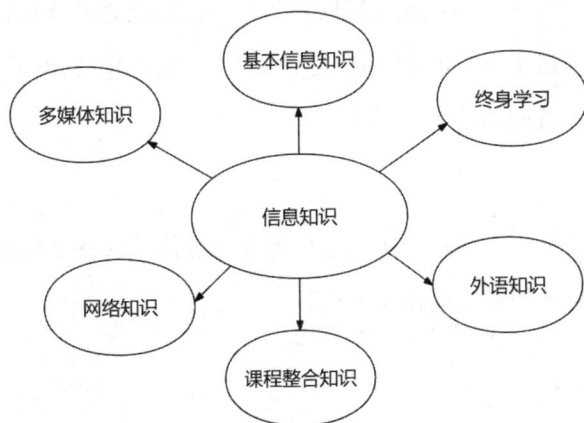

图8-3　教师信息知识的结构

1. 基本信息知识

在信息时代，教师想要提升自身的信息处理能力，就必须具有快速的阅读能力，有效地获取有价值的信息，了解信息技术的基本常识与历史，掌握基本的信息知识。

2. 终身学习

终身学习与信息素养的培养具有密切的联系。人们通过终身学习，能够获得发展所需的知识、价值、技能，并在任何任务、情况和环境中合理应用它们。

3. 外语知识

信息化社会是开放性的、全球性的，互联网是人们主要的信息交流平台。互联网上的信息 80% 是英语，教师只有掌握一定的外语知识，才能够实现信息的交流，适应当代教育信息化发展的要求。

4. 课程整合知识

为实现信息技术与学科课程的整合，教师要能够熟练地将信息技术与不同媒体进行重新整合，要能够实现信息技术与学科教学的有机融合。

5. 网络知识

随着信息技术的飞速发展以及互联网的广泛应用，网络技术在教学中发挥着越来越重要的作用。在信息化时代，远距离教育和学生自主学习是两种重要的人才培养方式。各种教育机构、科研机构和公共文化设施通过计算机网络密切联系在一起，为学生营造了良好的学习环境。因此，在信息化教学中，教师必须掌握网络基本知识，具备网络的基本操作能力。

6. 多媒体知识

信息时代，教学在实施过程中会运用到多种媒体，这就要求教师了解软件的作用与特征，掌握各种软件的使用方法。

（三）信息能力

教师的信息能力主要包括基本信息能力和教育信息能力两大类型。

1. 基本信息能力

基本信息能力主要可以分为以下四方面。

（1）信息系统的应用能力

信息系统的应用能力既包括对信息系统硬件系统的操作能力，又包括对软件系统的使用能力。例如教师能够对多媒体计算机进行熟练的操作，能够熟练运用网上通信、查询、浏览等软件工具。

（2）信息搜索获取能力

信息搜索获取能力是指教师搜集、获取信息的效率和质量。教师信息搜索获取能力的强弱主要取决于其对信息源的了解程度，以及对信息检索工具和检索方法运用的熟练程度。

（3）信息的加工能力

从实质上讲，信息加工在原有信息的基础上对信息的重新再造，包括对信息的分类、理解、综合和评价。

第一，分类，即按照一定标准对信息进行筛选和分门别类地处理。

第二，理解，即准确把握不同信息的内涵和特点，了解信息的内在价值和意义。

第三，综合，即在对信息进行分类和理解的基础上，将有用的信息进行重新组合。

第四，评价，即从信息的时效性、科学性出发，对其进行科学的价值判断。

（4）信息的应用能力

信息的应用能力就是在获取信息、加工信息的基础上，实现对信息的优化、表达和再生。

第一，优化，即通过对收集的信息进行加工处理，最大限度地发挥其效益。

第二，表达，即能够将自己的思想通过信息的形式呈现出来，向他人进行传播。

第三，再生，即利用信息工具对原有的信息资源进行重新整合，生成新的信息产品。

此外，与信息密切相关的其他各项活动的一般能力，如语言能力、思维能力、观察能力等有时也归为基本信息能力的范畴。

2. 教育信息能力

教师的教育信息能力主要包括以下几方面。

（1）进行信息化教学的能力

随着时代的进步，科学技术的迅猛发展，信息化教学受到了越来越多的重视。信息化教学以计算机多媒体技术、网络技术、人工智能等现代信息技术为技术支持，对教学进行了全方位的变革。

（2）信息技术与学科教学整合的能力

在信息化时代背景下，基础教育课程改革的一项重要内容就是实现信息技术与学科教学的整合，这也是实现信息技术课程目标的重要途径。因此，教师应具备信息技术与学科教学整合的能力，深刻理解学科课程、熟练运用信息技术，并在此基础上实现教学设计。

需要强调的是，在信息技术与学科教学整合过程中，应将信息技术作为一种认知工具，积极引导学生获取信息、探索问题、解决问题和建构知识，实现学科教学与信息技术的融合。

（3）教育知识管理能力

教育知识管理能力是指在面对庞杂的网络信息资源时，能够及时获取有效的信息，并对其进行加工、处理，将各种教学资源转化为具有网状联系的规范知识集合，并对这些知识进行有效的管理和利用。

教育知识管理能力要求教师遵循知识管理的基本原则，即积累、共享、交流的原则。积累是进行管理的基础，是对知识资源数量和质量的要求；共享要求学习组织内各成员之间的知识具有开放性；交流要求组织内成员之间要进行积极的沟通。

另外，教师还要对包括知识的生成工具、编码工具、转移工具在内的知识管理工具有一个深入的认识，并且能够做到熟练运用。

（4）信息教育的能力

在信息教育中，教师一方面要通过自身的努力学习，不断提升自身的能力；另一方面要积极引导学生接受信息技术教育。这就要求教师在实际教学过程中不断渗透信息教育的内容，并且在现实生活中能够自觉运用信息技术。

（四）信息道德

现代信息技术在不断充斥着我们的生活，给教育教学信息的获取、加工、传输带来极大的便利的同时，也带来了许多不容忽视的问题，如网络黑客、版权问题、个人隐私问题等，这些问题的出现给我们的道德教育提出了新课题，它对信息社会的每一个人都提出了新的要求。在信息化社会，就教师而言，其不仅自身要具有良好的道德修养，而且还应具备进行信息道德教育的能力。

信息道德是指人们在获取、利用信息过程中，必须具备的信息道德思想，以及必须遵循的行为准则。教师在面对网络时，应具有高度的社会责任感，这是信息素养的首要道德，在进行每一项研究时，应考虑到这会很快地传播到各个地方，造成极大影响，应考虑到社会效应。在信息道德规范下，教师在面对十分庞杂的信息时，应选择有用的、有正确影响的信息进行整合，形成有利于社会、有利于学生的信息，并指导学生学会判断、选择信息，为影响学生的信息道德做出表率。

一般来说，教师的信息道德修养主要包括以下几点。

第一，对文化多样性和各民族文化传统的关系有一个正确的认识。

第二，对全人类利益和民族利益的关系有一个正确的认识。

第三，能够有效排除信息技术环境的不良因素。

第四，自觉遵守网络环境下的行为规范。

第五，提高道德的主体性，遵循信息伦理道德标准。

（五）信息创新

随着社会的不断发展，竞争无处不在，因此要注重对创新型人才的培养。而承担着培养创新人才任务的教师，只有从自身出发树立创新意识，提升创新能力，才能为学生树立良好的榜样，促进学生创新能力的提升。

1. 教师的创新意识

教师的创新意识具体包括以下几点。

第一，保持怀疑，要对一些传统的观念和看法进行大胆发问，要善于发现和观察，关注其他人忽略的事物，在一些习以为常的事物中发现新的问题，敢于质疑大家公认的真理。

第二，对新事物要保持好奇心，并积极弄清它们的发展趋势，提出有价值的问题。

第三，能够敏感地发现问题，注意到某一情境中存在的问题。

第四，对问题的新颖性进行分析，能够提出与众不同，又有科学依据的观点。

2. 教师的创新能力

教师的信息创新能力的重点应是能创造出各种条件来培养学生的创新能力。具体而言，教师要努力做到以下三点。

第一，转变传统的教学观念。教师不再是向学生灌输书本知识，而应注重调动起学生参与课堂的积极性，最大限度地激发学生的创造性。教师在利用多媒体信息网络教室进行教学时，不仅要向学生传授知识，更要教会学生掌握适合自己的学习方法。

第二，为学生营造良好的创新环境，鼓励学生进行大胆质疑，积极表达自己的意见和观点，培养学生的创新意识。当意识到学生提出的观点不正确时，不应立刻对其进行否定，而应逐步引导其认识到自身的问题所在，并积极探索出正确的结论。

第三，合理利用多媒体点播系统，以激发学生创新思维。教师在进行课程综合设计时，要发掘一些有利于训练学生创新能力的课题，要启发学生自己发现问题，自己解决问题，使学生逐步养成独立获取知识和创造性地运用知识的习惯。加强培养学生发现问题、提出问题和解决问题的能力。利用多媒体网络，能够让学生对所学的知识有一个直观的认识，可以让学生通过实际操作，不断加深印象；通过网上冲浪可以让学生遨游网络世界，并在教师的指导下获得大量的知识。

3. 教师的创造性思维

教师的创造性思维主要表现在对学生的创造性思维的培养上，应遵循培养创造性思维的四个环节。

第一，积极培养发散性思维，做到同中求异，正向反求。

第二，积极培养形象思维，积极表象，启发联想，大胆想象，不要孤立地培养形象思维，要用与逻辑思维相结合的观点培养形象思维。

第三，积极培养逻辑思维，提升对事物的分析、综合、概括能力。

第四，积极培养辩证思维，对问题进行实事求是的分析。

二、教师信息素养的提升措施

（一）营造良好的信息素养培养环境

1. 成立领导教师信息素养教育工作的专门部门

培养信息素养的环境应该是一个和谐的人文环境，这就需要从教育行政层面成立专门部门领导教师信息素养教育工作。教育行政部门对整个教育事业的发展方向、规模、速度，以及师资队伍的建设、师资素质的要求都起着规划、决策作用。教育行政部门要充分利用各种场合和手段，进行广泛的宣传教育，使广大教师在认识到教育的历史责任感和使命感的基础上，强化信息意识和观念紧迫性、重要性的认识，从而牢固树立信息意识与信息观念。

2. 加强学校信息基础设施建设

为了提升教师的信息素养，学校要加强基础设施建设，落实学校现代化教育技术装备，对此，应从校园网建设、计算机中心建设和现代教育技术中心建设等几方面入手。

（1）校园网建设

学校信息化建设的第一个基础设施就是校园网，这是学校实现信息化的一个重要平台。建设校园网，首先，要建好学校网站，丰富学校网站网页内容；其次，要加快校园网资源建设，特别要为教学提供更多的网络资源；最后，学校还应尽量为每位教师接触和下载网络资源提供便利。

（2）计算机中心建设

学校要加强对教师多媒体软件制作和使用方法以及网络操作技能的培训。做到这一点，就需要学校加快对计算机中心的建设，比如接入局域网或国际互联网，将校园网接入各个教师的办公室，并配备相应的课件素材库，为教师提供一个强有力的硬件基础。同时，应该让信息点延伸到学校的每个角落，使信息无处不在。

（3）现代教育技术中心建设

要提高教师的信息技术素养，现代教育技术中心的建设是必不可少的。因此，有条件的地区和学校，应加大资金投入，增加教育技术所需的硬件设备，为教师信息技术素养的培养提供必要的物质基础。具体的，可建立校园广播、视频点播系统；可创办自己学校的电视接收系统；可设置多个多媒体教室，有条件的课程都在多媒体教室上课；在专业的指导下，组织教师学习课件的制作和相关软件的使用。

3. 积极引导教师参与信息能力培育的讲座和研讨会

为了营造良好的信息素养培养环境，学校应该多举办一些由信息能力培育机构组织相关单位的专家教授开展的讲座和研讨活动，并配合出版与信息素养有关的报纸、刊物、书籍等，建立信息技术网站，使教师通过耳濡目染，及时交流经验，提高教师获取信息的能力。

（二）强化教师自身观念的转变

要提升教师的信息素养，除了要营造一个良好的环境外，关键还是要强化教师自身观念的转变。对此，在对教师进行信息技术素养的培训时，培训者应努力引导教师认识到信息技术的重要性，认识到更新教育观念的重要性，努力使教师不断更新观念，解放思想，树立新型的教育理念。教师自身也要不断努力，改变自己的传统观念，并在自己的教学过程中，努力改变传统的教学手段和教学模式。

（三）采用不同层次的培训策略

由于我国教育发展水平的区域性差异，不同地区不同学校的教师的信息技术素养水平也存在着较大差异，因此，要基于不同的教师群体采用不同层次的培训策略，摆脱过去单一的培训层次。

1. 基础层次

基础层次的信息技术素养培训，主要包括对信息基础知识的培训、对基础的信息操作技能的培训、对基本的信息意识的教育以及对基本的信息技术的信息化教学设计和整合能力的培训。培训时，要各有侧重，培训内容要有针对性。

2. 应用层次

（1）采取基于任务的培训方式

这种面向课程整合的教师信息技术培训，需要教师带着解决出现在教学过程中的问题的思想进行培训，一般教师都会带着自己的任务来接受培训。在培训的过程中，培训者应不断地修改培训计划，使接受培训的教师不仅掌握在本学科教学中所需要用到的信息技术，更能通过获取、分析和处理信息，加强信息化教学设计的能力，提高他们的整体信息素养。在每次培训结束后，教师都应做到带着培训理念回到学校，应用到课堂教学中去。培训者也可直接到学校中去指导学员的课堂教学实践。

（2）信息技术与学科课程的整合

信息技术与学科课程的整合，简单来说，就是指将信息技术引入学科教学中。在对教师进行信息技术与学科课程整合的培训时，要注意以下两方面。

首先，要使教师认识到，将信息技术与学科课程整合的重要意义。

其次，要教给教师将信息技术与学科课程整合的方式。综合起来，主要有把信息技术作为学习资源的获取工具、把信息技术作为演示工具、把信息技术作为情境探究式学习和发现式学习的工具、把信息技术作为评测和反馈工具这几种方式。

（3）推行跨学科的培训方式

在传统的教师信息技术素养培训过程中，各学科之间教师缺少交流，而新的教育课程倡导打破学科界限，要求教师要有跨学科教育的视野与思维。因此，在现代培训过程中，培训者应打破学科界限，让不同学科的教师有机会共同参与学习，顺应教育课程改革发展的需要。推行跨学科培训能够使各学科教师得以开阔视野，实现多渠道、多层次的交流与协作，这是一个更高层次的培训策略。

（四）采取多元化的培训形式

面对教师信息技术素养水平普遍偏低、参差不齐的现状，我国应该加强对教师进行信息技术素养的培训，并且培训的形式应该是多元化的，特别是在职培训，应采取校本培训、校外培训、短期培训及自发研修等多种形式。

1. 教师职前培训

从通常意义上讲，教师职前培养课程是指教师入职前的师范学习阶段的课程。它包括实习期，反映的主要是师范学习阶段师范生的学习活动、身心体验和发展状况。同时，职前教育课程不仅包括学校正规的学科教学，而且也应该涵盖"未来教师自己安排的学习、活动的总体计划和学习、活动本身及其过程中的非计划因素"。此外，教师职前教育是由一定的教育培养机构承担的有目的、有计划、有组织的正规教育。因此，它主要是指在学校指导之下提供给师范生的一切活动和经验。

加强对师范生的信息技术素养的培养，关系着未来教师的信息素养水平，关系着未来教育及教育信息化的大力发展。因此，师范院校要适时加强信息技术等相关专业建设，增强师范生信息观念；要注重开设与师范生所学专业相结合的信息应用课程，主要包括现代教育技术与教学设计理论、多媒体计算机操作、互联网使用与课件编制等课程。此外，师范院校还要注重加强有关教育信息化的公共选修课，选修课要避免偏重程序设计语言的学习，着重加强基本信息知识与信息伦理道德的培养。在职前培训的过程中，师范生也要密切配合培训者，重视相关课程的学习。

2. 教师在职培训

目前，我国的教师信息技术素养培训仍集中在对在职教师的培训上，并且信息素养低的大部分教师也主要集中在在职教师中。所以要加强对在职教师的信息技术素养培训，采用多种培训方式，以提高教师的信息素养。

（1）校本培训

校本培训是指各个学校利用教师工作时间以外的闲暇时间自行组织的教师信息素养培训活动。校本培训的次数可多可少，时间可长可短。其形式灵活多样，可以是信息专题讲座，可以是计算机知识培训，也可以是教学观摩，等等。其内容比较有针对性，强调实用性，能够有效地将信息技术与学科课程结合起来，使整个培训活动更具活力和效果。

（2）校外培训

校外培训是指教师暂时放下手中的教学任务，专门花一定时间全身心地投入信息技术素养培训中，也就是所谓的"脱产"。这种培训方式也较为普遍，它的最大优势就是能使教师系统地学习理论知识，获取更多的信息。校外培训的方式主要有本科、专科学位的自考与函授和信息技术教育、教育技术等学科的教育硕士学位等的学习。

（3）短期培训

短期培训主要是指由地方教育管理部门、各大专院校或师资培训中心等组织的有计划、大范围、短期集中进行的信息技术应用培训活动，如由政府部门组织的骨干教师技能培训。

（4）自发研修

自发研修是指非组织性的、自发的教师自我提升信息素养的活动组织。这一培训方式要求培训人员要引导教师为提高信息技术水平和信息素养能力而自发地学习相关知识、掌握相关技能和进行相关研究的活动。具体而言，教师可采取以下一些自发研修的方式。

第一，自行参加有关的专业培训或业务研讨会，利用网络资源自学，发表教学成果。

第二，利用闲暇时间阅读教育技术和信息技术教育方面的相关杂志、专业书刊。

第三，参加网络论坛的专题讨论，交流经验，自由发言，展示自我，争取支持，等等。

第九章　高校数字化智能校园的信息安全建设

在数字化时代，高校信息安全建设是确保教育环境稳定和数据安全的关键。本章全面探讨了高校数字化智能校园的多个方面，从机房智能化信息管理系统的建设策略到教学联合体网站平台的建设方案，再到校园网双层入侵检测系统的建构，以及校园教学管理信息化的延伸与发展。这些策略和方案的实施，旨在构建一个全面、高效、安全的数字化校园环境，以促进教育信息化的深入发展，同时保障校园网络环境的安全与稳定。

第一节　机房智能化信息管理系统的建设策略

高校现代教育技术中心是集教学、科研和服务于一身，负责计算机基础教学，校园信息化、数字化建设，多媒体教学规划、建设、运行协调和管理，教育技术开发、推广、普及、应用等工作的教学单位。而作为下设网络中心的机房是整个校园网的核心和枢纽，它的运行状态将直接关系到整个学校的教学、科研和管理工作能否顺利进行，因而加强网络中心机房的科学管理就显得尤为重要。因此，制订一套关于机房智能化管理系统有效的方案就显得十分必要，该方案能对机房的配电、UPS、空调等环境设备及门禁、消防、保安、水循环系统和设施进行即时、完善的监测和智能化控制。同时，机房智能化管理系统也应融合机房的管理措施，这样，机房所发生的各种事件，系统都能在给出指示信息的同时，结合机房的具体情况做出处理决策，提示值班人员进行操作或自动操作处理，并对所有的事件及操作都有科学的记录。

一、机房管理总体要求

高校的网络中心机房是高校各种数字化信息数据存储、交换的心脏，其服务器、网络核心设备的安全运行直接关系到学校对内、对外的信息发布及学校教学、科研和管理工作的正常运作。所以对机房的管理要保证校园网络中心机房的环境必须满足计算机等各种微机电子设备和工作人员对温度、湿度、洁净度、电磁干扰、噪声干扰、安全、后备、防漏、电源质量、振动、防雷和接地等的要求，以保证网络中心机房是一个安全、可靠、实用、高效、不间断和具有可扩充性的机房。

（一）系统构成

高校网络中心机房设备系统大体可分为供配电系统、环境系统、消防系统、保安系统等四大部分。供配电系统可分为一级配电、二级配电和 UPS 等部分；环境系统可分为空调系统、新风系统和温湿度检测等部分；消防系统可分为早期预警系统、温烟感检测系统和其他消防设施；保安系统可分为门禁系统、电视监控通道报警系统等部分。智能化管理系统能实现自动监控并即时显示各系统的相关参数和画面，做到实时监控、实时追踪显示；故障自动报警，自动弹出故障所在画面，逐级画面监视；电话语音报警；历史数据存储、查询、打印等。

（二）管理的对象及主要功能

1. 供配电系统

通过数字式电源检测模块实时监测 UPS 输入一级配电的三相电源参数（电压、电流、频率、功率因数、有功和无功功率等），系统管理员和操作员能清楚地了解电压、电流是否均衡。如果电压、电流越限，系统自动播放多媒体语音报警。同时，系统将自动拨打预先设置的电话号码，通知有关人员处理。在历史曲线图中还可以按天查询各参数的历史记录，如电压、电流、有功和无功功率的最大值、最小值、平均值等。

通过 UPS 厂家提供的通信协议，可以利用智能通信接口进行 UPS 故障诊断，对 UPS 内部整流器、逆变器、电池、负载等部件的运行状态进行实时监测，发现故障时会自动报警。实时监测 UPS 的整流器、逆变器、电池、负载等的有关参数，如电压、电流、频率、有功功率及负载输出峰值等参数，并有直观的图形界面显示。可以根据历史曲线图，判断 UPS 的质量及可靠性。UPS 发生故障时，系统会自动切换到相应的画面，并播放报警语音。系统处理提示窗将提示操作人员如何处理故障，拨打预置的电话号码。如设置了冗余电源，系统可自动进行电源在线切换，同时，将所发生的事件存储入库，以便查询。

2. 环境系统

通过空调智能控制器可以实现空调监管功能，显示压缩机、过滤器、风机、加热器、外部设备的状态，有故障时处理窗口会提示应如何处理。系统可以直接设定空调温度、湿度，并控制启停，还可实现定时和远程控制等多种功能。

机房新风系统主要有两个作用：一是给机房提供足够的新鲜空气，为工作人员创造良好的工作环境；二是维持机房对外的正压差，避免灰尘进入，保证机房有更好的洁净度。通过新风系统智能控制器可以实现新风系统监管功能，能够显示风力并在有故障时处理窗口会提示应如何处理。可由系统直接设定新风系统风力并控制启停，还可实现定时和远程控制等多种功能。

采用漏水检测系统是指用漏水检测线将水源包围起来，通过漏水智能控制器可实时对空调机排水区域、中心机房区地板下面及其他排布水管的区域进行监测，一旦发现漏水将实时报警，提示管理人员及时处理。

3. 消防系统

机房采用七氟丙烷自动灭火系统的无管网气体消防系统。机房内设四个防火区，即供配电区、服务器区、网络区、工作区。每个防火区都由探测火情设备智能感烟、感温探测器、防火与灭火设备气体喷洒指示灯、现场紧急启动/停止按钮、声光讯响器、切换模块和气体灭火钢瓶及控制主机组成。通过消防系统智能控制器可以检测防火区的温度和烟的浓度。当探测器发出火灾信号时，经甄别后由报警和灭火控制装置发出声光报警，下达联动指令，关闭联锁设备，发出灭火指令，延退 30 秒电磁阀动作，启动容器和分区选择阀，释放启动气体，开启各储气瓶容器阀，从而释放灭火剂实施灭火。机房内的消防系统与整个大楼的消防系统形成联动，可以及早监测到火灾发生情况并及时报警。

4. 保安系统

门禁系统，即进出权限管理系统，包含门区权限管理，进出时段和进出方式管理。若卡号不符或属黑名单，将闭门并报警，监控管理者通过微机可实时查看每个门的人员进出情况和每个门区的状态。出入记录查询系统可存储所有进出记录、状态记录，可按不同条件进行查询，并以各类报表的形式打印输出，异常报警系统在异常情况下可实现微机报警。

电视监控通道报警系统对电梯口、走廊、操作室、阳台、备件仓库、电源室进行图像监视和报警，作为安防功能可与公安 110 报警系统联网。电话语音通知可以将所发生的事件很快地告知机房维修人员，以便及时进行故障处理。

5. 服务器

服务器的管理分为两部分：一是服务器硬件参数的检测，二是服务器软件方面的检测。硬件参数的检测是指对每台服务器的 CPU 利用率、可用内存、磁盘空间等数据进行监管，当智能化管理系统采集到的数据超出正常数据范围时，系统会根据报警级别自动将报警信息发给相应人员，要求相关人员对服务器进行处理。软件方面的检测是指针对不同服务器所提供的服务进行监管，其中，主要对软件的可用性、会话情况进行监管，以保证服务器的正常运行。

二、机房智能化管理系统的应用

机房智能化管理系统可以帮助高校相关管理人员及时了解机房内各种设备的运行状况，发现各种异常情况。

（一）环境管理系统的实现

机房环境是确保整个中心机房正常运行的基础。在环境管理中，可以对机房的供配电、温湿度、精密空调等设备进行详细监控，而且机房内的消防系统与整个大楼的消防系统可以形成联动，及早监测到火灾发生情况并及时报警。在管理软件的底层，也就是数据采集层，部署了针对不同环境检测参数的数据模块，并从设备的通信卡上采集设备的实时参数和报警信息，采集的数据经过采集模块传递给管理主机。

（二）服务器管理系统的实现

服务器是整个中心机房的核心部分，各业务系统的正常运转均依赖服务器的稳定运转。对服务器运行情况的管理是整个中心机房管理的重点。服务器的管理分为两部分：一是服务器硬件参数的监测；二是服务器所提供服务的可用性监测，即软件方面的监测。对服务器的监测可分为三级，分别是一般报警、严重报警和故障。一般报警表示服务器发生了部分故障，但还没有影响正常运行；严重报警表示发生了影响服务器正常运转的故障，但服务器还在正常运行，如果对这一故障不进行处理，持续一段时间后可能会导致服务器不可用，这两级报警都表示服务器仍然可用。故障表示服务器已经不能正常运行了，需要马上进行处理。

（三）网络管理系统的实现

网络系统作为数据中心机房的重要组成部分，网络运行的情况直接影响到整个系统的运行。使用 NETCOOL 软件可实现对整个网络系统的有效监管。NETCOOL 软件具有多厂商设备监管、即时处理、故障预警、跨平台支持等优点，能够有效地对全部网络设备和通信线路进行监管。

对网络系统的监管分为三个平台，即基础平台、监控平台和流程平台。在基础平台部署了数据探针，可实时读取网络设备和通信线路的数据。从基础平台上读取的数据传递给监控平台，监控平台会对数据进行分析、分类、汇总，将其分为综合事件、网络性能和动态生成的网络拓扑。在综合事件中，可以看到按照信息事件、预警事件、故障事件的发生次数生成的柱状统计图。网络性能可以完整地显示该网络设备各端口的协议状态、带宽、流量、IP 地址等相关参数。动态生成的网络拓扑显示了当前组成整个网络系统的各设备的相互关联情况。数据在经过监控平台处理后，用户就可以从流程平台上查看相关数据，同时，如果发生了比较严重的预警事件或者故障事件，监控平台还会将报警信息通过发送邮件、短信、自动语音呼叫等方式传达给相关人员进行处理。

从目前一些高校网络中心机房的使用情况来看，机房智能化管理系统的使用帮助用户解决了很多机房管理问题。通过机房智能化管理系统，可以对机房内的设备进行自动化和智能化的管理，有效地节约了各种资源，为高校提供了一种稳定可靠、投资合理、高效方便、舒适安全的机房环境。机房智能化管理系统正在为大型数据中心机房的正常运转提供可靠的和一流的技术保障。

第二节　教学联合体网站平台的建设方案

深化高等学校教育教学改革，推进高校教学管理制度创新，促进优质教育资源共建共享，高水平、高质量地推进高等教育大众化，是高等学校的一项长期而重要的任务。随着信息时代的日益发展，计算机技术及网络技术在教育领域广泛应用，高校教学联合体网站应运而生。构建高校教学联合体网站能突破时间、空间和高校教学媒体的限制，为高校教学管理、教育管理提供一个理想的共享平台，有效促进高校教学联合体的建设进程。

一、高校教学联合体网站的设计

（一）高校教学联合体网站的主要功能模块

高校教学联合体网站除了涉及高校普通网站应有的网站公告、新闻动态、科研动态、重要链接、后台管理等模块外，还应包括以下主要的教学联合功能模块。

1. 用户管理模块

在高校教学联合体网站中有两类用户，即学习者和高校联合体的教师。高校教学联合体的教师兼有系统管理员功能，用户注册只是针对学习者的，高校教学联合体的教师则是通过手工分配进行管理的。新用户注册包括呈现注册时的填写表格和注册要求、检查用户注册输入信息的合法性、给出输入错误的提示信息、检查用户名是否重复、将用户注册信息保存到数据库中、给出用户注册成功的信息提示。用户进入高校教学联合体网站的页面后，可以随时修改用户名和用户角色以外的个人资料。用户资料修改功能包括呈现用户原来注册时的所有信息、呈现修改资料表格、检查用户修改内容的合法性、将修改后的用户信息保存到数据库中、给出用户修改完成的提示信息。

2. 资源中心模块

在一定范围内向社会公开自己的资源，让更多的人享用资源，是高校教学联合体发展的需要，更是各校自身发展的需要。可见资源是高校教学联合体网站的核心功能，对高校各类资源的建设和组织至关重要。

高校教学联合体网站的资源有一部分是在网站建设时提供的，如与高校教学联合体相关的文件、规章制度、招生与就业信息以及图书信息资源等。还有一部分是在后期使用中由教师和学生在进行学习、探索和研究的过程中不断积累和收集的，如高校教学联合体的在线学习资源以及精品课程等。用户可以使用高校教学联合体所有相关资源，也可以把自己收集的相关资料上传到服务器中供其他用户浏览和使用。

3. 教学管理模块

教学管理模块的主要功能是在教学资源共享的框架下，建立有利于学生跨校选修专业和课程、学分互认、教师互聘、优势互补的教学管理平台和服务体系。通过该模块的应用可以建立有利于教学资源共享的运行制度，鼓励教学联合体中的各所学校尽可能多地开放实验室、图书馆、计算机中心、体育场所等教育教学设施。

4. 协作学习模块

协作方法是达到协作教学目的的有效保证，方法正确可促进联合教学的深入发展。在协作方法上，高校联合体要本着教学信息反馈、教学经验交流、教学优势互补、教学资源共享的原则广泛开展学习交流活动，协作学习模块就是基于这样的目的而设计的。

从本质上讲，高校教学联合体协作学习模块类似于论坛，但高校教学联合体协作学习模块的功能更为全面，是所有高校教学联合体用户实现交流的一种有效方式，它为高校教学联合体的用户提供了一个相互交流的平台，更为用户进行协作学习提供了工具。协作学习模块不仅可以使高校教学联合体用户针对某个专题提出讨论主题，还可以使联合体的所有用户参与主题讨论，发表自己的观点。此外，协作学习模块还可以协作高校教学联合体的用户根据学习内容的不同而采用不同的活动方式，强调高校教学联合体用户之间的协作能力和实际解决问题的能力，组织者要对协作活动过程有良好的组织和引导，使高校教学联合体用户体会到协作学习的有效性。

（二）高校教学联合体网器的 C/S 处理流程

在高校教学联合体网站的三层结构中，一台服务器对应许多客户端。为了降低 Web 服务器处理数据的负担，要让客户端执行尽可能多的代码，即在客户端处理一些程序，如即时检查用户输入内容是否合法，这项工作在客户端使用脚本语言即可处理，而不再需要将程序提交到服务器进行处理。在高校教学联合体网站中客户端处理程序使用的是 JavaScript 脚本语言。

此外，高校教学联合体网站的客户端和服务器之间，使用了标准的 HTTP 通信协议。客户端通过 HTTP 协议向服务器端提出请求，并得到响应。服务器端接受客户端的请求后，根据要求处理数据，并将处理结果以页面的方式返回给客户。高校教学联合体网站中使用的 Web 服务器是因特网信息服务器（IS），IS 提供了因特网服务器应用程序接口（ISAPI）。当 IS 从客户端收到一个扩展名为 asp 的 Web 页面请求时，通过 ISAPI 接口送给 ASP，ASP 便会处理这个页面，并通过 IS 的 ISAPI 接口向客户发出响应。

二、高校教学联合体网站的安全性

高校教学联合体网站的有效实施为高校教学及管理的信息化提供了平台，这一平台意义重大，因此，保证该平台的安全性尤为关键。高校教学联合体网站的安全性主要通过以下几项措施来加以保证。

（一）服务器双机热备

为了保证数据的安全，应优先选用高性能价格比、高可靠性的集群技术。因为集群可以很好地实现负载均衡与容错，更重要的是具有较高的可靠性与安全性。所有服务可在集群内均衡分布访问的 IP 流量，并可以完成如下功能：解决高校网络拥塞问题，就近提供服务，实现地理位置无关性；为高校教学联合体网站的用户提供更高的访问质量；提高服务器响应速度；提高服务器及其他资源的利用效率；避免高校网络关键部位出现单点失效的错误。

（二）数据备份与恢复

根据高校教学联合体网站平台以及原有一些应用系统的需求，高校教学联合体采用高校网络数据备份、系统灾难恢复和网络数据恢复策略来保护网站平台的数据。高校教学联合体网站平台包含大量的共享数据，每天都会有新的数据产生，并在高校网络上传输，最终进入设计完善的数据库系统。对于这些系统的备份，建议采用磁盘备份的方法，并结合专业的备份软件，使之具有实现固定周期的系统灾难恢复的功能。

（三）数据库的安全保护

1. 数据库的通信保护

数据库与应用服务器直接的通信采用数据库的 IP-SEC 加密通信方式，保证数据传输的安全性。

2. 数据库的权限保护

建议采用数据库支持的认证授权方式，确保系统的稳定性、可靠性。

3. 用户定义的数据库角色

这些角色用户将数据库中具有相同安全权限的用户分为一组。需要创建数据库登录，将它们映射到特定的数据库用户。然后将数据库用户添加到数据库角色，并使用角色在单独的数据库对象（存储过程、表和视图等）上创建访问权限。在数据库中，为便于对用户及权限进行管理，可以将一组具有相同权限的用户组织在一起，这一组具有相同权限的用户就称为角色。

（四）网络传输及本地数据的加密保护

高校教学联合体网站所有主要的客户端与网络中心服务器端双向传输的数据、信息等，由通信程序进行 DES 加密后传输，以确保高校教学联合体网站服务器与用户端之间传输的数据信息的安全。

三、高校教学联合体网站的配置发布

高校教学联合体网站建设完成后，需要进行相关的配置，以完成发布任务，从而实现高校教学联合体网站的试运行。

（一）配置 IIS 的 IP 地址

IP 地址是每台计算机的网络地址，IS 作为服务器管理软件，应该为其配置一个特定端口地址作为访问时的地址。系统默认的 IP 是 127.0.0.1，设置 IP 和端口号时，右键点击"默认 Web 站点"，选择"属性"，然后选择"Web 站点"即可设置 IP 和端口号，并可针对不同的虚拟目录配置不同的端口号。

（二）建立虚拟目录

右键单击"默认 Web 站点"，选择"新建"，然后选择"虚拟目录"，根据提示的各个选项即可设定指定物理地址的虚拟目录，包含在该虚拟目录中的文件即可在 IS 上运行。

（三）设定虚拟目录

虚拟目录建立以后，需要对它的各个属性进行设置，包括访问的权限、应用程序设置及虚拟目录默认的首页。完成这些 IS 的配置对 ASP 文件的顺利运行是不可或缺的。

（四）运行程序

运行程序可以用 IE 或其他浏览器的浏览功能，也可以用先前配置的虚拟目录来浏览。

总之，我国高等教育已从精英教育模式转变为大众化教育模式，高校的管理体制尽管加快了改革的步伐，但仍不能满足社会发展的需要，高等教育结构的现代化尚待完成。而高校教学联合体网站的构建就是寻求高校发展的一种创新办学模式，它可以达到盘活教育资源、降低教育成本、提高办学水平、促进社会经济发展的目标。高校教学联合体网站的建设，也标志着高等教育步入规模、结构、质量和效益全面协调发展的新阶段。

第三节　校园网双层入侵检测系统的建构

一、高校校园网存在的安全问题分析

（一）校园网的安全问题

网络安全从本质上讲就是网络上信息的安全，除了网络系统和计算机系统等软硬件环境的安全之外，最主要的是数据信息和内容的安全性。校园网既是大量攻击的发源地，也是攻击者最容易攻破的目标。导致当前校园网常见安全问题的原因如下。

第一，计算机系统的漏洞对信息安全、系统的使用、网络的运行构成严重的威胁。

第二，安全意识淡薄，没有对接入网络的计算机采取基本的保护措施，从而造成文档资源流失、泄密等。

第三，计算机蠕虫、木马、病毒泛滥，影响用户使用、信息安全和网络的运行。

第四，外来的系统入侵、攻击等恶意破坏行为。有些已经被攻破的计算机会被用作黑客攻击的桥梁。其中，拒绝服务攻击目前越来越普遍，许多这样的攻击是针对重点高校的网站和服务器等。

第五，内部用户的攻击行为给校园网造成了不良的影响，损害了学校网络的正常运行。

第六，校园网内部用户对网络资源的滥用。有的校园网用户利用免费的校园网资源提供商业的或者免费的视频、软件资源下载，占用了大量的网络带宽，影响了校园网的应用。

第七，垃圾邮件、不良信息的传播。有的校园网用户利用校园网内无人管理的服务器作为中转，严重影响学校的网络运行等。

（二）入侵检测系统分类比较

1. 基于主机、网络和分布式的入侵检测系统

按照入侵检测的数据来源和系统结构来看，入侵检测系统可以分为基于主机的 IDS（HIDS）、基于网络的 IDS（NIDS）和分布式 IDS（DIDS）（见表9-1）。

表9-1　不同入侵检测系统之间的比较

系统类型	HIDS	NIDS	DIDS
数据来源	主机系统日志	网络数据流	主机系统日志和网络数据包
优点	确定有无攻击、适合加密和交换环境	实时检测及响应、系统资源消耗少	适合高速网络、效率高
缺点	系统资源消耗大、实时性差	本身也易受到攻击	本身组件易受到攻击

2. 异常检测和误用检测的入侵检测系统

按照入侵检测系统所采用的技术来看，入侵检测系统可以分为误用检测与异常检测两种，如表9-2所示。

表9-2　不同入侵检测技术之间的比较

技术类型	误用检测	异常检测
原理	把现有的活动与已知的入侵特征匹配	把现有的活动与"正常"的统计数据进行比较
优点	准确性高	可检测未知攻击
缺点	无法检测未知入侵	"正常"数据难以获取

3. 数据包捕获技术比较

网络数据包的捕获技术是实现各种网络安全系统的基础，也是实现本系统的关键技术。在 Windows 平台上，捕获数据包可以在应用层和核心层实现，如表9

-3 所示。

表 9-3 不同数据包捕获技术之间的比较

技术类型		优点	缺点
应用层	Windows2000 包过滤接口	针对性强，控制粒度细	对网络协议栈底层协议的数据包无法处理
	Winsock 动态链接库替换		
	Winsock SPI	针对性强，控制粒度细，而且能完成 QoS 控制，扩展 TCP/IP 协议栈，URL 过滤等	对网络协议栈底层协议的数据包无法处理
核心层	TDI 过滤驱动程序	可捕获应用程序的所有数据及进程的详细信息	无法得到有 Tepip. sys 接收并直接处理的数据包信息
	Win2k Filter-Hook Driver		
	Winsock SPI	实现简单	对 Ipfiltdrv. sys 的依赖性强，功能单一
	NDIS 中间层驱动程序	可截获较为底层的封包、加密、网络地址转换、过滤、认证等操作	针对性差，控制粒度细，不能灵活控制具体应用层程序及控制相应的策略

二、双层入侵检测系统设计

通过比较分析可看出，传统入侵检测系统单独采用应用层或核心层技术，对数据包捕获均存在缺陷，因此，可以用两种模式相结合的双层入侵检测系统来避免各自的缺点，同时发挥各自的优点。双层入侵检测系统可以通过各种技术对校园网络系统进行实时监测，以发现来自系统外的入侵者和系统内部的滥用者，为计算机系统提供完整、可控、可信的主动保护。

(一) 设计思想

双层入侵检测系统的设计思想采用 NDIS 中间层驱动技术与 Winsock SPI 技术相结合的方案。基本策略：NDIS 中间层驱动程序对进出网络的封包进行检查，并根据匹配规则进行第一级检测，主要完成最基本的安全设置，如传输层及以下层协议分析，IP 地址、端口检测等，网络恶劣状况下的断网操作以及 SPI 无法完成的操作（如检测 ICMP 数据包等）。被 NDIS 中间层驱动程序放行的网络数据会由 SPI 进行检测，主要完成针对应用程序和 Web 网址的第二级检测。

（二）工作原理

本系统采用基于规则与特征的入侵检测模型，通过对接收到的原始数据包的分析，根据攻击的行为特征建立模型。当接收到数据包时，要先通过中间层驱动程序进行分析，如果满足某种特征的攻击行为则直接将数据包丢弃，并向用户发送警告。如果不满足，则将接收到的数据包送到应用层，由 SPI 再次进行分析，如果此次满足某种特征的攻击行为，则将数据包丢弃，并向用户发送警告。如果不满足，则将数据包交给用户。

（三）系统结构

双层入侵检测系统分为三个模块，分别为核心层包捕获模块、应用层包捕获模块、用户界面模块。

1. 核心层包捕获模块

该模块位于核心层的驱动程序，根据定义的模式匹配规则进行操作，同时，将产生的日志信息发送至上层模块。本模块处于操作系统核心，采用 DDK 开发。

2. 应用层包捕获模块

该模块处于应用层的动态链接库，位于 SPI，拦截所有基于 Winsock 的网络通信，根据定义的模式匹配规则进行操作，同时产生日志信息发送到上层模块。该模块采用 VC6.0 开发。

3. 用户界面模块

该模块是一个普通的应用程序，提供用户接口。用户在此设置模式匹配规则，收集并保存前两个模块产生的日志信息，向用户提供日志查询功能。

网络应用程序的数据都要经过下两层的处理，IDS.EXE 负责模式匹配规则设置、日志的读取，而具体的匹配规则的实施以及安全功能的实现和日志的生成在 APPIDS.DLL 和 KERIDS.SYS 中。

三、校园网双层入侵检测系统的关键技术

(一) 环形缓冲区设计

在环形缓冲区结构体设计中，有如下几个重要的变量。

1. 读序号和写序号

用来确定当前缓冲区中数据包的数目。

2. 读指针和写指针

用来确定需要拷贝到 Win32 应用程序的缓冲区包含多少个数据包。

3. 数据包长度数组

存储每一个数据包的长度，使 Win32 应用程序正确解析每一个数据包。

缓冲区是共享资源，通过事件等待机制来进行读写，也就是向缓冲区读包和写包不能同时进行。以太网的最大传输单元（MTU）为 1514 B，Windows 页面大小为 4 kB，设定每个数据包的大小为 2 kB，环形缓冲区设计存储 100 个包，申请的内存空间为 200 kB。在具体操作环形缓冲区时，读写序号通过存储包个数 1~100 来记数，读写指针则是根据整个缓冲区的大小来记数，以实现循环。在到达缓冲区边界（末尾）时，需要分段读或写，也就是当前缓冲区末尾不够读写下整个数据包的内容，需要将剩余的部分从缓冲区的头部读或写。

设置一个时间阈值（1m）和需要读取的最小的数据包个数（25 个，为设计的总包数的 1/4），对于时间阈值和数据包的个数，都可以由 Win32 应用程序设定再传递到驱动程序。设定两个读包策略如下：

第一，当缓冲区中存有的数据包数目达到所设定的最小数据包个数时，采用事件通知机制通知 Win32 应用程序将数据包全部读取出来。

第二，超过时间阈值并且缓冲区中有数据包时，Win32 应用程序自动读取数据包。

通过以上策略很好地解决了数据包的读取问题，同时，采用多包读取策略减少了上下文切换的时间，使系统具有较高的效率。

（二）数据包解析

在数据包解析的过程中，为提高驱动程序的效率，要尽早丢弃非目标数据包。对于数据包的算法如下。

第一，检查是否是 IP 协议数据包，不是则丢弃此包。

第二，进一步检查是否是 TCP 数据包，不是则丢弃此包。

第三，检查端口号是否是应用程序所设置的端口号，不是则丢弃此包。

第四，根据相应的协议，跳转到文本的起始处，由 KMP 算法来循环匹配关键词，若匹配成功则立即返回（后面的关键词不用再匹配）并丢弃此包，然后将此包放入缓冲区，若匹配不成功则放行此包。

四、校园网双层入侵检测系统的实验分析

实验的目的是将单独的用户态入侵检测、单独的内核入侵检测和本书的入侵检测进行对比。实验数据来自全球互联网架构大会，选取了 20 个正常数据集，20 个异常数据集，然后分别对这 3 种入侵检测系统进行测试。每种测试均进行 20 次正常访问和 20 次攻击访问。第 1 次是采用用户态入侵检测，第 2 次采用内核入侵检测，第 3 次采用双层入侵检测系统。

从测试结果看，第 1、2 次测试中漏报或误报数较高，而第 3 次测试的漏报和误报数都较低。

实验结果初步表明，大多数入侵检测系统采用单一的检测策略可能会造成严重的漏报或误报，而采用双层入侵检测系统可以综合各层的长处，这样可以降低漏报率和误报率。

五、校园网双层入侵检测系统的应用

入侵检测系统通常被认为是防火墙之后的第二道安全闸门，它部署于防火墙之后，对网络活动进行实时检测，是防火墙的延续和合理补充。在校园网络中部署入侵检测系统，能够从计算机网络系统中的若干关键点收集并分析这些信息，查看校园网络中是否有违反安全策略的行为和遭到袭击的迹象，起到有效防御各种攻击，控制网络资源滥用的作用。利用该系统的日志，还可以分析出部分用户的上网行为，从而找到处理校园网内部攻击、外部攻击和误操作的方法，实现对

校园网信息的实时保护。

通常情况下，校园网络被划分为多个不同的子网，每个子网都有一个用于上联的交换机，各个子网汇总到网络中心后连接到高性能服务器群，高性能服务器群放置在防火墙的 DMZ 区，以保证内外网的安全访问。防护安全的重点是校园网的中心服务器群和网络骨干区域，为了安全起见，可将入侵检测探测器放置在校园网关键子网的上联交换机和核心交换机上。

系统通过检测和防护校园网络系统中重要区域和服务器群的安全运行，既能够有效防御外部威胁对校园网重要网络区域和服务器群造成的安全损失，提高校园网络的整体抗攻击能力，又能够有效控制校园网络资源的滥用情况，阻止用户因使用各种即时通信软件、网络在线游戏以及观看在线视频而出现影响网络正常运行的情况，并通过净化网络流量实现网络加速的目的。通过对校园内部网络攻击和误操作进行实时保护，可以在网络系统受到危害之前拦截和响应入侵，从而实现入侵检测的功能。

总之，防火墙技术在一定程度上解决了校园网络安全问题，但仍然存在并伴随着一些新的安全问题，而校园网双层入侵检测系统对校园网络安全起到了增强和补充的作用。随着入侵检测技术的发展，可以将数据发掘、专家系统和神经网络技术等融入入侵探测技术中，从而建立先进的入侵探测算法的数学模型，并且围绕互联网本身、网络安全和通信协议，把无序的数据变成有序的数据，将人控制网络安全软件的模式变成计算机的自我学习，以适应高校校园网的高速和高性能，从而更加有效地解决高校校园网络的安全问题。

第四节 校园教学管理信息化的延伸与发展

一、高校课外学分认证统计信息系统的设计

(一) 课外学分统计信息系统相关研究

1. 课外学分简介

课外学分指在正常课堂教育教学之外，根据受教育者的需求和自身的努力以

及教育、教学的需要，对教育者直接或间接的有目的、有计划、有组织地指导下，以实现教育目的的一种活动。课外学分是校园最为显性的一个层面，它以学生为主体，包括志愿服务、学术科技、兴趣爱好等内容的多种活动，是学校教育的重要组成部分，是课堂教学的有益补充。对不同学科的学生来说，通过选择课外活动，可以多学一些本学科以外的东西。不同学科的相互渗透、相互交叉使知识不断丰富、融会贯通，这对人才的培养起到了重要的作用。

课外学分是我国高校学生学习生活的重要方面，构成了高校学生业余生活的重要部分，有利于发展学生的特长，激发同学们的学习兴趣和积极性，有助于开发学生的潜能和创造力，培养学生分析问题和解决问题的能力，促进学生的全面发展。课外学分系统不仅丰富了高校学生业余生活，开阔了学生的视野，提高了学生的综合能力和实践能力，还使学生能够初步了解社会，特别是通过参加学术类活动可以提高高校学生的专业知识，使其了解本领域的前沿技术。同时，课外学分是高校学生探索自我、发展人际关系的天地，是生活教育实践的场所，是引导学生参与社会、塑造健全人格，促进学生全面发展最自然、最直接、最有效的教育方式。

综上所述，课外学分为学生德智体美劳的全面发展提供了一个平台，通过课外学分可以对学生进行思想品德教育，在活动中加深学生对思想观点和道德意识的自我认识，调动学生学习的积极性，激发他们的求知欲和好奇心，在充分发挥学生独立自主精神的条件下，使其开阔视野、锻炼技能，使学生将理论知识应用于实际的工作中，培养学生多方面的兴趣爱好，增进其身心健康，提高他们在未来的学习、工作中继续探索的勇气。课外学分能引导高校学生树立正确的人生观、道德观、价值观，使其摆正个体价值与社会价值、理想价值与现实价值、道德价值和功利价值等之间的关系，切实地肩负起建设中国特色社会主义的伟大使命。

2. 系统技术基础

(1) C/S 与 B/S 结构

第一，C/S 结构。客户端/服务器（C/S）模式的工作原理是客户端程序将用户的要求提交给服务器程序，再将服务器程序返回的结果以特定的形式显示给用户；服务器程序的任务是接收客户程序提出的服务请求，进行相应的处理，再将结果返回给客户程序。C/S 模式的结构形式是一种两层结构的系统：客户端系统上的表示层与业务逻辑层为第一层，网络上的数据库服务器为第二层。因此，C/S 模式的软件系统主要由三个部分组成，即客户端应用程序、服务器受理程序和中间件。

课外学分统计信息系统客户端用 C/S 模式是因为 C/S 模式具有很多突出的优点，主要有如下内容。

交互性强。在 C/S 模式中，客户端拥有功能丰富的应用程序，包括出错信息提示和在线帮助等方面的强大功能。

响应速度快。由于 C/S 模式的客户端与服务器直接相连，没有中间环节，因此对相同的任务而言，C/S 模式的响应速度要比 B/S 快。

数据的储存管理功能较为透明。在数据库应用中，数据的储存管理功能是由服务器程序和客户应用程序分别独立进行的，并在服务器程序中集中实现。所有这些对于工作在前台程序上的最终用户是"透明"的，他们无须过问背后的过程就可以完成自己的一切工作。

服务器端负荷轻。服务器程序被启动后时刻等待着响应客户程序发来的请求；客户应用程序运行在用户自己的电脑上并对应于数据库服务器，当需要对数据库中的数据进行任何操作时，客户程序就自动地寻找服务器程序并向其发出请求，服务器程序根据预定的规则做出应答、送回结果，应用服务器运行数据负荷较轻。

第二，B/S 结构。浏览器/服务器（B/S）模式是 Web 兴起后的一种网络结构模式，Web 浏览器是客户端最主要的应用软件。这种模式统一了客户端，将系统功能实现的核心部分集中到服务器上，简化了系统的开发、维护和使用。客户机上只要安装一个浏览器，服务器安装数据库软件，浏览器便可以通过 Web 服务器同数据库进行数据交互。

B/S 模式的工作原理是客户端运行的浏览器软件以超文本标记语言（HTML）的形式向 Web 服务器提出访问数据库请求，Web 服务器在接受客户端的请求之后，先以结构化查询语言（SQL）的形式将其交给数据库服务器，数据库服务器将处理完之后的结果返回给 Web 服务器，Web 服务器负责将结果转化为 HTML 文档形式发送给客户端浏览器，最终以 Web 页面的形式在客户端浏览器上显示出来。B/S 模式的特点主要有如下内容。

维护和升级方式简单。利用 B/S 架构开发的软件只需要管理服务器就行了，系统管理人员不需要在几百甚至上千部电脑之间奔走，所有的操作只需要针对服务器进行，所有的客户端都只是浏览器，根本不需要做任何维护。如果是异地，只需要把服务器连接专网即可实现远程维护、升级和共享。因此，软件升级和维护会越来越容易，而使用起来会越来越简单，这对用户人力、物力、时间、费用的节省是显而易见的。

成本降低，选择更多。凡使用 B/S 架构的应用管理软件，只需安装在 Linux 服务器上即可，而且安全性高。所以服务器操作系统的选择很多，不管选用哪种操作系统都可以让大部分人使用 Windows 作为桌面操作系统，而电脑不受影响，这就使免费的 Linux 操作系统快速发展起来，Linux 除了操作系统是免费的，连数据库也是免费的，因此这种选择非常盛行。

B/S 模式具有很强的开放性，模式结构易于扩展，可提供集成地解决企业内部各种业务问题的服务，提高企业信息化系统的集成度。

由上述分析可知，B/S 的优越性主要体现在对信息的发布和数据的共享方面，并可极大减少管理人员维护和升级的工作量，所以 B/S 模式比较适用于系统与用户之间信息交互量比较少的应用场合，对于需要频繁地进行大量数据信息交互以及要求快速地进行数据处理的场合。采用 C/S 模式是一种较好的选择。课外学分系统既要考虑先进性，也要考虑成熟性，一种比较好的方案是将 C/S 与 B/S 模式交叉并用，这样可以充分发挥两种模式的优点，并规避各自的不足。这种交叉并用的体系结构模式，其实质是对 C/S 模式的数据库统计、分析、控制的强项功能与 Web 技术的信息查询、信息发布强项功能进行有机结合，为课外学分系统的结构模式选择提供了最佳解决方案。

（2）.NET 框架和 ADO.NET

第一,.NET 框架。.NET 框架是 Microsoft 为开发应用程序创建的一个富有革命性的新平台。.NET 框架可以创建 Windows 应用程序、Web 应用程序、Web 服务和其他各种类型的应用程序。

.NET 框架提供了公共语言运行库（CLR）和.NET 框架类库两个主要的组件。其中，公共语言运行库是.NET 框架的基础，它提供了内存管理、线程管理和进程处理等核心服务功能，并且还实施了严格的类型安全控制及代码准确性控制等功能。.NET 框架类库是一个面向对象的可重用类的组合，利用.NET 框架提供的类库可方便地进行多种应用程序的开发。例如进行传统的命令行或图形用户界面应用程序的开发以及基于 ASP.NET 的应用程序开发等。

从层次结构来看，.NET 框架主要包括三个部分：公共语言运行库、服务框架和上层的两类应用模板（传统的 Windows），即应用程序模板（Win Forms）和基于 ASP.NET 的面向 Web 的网络应用程序模板（Web Forms 和 Web 服务器）。

第二，ADO.NET。ADO（Active Data Objects）是 Microsoft 开发的面向用户的数据访问库，ADO.NET 是 ADO 的后续技术，提供对 SQL Server 等数据源的一致访问。数据使用者可以通过 ADO.NET 连接这些数据源，并检索、操作和更新数据。ADO.NET 允许与不同类型的数据源以及数据库进行交互，不仅能够对一般的数据库进行访问，同时也能够对文本文件、Excel 表格或者 XML 文件进行访问。

ADO.NET 系统由两个重要部分组成，即.NET Data Provider 和 ADO.NET 系统架构。ADO.NET 具有三个专用对象，即 DataAdapter、DataReader 和 Data-Set，用于执行相应的特定任务。

.NET 框架提供统一的编程模式，不论什么语言和编程模式都是用一样的 API。其中的数据提供程序.NET Data Provider 包含以下四个主要对象：

Connection 对象：用于创建一个到达某个数据源的开放链接。通过此链接，用户可以对一个数据库进行访问和操作。

Command 对象：用于执行面向数据库的一次简单查询。此查询可执行如创建、添加、取回、删除或更新记录等动作。

DataReader 对象：用于从数据库中检索只读、只进的数据流。查询结果在查询执行时返回，并存储在客户端的网络缓冲区中，直到使用 DataReader 的 Read 方法对它们发出请求。

DataAdapter 对象：可以隐藏和 Connection、Command 对象沟通的细节，通过 DataAdapter 对象建立、初始化 DataTable，从而和 DataSet 对象结合起来在内存存放数据表副本，实现离线式数据库操作。

（3）C#简介

C#是微软公司发布的一种面向对象的、运行于 . NET 框架之上的高级程序设计语言。C#包括如单一继承、接口、与 JAVA 几乎同样的语法和编译成中间代码再运行的过程。同时，与 COM（组件对象模型）是直接集成的，C#综合了 VB 简单的可视化操作和 C++的运行高效率，以其强大的操作能力、便捷的面向组件编程的支持，成为 . NET 框架的主角。

C#的特点。

①完全支持面向对象编程，包括接口和继承、虚函数和运算符重载的处理。

②对自动生成 XML 文档说明的内置支持，自动清理动态分配的内存。

③对 . NET 基类库的完全访问权，并易于访问 Windows API。

④改变编译器选项，可以把程序编译为可执行文件或 . NET 组件库，该组件库可以用与 ActiveX 控件相同的方式由其他代码调用。

⑤可以用于编写 ASP. NET 动态 Web 页面和 XMLWeb 服务。

C#是多种语言的混合体，它既体现了 Java 语言的简洁性和 VB 语言的简单性特点，同时，也体现了 C 语言的强大功能和灵活性特点。C#是一种集成各语言优势的网络化时代的有效开发工具。

（4）SQL Server 2008 简介

Microsoft SQL（结构化查询语言）服务器是一种典型的关系型数据库管理系统。目前，常用的关系数据库管理系统有 Access、SQL Server、Visual Foxpro、DB2、Oracle 等。

SQL Server2008（"SQL 2008"）是运行在网络环境下的数据库服务器。数据库是数据管理的实用技术，它的出现极大地促进了计算机应用向各行各业的渗透。SQL Server 2008 是单进程、多线程、高性能的关系型数据库管理系统，它可以对存储在计算机中的数据进行组织、管理和检索，可以使用 Transact-SQL 语言在服务器和客户机之间传送请求。SQL Server 2008 是一个性能更全面的数据库平台，SQL Server 2008 数据库引擎是企业数据管理的核心，它为关系型数据和结构化数据提供了比前面的版本更安全、更可靠的存储功能，这一点对于构建和管理高性能的数据库应用程序是十分重要的。

（5）MVC 设计模式

MVC 设计模式是一个存在于服务器表达层的模型，由模式、视图、控制器三部分组成，它将应用分开，改变应用之间的高度耦合。应用程序由这三个部分组成，事件导致控制器改变模式或视图，或者同时改变两者，只要控制器改变了模式的数据或者属性，所有依赖的视图也会自动更新。类似的，只要控制器改变了视图，视图也会从潜在的模式中获取数据来刷新自己。MVC 要求对应用分层，虽然花费了额外的工作，但产品的结构清晰，产品的应用通过模型可以得到更好的体现。

MVC 设计模式具有如下特点：首先，最重要的是应该有多个视图对应一个模型的能力。在目前用户需求的快速变化下，可能有多种方式访问应用的要求。其次，由于模型返回的数据不带任何显示格式，因而这些模型也可直接应用于接口的使用。再次，由于一个应用被分离为三层，因此，有时改变其中的一层就能满足应用的改变。最后，它还有利于软件工程化管理，不同的层各司其职，每一层不同的应用具有某些相同的特征，有利于通过工程化、工具化产生管理程序代码。

（6）RFID 技术

第一，RFID 技术简介。射频识别（RFID）是一种非接触式射频识别技术，它是自动识别技术的一种。RFID 的基本组成部分有以下三方面。

其一，应答器，由天线、耦合元件及芯片组成，一般来说，现在都是用标签作为应答器，每个标签具有唯一的电子编码，附着在物体上标示目标对象；其二，阅读器，由天线、耦合元件、芯片组成，读写标签信息的设备，可设计为手持式 RFID 读写器或固定式读写器；其三，应用软件系统，是应用层软件，主要是进一步处理收集的数据，并使其为人们所使用。

RFID 的特点：射频识别系统最重要的优点是非接触识别，它能穿透雪、雾、冰、涂料、尘垢等恶劣环境阅读标签，而且阅读速度极快，大多数情况下不到

100ms 即可完成阅读。

第二，RFID 技术的工作原理。当持卡人持储存了信息的卡进入识读器感应范围后，识读器向卡片发送检验电磁波请求读取卡片信息，RFID 芯片解调检验电磁波收到请求读取卡片信息的指令后，将卡片信息附加在 RFID 芯片反射的检验电磁波里，读写器收到反射回来的电磁波后通过解调识读卡片信息，并将其和 RFID 系统主体数据库的信息进行对比核实，若核实通过则读写器向卡片发送检验电磁波请求读写个人信息，若核实未通过，则 RFID 系统主机记录诚信记录并控制警报装置发出警报。

（二）系统需求

1. 系统设计目标

随着信息化校园、数字化校园的发展，信息系统开始向着规模化、智能化、网络化的方向发展，高校学生急剧增加，有关学生的各种信息量也在成倍地增长。在这种情况下，单靠人工来处理学生信息，工作量变得很大，用计算机可以将人们从繁重的工作中解脱出来，仅使用一些简单的操作便可及时、准确地获取需要的信息。系统设计的目标是采用基于项目的软件工程面向对象研究方法，系统实现学生、会议、教室的管理，签到的统计、汇总，报表打印等功能，使课外学分管理工作系统化、规范化、自动化，从而达到提高管理效率的目的。高校学生课外学分认证统计信息系统采用 B/S 和 C/S 混合架构自上而下的开发模式，开发过程主要包括前台应用程序的开发和后台数据库的建立及维护两方面。系统所要实现的基本目标主要有以下内容：

第一，教室、会议、终端、项目、统计信息的管理（添加、删除、修改等）。

第二，教室、会议、终端、项目、签到记录等信息的检索、统计、报表打印等。

第三，实现指定教室、指定会议、指定人员参加讲座。

第四，通过刷校园卡实现身份识别、签到，刷卡后显示签到者姓名、照片、学号等信息。

第五，数据通信安全，信息安全，统计准确。

第六，安装简单，操作方便，系统运行效率高。

第七，具有较强的可维护性和扩充性，能够适应用户的业务需求变化。

出于上述考虑，该系统确定的设计采用自上而下扩展、快速原型法。自上而下先从整体上协调和规划，由全面到局部、由长远到近期，从探索合理的信息流出发来设计信息系统。快速原型法先构造一个功能简单的原型，然后对原型逐步修改，不断扩充完善到最终的系统。此外，为了提高模块的高聚合性、易扩展性，降低模块间的耦合程度，数据库的设计原则是把它作为中间模块，从而既实现数据共享、提高模块的独立性，又使系统具有更高的可修改性。

2. 系统功能分析

课外学分系统在指定教室、指定人员来参加讲座时，通过读写器刷校园卡签到的方式实现身份识别、签到，上传签到数据后，通过后台自动统计签到人员的听课次数、听课权重，从而管理成绩、分配学分、打印报表等。其中，较重要的功能分区是服务器端和客户端。

服务器端：主要负责管理人员信息、教室信息、终端信息、会议信息的管理（如添加、修改、删除、查询等），系统参数信息设置，同时统计、查看签到情况，分配学分，打印报表，分析数据等。

客户端：主要负责教室初始化程序、初始化读写器、下载会议、显示会议信息、刷卡，身份识别后显示签到人姓名、学号、照片等信息，上传流水供服务器查询、统计。

3. 系统需求分析

第一，数据精确度。数据必须精确、可靠、真实，进行操作请求时（如查找、删除、修改、添加），应保证输入数据与数据库数据的高度匹配性，而在满足用户请求时，系统应保证所响应数据的查全率。

第二，响应特性。为满足用户的高效要求，数据的响应时间、更新处理时间、数据转换与传输时间、运行时间都应在 1~2 秒之内。如果需要与外设交互（如打印机）时，响应时间可能较长，但应在可接受范围之内。

第三，较高可扩展性与维护性。系统采用模块化设计，"积木式"的开发，有利于后期系统的维护、升级与扩展。

第四，支持数据库备份与灾难性恢复。数据库有一定的抗灾与容灾能力，具有较高的可靠性与容错能力。同时，采用备份服务器和硬盘镜像技术，使数据恢复简单、方便。

第五，自动化、信息化、网络化程度高。系统能自动统计信息、打印报表，同时，支持在线传输数据，适合在校园内使用。

4. 系统可行性分析

（1）技术可行性

首先，对大多数高校而言，经过几年的建设，校园网已经相当完善，目前已覆盖了全校，为网上数据交换提供了现成的信息高速通道，为信息管理的实现打下了坚实的网络基础。同时，校园卡的应用日益广泛，深入学校生活的各个角落，兼备银行卡、身份卡、消费卡等多种功能，一卡在手，走遍校园，成了学生在校学习、生活的必备之物。

其次，系统设计与开发将基于主流的 Windows 开发平台，采用 MVC 开发模式，模块化的动态链接库（DLL）封装技术，B/S 和 C/S 混合构架，后台数据库采用 SQL Server 2008 和 Visual Studio 开发环境，稳定且灵活，完全面向对象，有着较高的扩展性和跨平台性。后台数据库采用 SQL Server 2008，它和 C#之间有着统一的底层接口，并且 SQL Server 2008 数据库的吞吐量很大，完全胜任海量数据的存储与访问，性能稳定可靠，完全能满足系统的要求。

（2）经济可行性

课外学分系统的开发得到了学校与有关部门的资金支持，开发所需要的硬件和软件设施能很快得到配置，从而保证了开发工作可以顺利地进行。另外，该系统的应用可减少人力物力的投入，提高工作效率以及学校教务信息化水平，具有较为深远的意义。

（3）社会可行性

使用可行性：该系统界面美观，操作简单，易于掌握。

运行可行性：该系统支持并发网络访问，系统运行对服务器要求不高，PC机装上运行环境即可作为服务器使用。

法律可行性：该系统为学校部门内部使用，无商业运营现象，又是自主开发设计的，因此不会侵权。

（4）系统分析总结

该系统的可行性研究为深入分析系统目标、系统需求和实施条件，分别从技术、经济、社会三方面进行了可行性调查研究和比较分析，并对项目建成以后可能取得的经济效益、社会效益及工作环境影响进行预测，从而提出此项目是否值得实施和如何进行开发的意见。

综上所述，课外学分系统在网络设施、资金设备、开发力量等方面具有较好的工作基础，系统分析和需要完全符合国家相关政策与标准，并切实取得了良好的社会效益。经调研，该项目功能设计科学合理，符合实际需求，具有一定的前瞻性、可操作性，方案切实可行，内容翔实，组织管理和运行维护有足够的保障，已经具备进行正式设计与开发的条件。

（三）系统设计

1. 数据库设计

数据库是信息系统的核心，信息系统离不开数据库，信息管理的实质就是对数据的管理，将数据库管理系统应用于信息管理，有助于信息管理的规范性、系统性、科学性，能极大地提高信息管理的效率，更好地发挥信息管理的作用。该系统数据库采用 SQL Server 2008，其优点如下：

（1）数据压缩和备份压缩

内嵌在数据库中的数据压缩和备份压缩可以更有效地存储数据，同时提高了性能、加快了备份速度、节省了操作时间。

（2）星型连接查询优化器

SQL Server 2008 查询性能采用星型连接查询优化器，通过辨别数据仓库连接模式降低了查询响应时间。

（3）最大限度地减少管理监视

监视框架管理是基于策略的新型管理框架，它通过对数据库操作定义一系列策略来简化日常维护操作，以降低成本。

（4）集成捕获变更数据

系统捕获到变更后的数据后，会将其放在变更表中，提供改进的查询功能，允许管理和修改数据。

2. 接口设计

设计开发课外学分系统与校园卡管理系统接口集成，采用共享数据中心模式，保持各业务原数据库表不变，通过触发器或者开发数据接口读取需要共享的数据，并且进行转换、汇总生成新的共享数据库。Web 服务器是一种通过 Web 部署提供对业务功能访问的技术，它成为企业相互交流信息资源的一个接口。Web 服务器可以突破服务器、网络宽带的限制，以较快的速度提供跨平台的数据服务，它最基本的目的是为各个不同平台、不同应用系统提供协同工作能力，以实现供应商与客户之间的无缝交互。

3. 系统设计与开发

（1）系统设计原则

为确保系统的建设成功与可持续发展，在系统的建设与技术方案设计时应该遵循如下原则。

第一，实用性和可靠性原则。信息系统的实用性是开发信息系统应遵循的首要原则，要以够用为度，并注重理论与实际相结合。

可靠性是指系统在特定的时间内、特定的环境中和条件下，无失效执行其预定功能的概率。可靠性包括硬件可靠性和软件可靠性。硬件是一种物质产品，失效的主要原因是硬件故障，可靠性主要体现在硬件设备性能的稳定上；而软件是一种逻辑产品，失效的根本原因是设计错误，软件可靠性主要体现为应用软件操作系统的稳定性和软件功能可靠、无故障及具有可操作性等。

第二，易扩展性和易维护性原则。扩展性原则是指在系统建设中要充分考虑未来的发展，不仅要留有充分的发展空间，还要在以后能够进行"积木式"的扩展。易维护性原则是指，系统在运行中的维护应尽量做到简单易行，维护过程中无须使用过多的专用工具，要做到在保障系统故障率最低的同时，即使遇到突发事件，也能保证数据的快速恢复。

第三，先进性和安全性原则。设计上重点突出"技术为业务服务"的主题，要对业务和技术进行综合考虑，在吸纳先进设计理念和丰富经验的基础上，形成具有实际特点的设计方案。系统为保障硬件的安全采用备份服务器和硬盘镜像技术等，而系统的软件安全表现在登录系统时，要通过身份验证来辨别用户，并对各级用户分配不同的权限。同时，及时修复系统漏洞，安装杀毒软件。

第四，易管理和复用性原则。该系统在开发过程中，采用面向对象的方法和模块化的思想，将整个系统分解为模块加以实现，这就使得系统易于管理、易于修改，其各功能模块可重复使用。

（2）系统开发方法

系统开发常用的方法有生命周期法和快速原型法，校外学分系统采用的是快速原型法。快速原型法是针对结构化生命周期法的问题提出的一种新的系统开发方法，它先构造了一个能反映用户要求、功能简单的原型，然后对原型逐步修改完善，并且精益求精，最终建立完全符合用户要求的新系统。原型就是模型，而原型系统就是应用系统的模型。

快速原型法的主要优点有如下内容。

第一，它提供了一种验证用户需求的环境，允许在系统开发生命周期的早期进行人机交互测试。

第二，它提高了系统的安全性，能减少系统开发的风险。

第三，它既可以用实例建立新系统，也适用于对旧系统的修改。

第四，它加强了开发过程中用户的参与程度，加深了用户对系统的理解。

第五，可以提供良好的系统说明和示例示范，简化开发过程的项目管理和文档编制。快速原型法的应用弥补了生存周期法的不足，具有缩短开发周期、降低维护费用、适用性和可靠性强、调试容易等优点。基于快速原型法可以利用较短的时间先开发一个平台原型，然后根据待实现的系统功能对原型进行讨论分析和修改，开发一个系统后提供给用户试用一段时间，根据用户的反馈意见对系统加以维护和完善，确定系统的框架，最终在这个框架的基础上逐步细化并详细编制各个功能模块。

（四）系统详细设计

1. 服务器端

服务器端在信息系统中占据关键性的地位，决定着系统的主要功能。用户在使用系统时要先输入正确的用户名和密码，登录服务器。

（1）用户管理

用户管理可以实现对用户的查询、添加、修改、删除等操作的管理。拥有相应权限的用户才能执行相应的操作。

用户查询：可以按用户名和姓名查询。

用户增加：单击新增按钮，输入用户名、姓名、权限即可增加用户。

用户编辑：单击编辑按钮，修改用户名、密码信息。

用户删除：单击删除按钮，直接删除用户信息。

（2）教室管理

教室管理可以实现对教室的查询、添加、修改、删除等操作。

查询入口：教室编号、教室名称、教室地点。

查询结果：教室 ID、教室编号、教室名称、教室地点、说明（以表格显示）。

教室添加：点击编辑教室 ID 为 0 的表格第一行可添加教室，添加教室时教室编号（必须为教室表存在的教室编号）、教室名称、教室地点、教室说明也都必须填写。

教室编辑：除表格第一行 ID 为 0 的项外，点击编辑其他表格均可做更新操作，修改项可为教室名称、教室地点、教室说明。

（3）终端管理

终端管理可以实现对终端的查询、添加、修改等操作。

查询入口：终端 ID、教室编号、终端 IP、教师名称。

查询结果：终端 ID、教室编号、教师名称、终端 IP、终端说明。

终端添加：点击编辑终端 ID 为 0 的表格第一行可添加终端，添加终端时教室编号（必须为教室表存在的教室编号）、终端 IP（IP 不可重复添加）、终端说明都必须填写。

终端修改：除表格第一行 ID 为 0 的项外，点击编辑其他表格均可做更新操作，修改项可为教室编号（必须为教室表存在的教室编号）、终端 IP（IP 不可重复添加）、终端说明。

（4）讲座管理

讲座管理可以实现对讲座的查询、添加、修改、删除等操作。

查询入口：讲座编号、讲座名称、主讲人、教室编号、教师名称、开始时间。

查询结果：讲座编号、讲座名称、主讲人、教师编号、教室名称、开始时间、结束时间、权重、主题图片、讲座说明（以表格显示）。

讲座添加：点击添加讲座，进入添加讲座页面，输入讲座名称（讲座名称不可重复）、主讲人、教室编号（必须为教室表存在的教室编号）、讲座时间、权重、讲座说明（限 200 个字符）、选择讲座日期、主题图片（图片格式必须为 bmp、png、gif、jpg、jpeg），点击更新即可添加该讲座。

讲座修改：点击表格内编辑，进入编辑讲座页面，编辑讲座名称（讲座名称不可重复）、主讲人、教室编号（必须为教室表存在的教室编号）、讲座时间、权重、讲座说明（限 200 个字符）、讲座日期、主题图片（图片格式必须为 bmp、png、gif、jpg、jpeg），点击更新即可更新该讲座。

（5）签到管理

签到记录可以实现对签到数据的查询操作。

查询入口：学工号、物理卡号、校园卡号、姓名、签到时间、终端 ID、教室编号、讲座名称。

查询结果：签到流水号、物理卡号、学工号、校园卡号、姓名、单位、签到时间、退出时间、终端 ID、教室编号、教室名称、讲座编号、讲座名称、是否有效（表格显示）。

（6）项目管理

项目统计可以实现对项目的查询、添加、修改、删除操作。

查询入口：项目编号、项目名称、建立时间。

查询结果：项目编号、项目名称、建立时间、说明（表格显示）。

项目添加：表格第一行项目编号为 0 的点击编辑可添加项目，项目名称、项目说明必须填写，项目建立时间默认为当前时间。

项目修改：除表格第一行 ID 为 0 的项外，点击其他编辑均可做更新操作，编辑录入项目名称（项目名称不可重复）、项目说明，点击更新即可更新该项目。

（7）项目讲座管理

项目讲座管理可以实现对项目讲座关系的查询、添加、修改、删除等操作。

查询入口：项目编号、讲座编号、讲座名称、项目名称、教室编号。

查询结果：关系流水号、项目编号、项目名称、讲座编号、讲座名称。

项目添加：点击编辑项目编号为 0 的表格第一行可添加项目讲座关系，添加时项目编号、讲座编号必须录入。

项目修改：除表格第一行 ID 为 0 的项外，编辑录入项目编号，讲座编号（同一个讲座内，讲座编号不可重复），即可更新该项目讲座关系。

2. *客户端*

客户端通过与校园卡对接，引用 RFID 技术，实现通过读写器下载会议、读取信息、识别身份、显示会议、用户信息等操作。同时，读卡签到、上传流水供后台服务器统计数据。

（1）初始化读写器

运行系统后，先检测读写器的状态，如是否有读写器、连接是否正常、是否已驱动。如果初始化成功，读写器绿灯亮，则表示读写器工作正常；否则，则表示读写器有故障，有可能是连接问题，也有可能是驱动问题。

（2）初始化会议

读写器初始化成功后，开始初始化会议，界面会显示当前时间、教室编号、终端编号、教室名称等信息。此时，各个参数一一对应，可以判断四个参数设置是否正确，会议设置是否正确。

（3）下载会议

初始化会议成功后，如果会议对话框没有当前会议，说明当前会议没有下载，点击下载信息按钮，系统会加载会议，会议名称将出现在会议对话框，双击会议名称后即可进行身份识别、签到，此时系统显示当前会议名称，左边是会议主题图片，右边是签到者的照片、姓名、学工号，还有签到时间、签到人数、上传流水等信息，此时，可以通过读写器进行刷卡签到。

（4）识别签到

该系统集成与校园卡对接，采用 RFID 技术，利用 RFID 射频读写器读取校园卡信息，刷卡信息读取成功后，读写器会发出"嘀"的一声，同时，读写器上显示刷卡人的姓名，系统上也会显示刷卡人的个人信息。

刷卡时，读写器先读取卡片的物理卡号，然后对数据库中的对应学号进行本地数据查询，如果本地存在该学生的信息，则直接从本地读取该学生的信息，显示学生头像、姓名、学工号等。如果本地不存在该学生的信息，则通过调用 Web Service 查询服务器端，若该学生存在，则从服务器下载该用户信息，将记录添加至客户端，并且增加当前会议人数，否则界面会显示该卡无效或该用户不存在。

（五）系统测试与实施

1. 系统测试

（1）测试目的

软件测试是为了系统地找出软件中潜在的各种错误和缺陷，能够证明软件的功能和性能与需求说明相符合，获取系统在可接受风险范围内可用的信息。同时，尝试在非正常情况和条件下的功能和特性，在测试过程中可以尽早检测错误，提供预防或减少可能制造错误的信息，并且提前确认解决这些问题和风险的途径。

（2）测试方案

在该系统中，测试主要采用基于功能和性能的黑盒测试方法。同时，在软件开发的每个阶段分别进行单元测试、集成测试、系统测试和验收测试，以保证系统在投入运行前，尽可能多地发现 bug 并及时处理，避免系统在实际运行中出现问题。

（3）测试用例

测试用例是测试内容的一系列情景和每个情景中必须输入和输出的数据，而对软件的正确性进行判断的测试文档。

测试用例的要素包括测试用例编号 ID、测试用例标题、测试的模块、测试输入条件、期望的输出结果、其他说明等。

2. 系统实施效果

该系统安装方便，操作简单。在本地计算机安装. net framework 2. 0 以上框架后，解压程序，在配置文件（Exe. Config）中配置终端号、教室 IP、教室编号、读写器 COM 端口号四个参数。为了保证系统安全性，实现指定教室、指定会议签到，采用四个参数一一对应。同时，电脑必须联网才能下载会议，实现身份识别、签到，否则，系统会提示会议下载不成功。此系统不仅可以作为一种签到终端用于课外学分统计，还可应用于毕业生招聘会、学校干部培训会等多种会议签到。该系统实现了课外学分统计管理、身份识别、签到等功能的统一管理，为教务管理人员提供了一个便捷的工具，为教师和学生提供了一个公开透明的数据环境，在投入试运行的初期，发现了部分程序上和数据上的错误，然后一一解决。在不断地改进和纠正之后，系统运行稳定、统计准确，极大减轻了工作人员的工作强度，特别是在签到、统计、打印报表方面起到了重要作用，显著提高了工作效率，节省了财力、物力，有力地促进了校园信息化、网络化办公的建设。

二、高校课外学分实施的实践

目前，关于课外学分的理论研究基本上还处于空白，有部分高校如西安交通大学、广州大学、长春大学等学校进行了课外学分制度的实践，但课外学分涉及面广，考核难度大，前大多数高校的课外学分界定与设置缺乏一定的科学性和系统性，因此，有必要从理论和实践两方面来论证和构建课外学分制度的实施与管理体系。

（一）高校课外学分的研究

相关高校根据理工科高等院校专业人才培养方案的特点和学分制教学管理模式的内涵，以落实教育部"教学改革与教学质量工程"，推动高等教育教学改革与发展为主线，依据学校"厚基础、宽口径、善创新、高素质"的本科人才培养思路，按照培养具有强烈社会责任感和时代使命感，适应经济社会和科技发展需要，"适应能力强、实干精神强、创新意识强"的高级专门人才的要求，实施课外学分管理的研究与改革。按照边研究、边改革（实践）、边完善、边建设的方法，由局部到整体、由部分到全面地组织、滚动实施了有关改革措施，逐步实现改革的系统化，构建高校人才培养的新模式。

1. 以观念更新为先导，进行课外学分实施与管理的研究

课外学分实施与管理要以终身教育、素质教育、创新教育等教育观念为指导。现代科学技术发展突飞猛进，知识更新周期缩短，市场经济条件下的职业变动频繁，高等教育要将一次性教育观念转变为终身教育观念，必须树立融传授知识、培养能力与提高素质为一体的素质教育观念，在提高学生科学素质、业务素质的同时，要培养学生的文化素质和身心素质。课外学分的实施与管理要以全面提高学生的基本素质为目的，尊重学生的主体意识和主动精神，以巩固学生的基本知识、基本理论和基本技能为目的，以挖掘教育的深层内容，培养学生应用知识发现问题、分析问题、解决问题的能力，以开发学生的潜能、激发学生的想象力和创新意识为根本点。

2. 以三大关系的探讨为核心，探讨课外学分实施办法的制定

（1）课内与课外的关系

对在校学生来说，课堂教学和实践性教学环节是获取知识、培养能力、提高科学文化素质的首要途径，而课外活动则是课内学习和实践的延伸和拓展。课外学分的设置必须以课堂教学为基础，以理论教学和实践教学带动课外活动，以课外活动促进理论教学和实践教学改革。没有理论教学基础和实践性教学环节的磨炼，课外学分的设置就会成为无源之水、无本之木。而过分强调课外学分和学生的"兴趣"，也可能会荒废课程学习。因此，课堂教学与课外活动、课内学分与课外学分必须有机结合、统一规划、精心设计。

（2）数量与质量的关系

在处理课外学分的数量与质量两者的关系时，必须坚持质量标准。只有强调"质"的标准，才能实现课外学分的导向作用，才能吸引和鼓励学生投入课外的学习与创造活动；而"量"的标准，则主要通过科学设置课外学分项目来实现。

（3）个性发展与团队精神的关系

人才培养方案强调课程教学的统一性和培养规格的一致性，但这并不排斥学生的个性发展。课外学分为学生提供了个性发展的空间和施展个人才能的舞台，也并不等于削弱了集体观念和团队精神。

3. 以分类、分级、严格考核为原则，研究课外学分实施与管理体系的构建

（1）分类管理的原则

对于不同类别的课外学分，高校将由相应的管理部门实行分类认定。例如科技创新活动、学术科研、学术论文、资质或资格培训主要由学生所在学院认定。专利技术主要由科研处认定。学科竞赛、科技竞赛主要由竞赛承办部门认定。体育竞赛及水平测试主要由相应的课程归属部门管理。校园文化活动和社会工作或社会实践活动主要由学生工作部门管理。美育活动由艺术与设计学院管理。教务管理部门负责学生课外学分的汇总与审核，等等。

（2）分级设置的原则

事实上，不仅不同类别的课外学分的内涵及难易程度有很大的不同，而且同类别的课外学分也有层面的不同与难易的差别。所以课外学分的管理与设置应当采用分级分层的原则。

（3）严格考核的原则

严格考核不仅能体现公平性，也能体现课外学分的价值。为此，在课外学分的设置过程中要严格把关，执行申报、论证、审批制度，防止课外学分的泛化。同时，在课外学分的考核过程中必须严格把握考核质量。

4. 构建创新高效、责权明确、目标清晰、协同有序的课外学分实施与管理体系

在实施体系的构建上，高校应坚持全面素质教育的观念和"以人为本、求是创新、强化特色、协调发展"的办学思路，以人才培养为根本，以教育质量为生命，按照"厚基础、宽口径、强能力、高素质、善创新"的要求，构建了高校课外学分实施与管理体系。学生应从思想道德素质、科学素质、人文素质、身心素

质的教育要求出发，通过参加各种活动，包括各类竞赛、科技、科研、文艺、体育、学生社团、社会实践等大约几十个种类的课外实践活动获得课外学分。学生可以根据自己的兴趣爱好、特长，自主选择参加某些活动，经过努力达到一定的要求或标准后，获得相应的学分。根据活动类别的不同，每参加一项活动所得学分从 0.5~8 分不等，课外学分同课内学分在每学期同时录入学生成绩单，进入学籍档案。学生在高校学习期间，课外学分累计积满规定学分者，方允许毕业。除学校规定的课外活动外，学生也可以自己选择其他活动或集体自行组织的活动，经申请批准并核定标准后，学校对所获学分予以承认。

在管理体系的构建上，高校应依照"职能明确、分工合理、团结协作、富有成效"的原则，与有关职能部门、学院以及其他校内外有关单位共同制定出一整套开展课外活动的实施方案及相应的管理试行办法，对相关活动的实施与学分认定提出明确的管理办法与认定办法，这将进一步规范课外学分的认定和管理。

(二) 高校课外学分研究的实践特色与发展

1. 实践特色

第一，突出学生在学习中的主体地位，提出以学生发展为中心的观点，发挥学生的学习主动性，并将此作为认定课外学分的一个重要标准，从观念和行动上向传统的教师中心论和课堂中心论发出挑战。

第二，把学校教育资源向学生的开放作为人才培养模式改革的一个重要的相关措施，为学生根据自己的兴趣爱好进行自主学习创造良好的条件。

第三，把课外学分实施管理办法的改革体系化，建立起以分类、分级、严格考核为原则的课外学分实施与管理体系，使课外学分实施与管理的各方面更加系统化、科学化。

第四，依据学校特点和本科人才培养思路，制定相关管理办法，使培养出来的学生具有强烈的社会责任感和时代使命感，以更好地适应社会需要。

2. 发展前景

课外学分实施与管理是探索性、实践性、发展性很强的工作，需要不断地依据实际情况进行修订、更改和发展。

第一，课外学分应体现分类指导的原则，并具有可操作性。首先，要研究如何分类制定课外学分实施标准。其次，课外学分如何分类更具有科学性、如何体现分类指导的原则、如何更具有针对性和可操作性都是需要进一步研究的。

第二，课外学分的研究要贯彻"实践、认识、再实践、再认识"的原则。该项目成果是在其他高校课外学分研究与实践基础上上升到理性认识，总结出的课外学分实施办法，这是一个阶段研究成果。该研究下一步重点应转入阶段研究成果在指导实践应用工作上的作用，取得实践课外学分实施办法的感性认识，进一步完善其科学性和可操作性，促进其达到预期的效果。

第三，课外学分实施办法应形成定期的修改制度。应通过对课外学分管理制度的不断充实和完善来促进人才培养质量的不断提高；应建立定期完善、规范相关文件的清理、修改制度；应及时吸收、深化高等教育、素质教育改革的成果，丰富、充实和修改相关内容。

第四，发扬实事求是的学术科技精神，把课外学分管理制度建设成培养青年学生追求科学、探索真知的孵化器。继续积极引进新的课外学分管理机制，加大创新力度，使高校学生课外活动在层次上继续提升、在质量上继续提高、在影响上继续扩大。

第五，进一步加强理论研究，提高对课外学分管理制度在高校教学管理体系中重要地位的认识，完善各种配套措施，促进高素质人才培养模式改革的体系化、科学化、系统化和制度化，努力为高校学生的全面发展和综合素质的提高创造良好的条件。

第十章　互联网信息时代高校教育管理模式的创新发展

在互联网信息时代，高校教育管理模式正经历着前所未有的创新发展。随着信息技术的飞速发展，高校教育管理工作的发展趋势正逐步向数字化、智能化转型，这不仅提高了教育管理的效率，也为教育模式的创新提供了新的路径。在这一背景下，高校教育管理模式创新的重要性日益凸显，它关系到教育质量和人才培养的全面提升。创新路径包括但不限于利用大数据优化教育资源配置，运用云计算提升教学管理的灵活性，以及通过人工智能技术增强个性化教学的实施。这些创新不仅能够促进教育公平，提高教育质量，还能为学生提供更加丰富多元的学习体验，满足个性化的学习需求。因此，高校必须紧跟时代步伐，积极探索适应互联网信息时代的教育管理模式，以培养适应社会发展需求的高素质人才。

第一节　互联网信息时代高校教育管理工作的发展趋势

一、重视互联网媒介素养教育

（一）加强高校学生网络媒介素养教育的必要性

虽然部分教育界及学界人士已经意识到网络媒介素养教育的意义和价值，但总体而言，我国的网络媒介素养教育依然处于初级阶段，具体表现为以下三方面。

1. 需要建立公共政策的制度保障

高校学生网络媒介素养教育作为一项亟待开展的系统工程，需要政府部门牵头制定相关公共政策，对该项工作的技术支持、经费保障、协调推广、具体职责等进行顶层设计和统一规划协调，建立覆盖课堂教育、社会教育、家庭教育的全方位、立体化的教育体系。

2. 需要进行课程体系建设和规划

目前，国内仍有部分高校未将高校学生网络素养教育课程纳入教学大纲中，未明确要求学生掌握媒介素养基本知识和能力，未开设与媒体传播运作、媒介内容赏析批判、传媒法规与伦理等方面的课程。事实上，将媒介素养教育纳入高校课程体系建设，要求学生通过修习指定课程掌握有效获取媒介讯息、了解媒体运作功能、批判选择媒体传播内容、制作传播媒体作品等，是提高高校学生媒介素养和综合素质的重要途径。

3. 需要进行科学调研和系统研究

目前，国内对于媒介素养教育的研究主要集中在介绍西方国家媒介素养教育的开展情况、媒介素养教育的基本内涵及认知、媒介素养教育的重要性等方面，缺乏对国内高校学生开展网络媒介素养教育的科学调研和系统研究，缺乏符合我国国情和高校学生特征的教材和教育宣传片等。

在"参与式"文化下，结合我国国情和高等教育发展现状，加强高校学生网络媒介素养教育培养，可以从顶层设计、课程配套、队伍建设、课程设计、实践结合五个环节入手，构建具有现实针对性和可行性的网络媒介素养教育体系。

（1）顶层设计

政府管理部门通过相关政策的制定执行，将网络媒介素养教育纳入教育规划体系和公民教育体系，明确网络媒介素养是新时代必备的公民基本素养。约翰·庞甘特（John Pungente）在调查世界各国媒介素养教育实施状况后认为："媒介素养教育成功的要件包括教师的教学意愿、学校行政的支持配合、培训机构的师资设备、常态持续的培训、专家的支持、充分的教学资源、教师自发性成长团体运作。"为保证我国媒介素养教育有效开展，政府管理部门必须发挥顶层设计和统筹协调作用，通过加强宣传教育，净化网络舆论空间，引导公民了解并自觉遵守网络法规和伦理；通过制度保障、经费投入、政策支持等手段，统筹协调高校、研究机构、新闻媒体、民间组织等社会资源，为高校学生网络媒介素养教育工作的开展提供必需的政策支持、物质支持、智力支持，促成政府统筹、高校主导、社会参与的网络媒介素养教育体系的构建和完善。

（2）课程配套

高校加强网络媒介教育课程开发管理，将相关课程纳入人才培养规划和课程建设体系。学习借鉴欧洲各国和其他国家地区的课程设置方式，采用专业课程、课程融合、跨学科整合、主题教学等课程模式。

（3）队伍建设

重视高校教师媒介素养能力的提升，将媒介素养纳入教师考核体系。媒介素养不仅是专业课程教师必须具备的基本能力，也是其他专业或学科教师、行政人员所必须具备的基本技能，包括感知理解媒介的能力、选择整合媒介内容的能力、利用媒介创造传播的能力等。提升高校教师媒介素养的根本目的在于使教师通过教学科研活动，将认识、理解、整合、批判媒介的基本素养在潜移默化中传授给学生，提升学生的媒介素养。高校可以通过完善优化现有考核体系，检验教师课堂教学和科研工作中体现出的媒介素养水平，以及授课过程中的媒介使用能力、利用媒介制作传播教学内容的能力、媒介整合和信息选择能力等，并对教师是否注重课堂内外学生的实际参与和互动体验进行重点考核。

（4）课程设计

将媒介素养教育与第二课堂教育结合起来，在社会实践、志愿服务、科研创新等方面加强网络媒介素养教育。"参与式"文化体系所具有的注重个人体验和互动参与特性，与高校学生第二课堂教育相得益彰，契合了其文化育人、实践育人、环境育人的理念。例如引导学生利用网络媒介获取、创作、传播信息，选择网络媒介平台进行项目和实践的宣传，以网络媒介素养为研究对象开展研究，利用网络媒介开展社交，提高团队及项目知名度，在实践中提升并检验自身的媒介素养能力。

（5）实践结合

鼓励扶持对网络媒介素养教育的科研工作，在课题申报、征文、竞赛中予以重点关注，鼓励高校思想政治工作者、专业教师、行政人员开展网络媒介素养研究，并对具有一定研究价值的项目给予扶持，推动研究成果转化。对研究者给予技术、资金、物质等方面支持，提供平台鼓励研究者开展对外交流合作，学习借鉴其他国家或地区的有效经验，推动我国高校学生网络媒介素养教育的开展。

（二）针对新媒体环境下我国高校学生媒介素养存在问题的解决措施

为了提升我国高校学生的媒介素养，针对新媒体环境下高校学生媒介素养存在的问题，汲取外国先进的媒介素养教育成功经验，揭示出我国媒介素养教育难以形成规模的社会历史根源。

此外，我国媒介资源有限而人口数量庞大的现状也使媒介素养教育的推行缺乏硬件支持，难以形成一定的规模和体系。同时，媒介素养教育缺少政府部门政策制度的支持和推行媒介素养教育的专门机构，这也是社会各界对媒介素养教育的紧迫性和重要性无法形成正确认识的根本原因所在。

1. 学校方面

（1）开设媒介素养教育课程，建设高素质媒介素养教育队伍

媒介素养是一个新的课题。目前，我国的媒介素养教育实践经验还未完全找出一条适合本国国情的道路。高校学生对于媒介素养这一名词既熟悉又陌生，对于媒介素养教育学科的含义也缺乏较为理性的认识。在高等教育中导入媒介素养教育课程，结合各高校的优势力量，是解决高校学生媒介素养问题最有效、最科学的方法之一。高校在课程的设置上，可以采取专门开设实践性课程与多元理论性教育课程相结合的模式。除此之外，学校还可以通过举办相关讲座、辩论会等活动，以不同形式促使高校学生树立正确的新媒体观念。

（2）营造媒介教育氛围，进行媒介素养宣传

媒介素养要进入校园，融入高校学生的生活中，这需要一个大家认识和认可的过程。因此，校园应充分利用自身传播知识和文化的优势，加大对媒介素养的宣传力度。校园广播、电视台、报纸、期刊、社团等都是校园媒介素养宣传的舆论阵地，它们作为在校学生的精神环境，对高校学生有着不可替代的潜移默化的影响。所以，加强校园媒介素养宣传，就要形成全方位的校园舆论环境，利用各种媒介形式和手段，营造良好的媒介教育氛围。

（3）充分利用校园资源，增加媒介认知

传媒作为一种合理存在并蒸蒸日上的事物，它的内容和灵魂在高校学生当今

的生活中是无孔不入的。校园有着各式各样的教育、学习工具。校报、校园广播电台、电视台、校园微博等都是高校学生可以接触并参与其中的媒介资源。高校应充分鼓励学生利用校园媒介资源，如建立校园校报编辑室，让学生亲自去采集、编辑、制作和发布信息；开设校园微博，建立校园微博管理委员会，让学生参与微博的创造、传播和管理的一系列过程中。

2. 媒介方面

(1) 媒体和校园合作，为高校学生提供实践平台

媒介素养教育与媒介实践是双向互动的，大众媒介应与校园"联姻"，为高校学生提供更多的实践机会。例如媒体与校园联合发起一次"DV 校园新闻制作"大赛，媒体专业人士走进高校为学生提供专业指导，高校学生从拍摄、加工到制作全程亲自参与，最后评选出优秀的作品在媒体的某一平台播出，使同学们在获得成就感的同时能收获到相应的媒介知识。网页制作大赛、校园新闻制作大赛等无疑都可以成为媒体与校园合作的最好形式。与此同时，学校还可以定期邀请知名主持人、经验丰富的编辑人员、记者等走进高校，与学生进行面对面的交流互动，增加高校学生对于媒体的感性认识，消除高校学生对于媒体的陌生感。只有这样，才能不让高校学生被媒体的形式和内容"牵着鼻子走"，成为媒体的理智消费者，而不是单纯地鉴赏、浏览传媒发布的信息或仅仅热衷于新传媒所带来的新感觉。

(2) 媒体发挥"把关人"的作用，提高自身的公信力

媒体在信息生产和信息方面应扮演好"把关人"的角色，各式各样的传媒文化会给高校学生的价值取向带去强烈的冲击，在很大程度上影响着他们的人生观和价值观。面对大千世界芸芸众生中纷繁复杂的各种信息，媒体往往掌握着这些信息能否发布和传播的选择大权。媒体理应帮助高校学生认识社会、积累知识，使每位高校学生在媒体所传递的正确价值导向中耳濡目染地逐步得到提高。因此，新闻工作者就应努力提高理论水平，努力提升自身的采编写基本素质，同时，要坚持正确的舆论导向，以正确的舆论引导高校学生，这样才能引导那些辨识能力低的高校学生认清真实的信息。最后，媒体从业人员必须具有职业道德，对自己职业行为所产生的社会作用和社会意义承担相应的责任。

二、构建专门的网络平台

(一) 高校网络平台构建的有利条件

1. 时代发展的需要

在互联网迅速发展的时代背景下，网络已经与人们的生活息息相关，其用户群数量大、覆盖年龄范围广，影响力正随着时间的推移逐渐凸显，它以其特有的平台特性默默地影响着人们的价值观念和思维方式，以其资源丰富的特点改变了人们的学习方式，以其高效便利的特点改变了人们的交往方式。高校应牢牢抓住这难得的契机，在学生的教育与管理中融入更加多样、更加吸引人的方式，使教育、管理、服务"三育人"的功用在网络平台中得到淋漓尽致的发挥。在高校新校区的文化建设及信息化建设方面，可依托社会上已形成的较成熟的网络平台，这些平台经过测试和使用更具有适应性，减低了因网络平台硬件问题带来的发展困扰。

2. 发展前景好

校园网络平台因其网络特性，具有活、全、新、快的众多特点和优势，同时有利于用户的使用和参与。校园网络平台既是传播校园主流文化的新阵地，也是高校文化内涵、办学精神、优势特色的最佳展示窗口。虽然高校由于发展时间相对较短，在网络平台的构建上较为滞后，但是这反而减少了改革及发展的阻碍，不会因为固化的思维方式限制了前进的脚步，减轻了改革引起的阵痛。因而，在发展网络平台、积淀校园文化的道路上能走出全新模式。

(二) 高校网络平台的构建途径

1. 打造特色网络品牌

校园网络平台关键性的动态指标在于内容、准确度和更新速度等方面。目前的高校学生大多是随着网络一起成长起来的，如果想利用网络吸引他们的视线，就需要具有特别的形式、丰富的内容、急速的更新。因此，高校校园网络平台应该改变原有的形式呆板、内容简单、功能单一、更新迟滞等不足，更好地解决吸引力不足、利用率低等问题。应完善校园网络平台的功能，提高用户的参与度，加快、加深与校园文化的融合，更好地促进高校的发展。针对上述情况，高校新校区在打造特色网络品牌时应更好地利用社会上已较成熟的、影响力较大的媒介。

2. 优化校园门户网站

校园门户网站是每所高校在网络中展示的绝佳平台，也是发布相关信息的固定渠道。在门户网站上可以尝试开辟校园特色专栏，如重庆邮电大学"红岩网校"、河南农业大学的"太行之路网站"等，大多是以本校学科特色为核心，围绕主体用户——学生，将思想政治教育、专业知识、科学技术、就业引导、特色文化等模块组合。设计优良、布局合理、内容新颖的校园网站不仅能提高社会关注度，而且能吸引更多的学生关注校园门户网站，积累荣誉感和归属感。打造校园官方微博，官方微博是网络发声的新媒介，高校、企业、政府等纷纷开通了官方微博在扩大宣传面的同时，能更加快捷地发布信息，发起交流互动。学生手持手机刷微博已成为一种时尚，而利用微博的特性，校园官方微博将学生的注意力凝聚起来，通过发布社会热点问题与话题、普及与学生学习生活的相关知识和信息、组织学生参与活动及话题互动等，利用微博消息发布及时、传播面广等特性，能更好地配合其他校园文化建设活动的开展。

3. 建设其他网络平台

当前，其他网络平台如贴吧、微信、论坛等也成了高校学生的交流平台。随着移动终端技术的提升和革新，更多网络用户使用手机或平板等终端设备参与网络互动。如今高校学生使用手机刷微信、逛贴吧、进论坛、写说说、更新空间，已经是普遍现象，这类网络平台已经成为学生闲暇时光抒发个人情感、相互交流的一类重要平台。高校应当重视这类公开网络平台的开发和应用，利用此类平台用户群庞大的优势，推出有特色的高校平台，辅助开展高校学生的伦理道德教育引导，促进校园文化多元化良性发展。当然，高校应利用和管控好这类平台，通过这类平台可发起话题、交流讨论、活动宣传等，促进校园文化建设。

4. 充分挖掘潜在人力资源

网络之所以迅速发展，得益于其前所未有的更新速度及良好的参与性、互动性，相较于纸质媒介，电子媒介越来越多地融入人们的交往中。构建校园网络平台，不仅需要一定的物质投入，而且需要开发校园内所特有的、庞大的潜在资源——人，动员好、开发好潜在的人力资源既是发挥好人的主体性作用，又是人本主义理论应用于学校教育中的合理化体现。在高校新校区成立时间相对较短的背景下，充分动员专业教师、辅导员群体，集思广益创新内容、提高技术，积极参与校园内各项文体活动，转载、转帖；充分动员学生干部、学生党员等其他学生群体，因为他们既是校园网络平台的受益者，也是参与者。通过利用现有群体、挖掘潜在资源，可以使教育者和受教育者都参与到网络平台的宣传、构建中。

5. 建立健全管理体制

高校学生在社会网络中是最活跃的群体，也是网络互动参与量最大的成员。因而，高校新校区的各部门及院系应提高对网络平台重要性和必要性的认识，加大投入，尽快开发校园网络平台；高校应针对如何引导网络评论、控制网络舆情、监管网络动态、处理网络突发情况等建立专门的技术团队，维护、管理、利用好网络平台。在现有的校园管理制度的基础上，要规范和创新校园网络平台管理机制，通过统一的管理规章制度明确管理者、参与者的义务与责任，规范管理、教育引导学生形成健康积极的网络道德，使校园网络平台的使用秩序井然；建立校园网络平台的各级管理体系，使网络信息的监控、收集、分析、干预等反应机制更为完善，保护校园网络平台的正常运转。

6. 营造校园网络文化，共筑品牌校园文化

高校校园文化因网络的介入而更加丰富、鲜活，同时对高校思想政治及德育工作也提出了新的挑战。打造内容丰富、功能完善、具有开放性的校园网络平台可以引导学生健康上网，传播校园主流文化，展现高校的品牌特色。构建好校园网络平台，营造健康和谐的校园网络文化，共筑品牌校园文化，不仅是对网络所带来的挑战的有力应对，更能为全校师生提供更加有活力的成长空间。

三、实施教学管理与学生管理一体化的基础与优势

（一） 高校办学的基本观念、基本价值、基本图景是不断改革创新的思想引领

比如现代高校制度的"轴性理论""优势互补理论""职业化全位理论"等为我们构建教学与学生管理一体化提供了思想指导。其中，"优势互补理论"是在坚持公办高校机制的稳定性和民办高校机制的灵活激励性相结合的基础上，对社会主义民办高校办学机制的探索，而"职业化全位理论"是现代高校不可或缺的管理模式思想。

（二） 践行教学管理与学生管理一体化的初步思路

调整机构设置，优化人员配置，完善分工协调。一是撤销学生处，将学生处的部分管理职能划归教务处，教务处设置教学运行管理、学生管理、教学基本建设管理和实验实践教学管理四个处；二是继续强化二级学院管理职能的重心下移，分管教学的学院领导要协调学生工作，使教学与学生工作有效融合，加强、完善和优化学院办公室职能和人员配置，学院办公室统一负责教学、科研、学工、党务、行政人事工作的日常管理，从而为教学管理和学生管理一体化提供组织保证。

（三） 完善和创新一体化管理制度

在现有的教学管理和学生管理各项制度的基础上，根据一体化管理目标要求优化学校学工部、学生社区、校团委与各学院协调功能，优化各学院教学与学生管理职能，探索建立一个运行有效的教学和学生管理一体化管理模式、管理制度，使学生教育管理"到边到底到位"。比如可以试行教学与学生管理联席工作例会制度、任课教师和辅导员交流协作制度、教风与学风建设联动制度等，并计划由教务处牵头，校团委、学生学业信息咨询中心、各学院共同参与，完成教学与学生管理一体化的基本制度框架建设，从而为一体化管理提供制度保障。

（四）加强教学与学生管理一体化的信息建设

建设统一的教学管理和学生管理信息系统，可以实现信息的集中管理、分散操作、信息共享，使传统的管理向数字化、无纸化、智能化、综合化及多元化的方向发展。为此，高校要进一步完善教学管理和学生管理信息系统的建设，以实现教学与学生信息资源共享及信息互动，促进管理的规范化，增强学校和学院两级教学与学生一体化管理协作，使其更好地为学校的育人功能服务。当然，教学与学生管理信息系统涉及面广、功能性强，它的应用在给学校教学与学生一体化管理工作带来高效、便捷的同时，将对今后的教学与学生一体化管理工作提出全方位的、更高的要求。

（五）建立"全员育人"工作机制

学生培养涉及教与学两方面，必须实现二者的结合才能达到培养人的目的。高校要积极探索建立一个全员联动一体化，跨边界、无缝隙，管理重心前移于教学班的"全员育人"工作体系，实行多层面、多角度、全方位育人管理模式，即广泛调动、充分利用各层面管理育人的积极作用，包括班委成员、辅导员、学生家长、专业任课教师、校领导等，全力培养德智体美劳全面发展的合格人才。

一体化管理模式不是简单的合二为一，而是一种相互统一和相互促进的管理运行机制。因此，我们要紧紧围绕教学管理和学生管理的连接点——"育人"，以教学为中心，激发教师教学的育人功能，促进专业教学和学生管理相互融合，从而逐步建立一个有特色、有效的教学管理和学生管理一体化的管理模式和运行机制。

第二节　互联网信息时代高校教育管理模式创新的重要性

一、互联网信息时代高校教育管理模式的创新是构建和谐校园的迫切需要

(一) 网络文化与和谐校园

网络越来越成为我们生活的一部分，网络文化已经成为一种流行文化。网络媒介因而具有了丰富的文化内涵。"文化"这一概念拥有多种定义，其中，有文化是一种特殊的生活方式的描述。这种描述的范围不仅包括艺术、思想等经典范畴，还包括一些日常生活行为中的某些意义和价值。既然文化是一种生活方式，网络文化也就是互联网所形成的一种生活方式。由于这种生活方式以网络互联为基础，以获取信息为目的，因此，网络文化一般也可以定义为：网络文化是一种不分国界、不分地区，建立在"互联网+"基础上的信息文化。

对和谐社会的倡导与研究，已有大批深入的、权威的文献。知识经济时代教育不仅是推动社会经济发展的重要动力，还是促进和谐社会建设的重要力量。和谐校园，主要是指以内外沟通良好、各种关系顺畅，和而不同、协调发展为核心的一种教育理念。实现这一理念，必须关注学生的和谐发展。和谐的校园文化既是构建和谐校园的基本目标与内涵，又是构建和谐校园的基本途径与模式。和谐校园的本质属性是文化和谐。建设和谐的校园文化，不能无视网络文化的影响。

网络对青少年的影响，已有多项研究成果，戒除网瘾是一个社会话题；网络文化对和谐社会建设的影响，已引起人们的很大关注，有的地区还举办了"网络文化节"。网络文化对和谐校园建设的影响，也已引起人们的关注。

随着网络的发展和网民的增多，人们被网络化已经成为一种不可避免的现实。这是一个分析问题的前提。没有这个前提，谈网络文化对构建和谐校园的效应就没有多大意义。

（二）　网络文化对构建和谐校园的正面效应

人们之所以被心甘情愿地网络化，自有其充分的理由和必要的原因。这些理由和原因，应该有相当一部分是积极的、合理的，或者说是符合人们对真善美的需求的。

1. 网络能够满足学生多方面的需求

构建和谐校园，要研究学生，学生是和谐校园建设的主体；谈网络文化对构建和谐校园的影响，也要研究学生，研究网络对学生自身和谐发展的效应。在我们的问卷调查中，很多同学反映，网络让他们的生活变得多姿多彩，缓解了自身压力，但也承认可能增加学生管理的难度。与社会群体相比较，在校学生可能更相信科技的力量，更愿意追逐时尚和新潮，更增多广泛交往的意愿，更需要获取知识信息。而这几点，网络都能满足学生们的期望和要求。计算机和网络是高科技、时尚新潮的代名词。学生们作为网络主体会不断从技术和技巧两方面强化自身的网络素养，如不断使用新的软件加快链接速度和提高搜索效率，不断提高打字速度等。网络的应用五花八门，而其最大的用途和优势是能够共享信息和快速传递信息。这正符合学生更多、更快地获取信息、交流沟通的需要。

2. 网络可以成为学生的信息库和资料库

网络能够处理大量的、内容丰富的信息资源。这些信息分门别类地存放在页面上，浏览者可以根据自己的兴趣和需要使用超级链接选择阅读。网络最大的优点在于它拥有无比丰富的信息，就像一本百科全书，学生在阅读纸质文献的同时可以将网络作为自己的资料库和信息库。电子文献具有查阅迅捷、方便的优势，但既要警惕其真假莫辨的庞杂和错误，也要警惕由于过分依赖网络而产生的惰性。

3. 网络使教学手段和教学方法的革新成为可能

各种网上学校已大为发展，大量的课程学习可以借助网络来实现，有限的教育资源得到了更合理、更高效的使用，更多的人得以享有更多、更好的教育；终身学习变得不再困难；学生的学习兴趣和效率有可能得到提高；科研人员的联系极大加强，获取相关信息更加便捷，科研中的重复和无用劳动因而减少。多媒体教学和网络教学平台的开通，在许多学校已不是新鲜事。师生之间可以通过校园网进行交流，网上选课、网上答疑、网上评教，校园贴吧、博客交流、电子图书等都是网络开辟的新天地。

4. 网络对人们的思维方式和世界观有积极的影响

网络介入人的生活，网络意识同时就会渗入人的身心，影响人们的思维和行为方式。学生处于世界观、人生观、价值观进一步成形的时期，在这一时期网络的影响不可小视。从积极和正面的方面来讲，网络可以帮助人们，尤其是青年学生树立先进的理念，包括科学、民主、张扬个性的理念，开放、自由、平等、和谐、奉献的理念，地球村的理念等。网络本身是科技发展的产物，是人类的重大科技发明，凝结和彰显着人类的智慧网络，是一个开放的空间也是一个自由的空间，文化的壁垒正以前所未有的速度被打破。文化透过电缆、光纤、服务器和计算机终端等有形的物体快速而便捷地在全球范围内流动。好的网络文学艺术作品是实施美育的大课堂，科学和先进的思想是学生的又一个"导师"，网络为学生开阔视野、提高素质、发掘潜能提供了平台和基地。随着 E - mail、BBS、USENET、MUD、IRC、OICQ 等软件的出现和进一步完善，网络文化的交互性得到了更大的体现。不少学生在聊天或网上讨论中，锻炼了认识问题、分析问题、解决问题的能力，他们的聪明才智、他们的创造性在此得到了充分的展现与发挥。在理论上，网络空间的每个人、每台计算机都可以成为一个广播站、电视台或出版社。从这个意义上说，网络体现了最自由、灵活、开放的信息交流方式。任何一个网络人的地位都是平等的，他们可以与世界各地任何联网的人联络，自由地访问各种信息资源，自主参与不同主题的 BBS、USENET、电子论坛、博客、播客的讨论、写作和传播。

二、互联网信息时代高校教育管理模式的创新有助于因材施教的推行

与教育史的源远流长相比，互联网的历史是短暂的。人类教育的历史几乎与人类的五千年文明史相当，互联网的历史却只有短短 20 多年，它的出现、普及、应用都与教育密切相关。

从发展机遇来说，第一，互联网技术为提高人才培养质量创造了条件。以"慕课""翻转课堂""微课程"等为代表的基于互联网的教学模式，突破了学习者的学习时间和空间的局限性，有利于学习者共享课程资源，进行个性化的线上学习。同时，互联网技术为探索线上教学和线下教育相融合，促进学生的自主学习和合作学习，改革传统的教学方式和手段创造了条件。第二，互联网技术为拓展优质教育资源开拓了新路径。利用互联网技术多元而便捷地获取教学资源的特点，可以把有限的投入集中到优质线上课程的建设上，并通过建立共享机制进行优质教学资源的均衡配置以效率促公平，促进优质教育均衡发展，推进学习型社会建设。第三，在线课程联盟的构建为提升教育国际化水平搭建了新平台。在线课程联盟的发展，加速了国际化课程、教材和课件的跨国流动与共享，也必然伴随着先进教学理念、现代教学方式和教学管理模式的跨国传播与融合，从而为优质教学资源共享与国际拓展、变革教育教学方式、改善学校国际形象搭建了新平台。

为促进互联网教学的发展和人才培养质量提升，高等学校要主动应对互联网教学带来的挑战。

（一）更新传统的教育教学观念

要突破"千校一面""万人一面"的培养模式的禁锢，建立富有时代内涵的人才观、多样化的质量观和现代的教学观；遵循教育教学规律和人才成长规律，践行"因材施教"的教育理念，探索多样化和个性化培养。

（二）改革传统的教学方式

利用"慕课""微课程"等线上课程资源，可以实现学习过程的"翻转"：将学生接受知识的环节从课堂讲授转移到课前线上自学；而在课堂上则通过教师组织引导、师生互动和生生合作，将学生课前个性化学习到的知识融会贯通，实现知识内化的部分功能。要改革传统的课堂教学模式，引导学生自主学习、合作学习、探究式学习；探索线上线下教学相结合，共享优质教学资源，彰显教学水平和特色，提高学习效果和效率。

（三）促进教师的职业生涯发展

学习过程的翻转，导致了教师角色从知识的传授者转变为学生的学习伙伴。因此，要优化教学评价标准，加强教师培训，提高教师运用现代信息技术的能力，激励教师研发网上课程，参与线上教学。同时，鼓励学生参与线上自主学习。

（四）创新教学管理体制

加强系统研究和顶层设计，创新教学管理体制和学生管理机制，调整教学组织形式乃至教室布局；完善教学质量监控和保证体系，重视学生学习效果跟踪和评价机制的建设，强化评价结果反馈和改进机制。

（五）高等学校要推进"互联网教学"良性发展

1. 加强联结与互动

互联网教学模式的基本特征是联结和互动。有关部门要加强统筹规划，避免重复建设和分散建设，实现优质教学资源共建共享；要引导学校改革课堂教学模式，更好地实现师生互动、生生互动、人机互动，改善学习效果。

2. 完善学习监督和效果评价机制

要优化学习评价标准和评价方式，重视大数据技术的应用，实现教学及其管理平台的数据交换和共享，及时评价和反馈线上学习效果；要改善教师的线上教学水平，提高学生线上学习的主动性、自律性和选课完成率。

3. 探索和完善互联网教学的运行机制

要厘清线上教学的公益性与营利性的关系，优化"慕课""微课程"等课程联盟或协作组织的运营模式，筹集线上教学经费；要研究线上课程标准与认证方法，探索学分转换、学分互认、学分银行等机制；普通高校、开放高校、在线课程联盟或协作组织及互联网教育产业，要协同探索，优势互补。

4. 跳出互联网教学发展的误区

教育的终极目标是培养全面发展的人。学校的办学传统、校园文化和校风学风，对学生成长成才具有潜移默化的熏陶和催化作用，对学生综合素质的养成，包括社会发展性、人际关系和公共关系、团队精神等素养和能力的养成至关重要。

因此，课程教学不等于学校教育，互联网教学不能完全取代学校教育。要倡导严谨求实的态度，避免炒作概念、片面夸大作用，把重点放在优化网络教学环境、提高在线开放课程质量、共建共享优质教学资源、线上线下教学相互融合、提高学习效果和学习效率上。

三、互联网信息时代高校教育管理模式的创新能有效利用高校资源

首先，要解决教学资源不均衡的问题，加速实现各种优质教育资源的集成共享。要充分利用信息技术，积极进行混合式教学的探索和实验，建立高校之间优质数字化资源共建共享机制。国家精品视频公开课程和精品资源共享课程，向高校免费开放。大规模在线开放课程建设、教学资源平台建设等，可以扩大优质教育资源受益面，使高校学生能够参加国内外著名高校网络课程的学习；精品资源共享课、视频公开课等，可以提升一大批中青年教师的教学水平。

其次，要建立以学生为中心的新型教学模式，强调学生的主动性、学习灵活性和教师的辅助性。在大数据背景下，以互联网信息技术为核心的各类教学模式和学习方式不断呈现，如微课、慕课、翻转课堂等。在"互联网+"背景下，教育已不是传统的线性模式，而是非线性、模块化、可定制的，学生可根据自身的需求、兴趣选择学习内容。对高校而言，这就需要利用互联网技术、大数据技术整合不同资源，开展启发式、探究式、讨论式、参与式教学，建立起以学生为中心的教学模式。

最后，要推动高校相关专业建设，加快培养互联网领域专业人才。把互联网技术、物联网技术、云计算、大数据、数字制造技术、智能制造技术等相关知识纳入高校的公共基础课教学，提高高校学生的互联网知识水平。在高校或企业建立涵盖3D打印技术、智能家居技术、可穿戴技术、智能制造技术、物联网技术的"创客中心"或"创客平台"，引导高校学生开展创新创业实践活动，从而实现创新与创业相结合、线上与线下相结合。

对于高等教育而言，互联网教育是最优选项和必由之路，但还需要诸多的保

障措施。首先，高校信息化建设的投入需安排专项资金。其次，教师信息化教学素养和意识需要与互联网语境相符合，要通过网络研修等多种方式进行提升。最后，对信息化教育绩效的评估和考核应保持常态化，各高校要专门制订本校的信息化发展规划，并定期进行评估和反馈。

第三节 互联网信息时代高校教育管理模式创新路径

一、融入开放性的思想

我国现阶段的高等教育已经从原来的精英教育迅速转化为大众化教育，受教育者的求学情况、知识基础与以往相比发生了很大的改变。政治辅导员和班主任要指导学生正确地面对竞争、面对择业、面对压力，引导学生规划人生，培养学生有宽广的胸怀和健全的人格，努力把德育渗透到学生成才、就业的全过程，要主动管理育人，提高工作效率和工作水平，创造更好的育人环境。

（一）建立优秀的管理团队和制度

如何适应时代的要求，培养社会需要的人才，是从事学生管理工作者的永恒话题，同时对学生管理领导干部提出了更高的要求，必须加强队伍建设。学校高层领导应加强对学生管理工作的重要性的认识，挑选一批思想素质高、工作能力强、具有一定学生管理工作经验的工作人员担任学校学生管理领导工作，经常性地组织并开展对各分校、教学点学生管理领导干部的专业培训，邀请较高水平的专家讲座，全面提升学生管理干部的素质。通过各种方式组织开展校与校之间学生管理工作的交流，请学生管理工作突出的管理人士讲解、传授管理经验，并通过讨论交流，达到共同提高，共同进步。以校本部为载体开辟全校性学生管理工作专项窗口，广泛讨论发表管理体会，创建全校性学生管理专刊，组织系统内投稿，把学生管理工作真正落到实处。

学校应建立导学教师引进、培训、考核、交流的整套制度。完善引进程序，严把入口关，力争把有能力、责任心强的导学教师引进来。建立严格的导学教师培训、考核制度。导学教师应对以现代计算机网络为主的多媒体现代远程教育技术有较深的掌握，能熟练运用计算机网络等媒体技术获取教学资源，并能配合辅导教师进行教学资源的整合，组织和指导学员开展网上答疑、BBS 讨论、双向视频等网上教学活动，利用 QQ 群、微信、E-mail 等与学员进行日常沟通。完善导学教师的流动计划，打破以往导学教师队伍建设的封闭体系，激活用人机制，拓宽导学教师出口，加强导学教师的交流和提拔，解决导学教师的后顾之忧。

解决导学教师流动性较强、流失率较高的问题，必须加强导学教师的专业化建设，其中，最主要的就是更新观念，尤其是更新领导的观念，全面提高导学教师的综合素质。导学教师在工作了一段时间后就会积累一定的工作经验，也会认识到自身不足。如果学校能制定一套完整的培训机制，给他们更多的培训学习的机会，不管是对学校还是对导学教师本人来说都是双赢的。另外，还可以加强导学教师之间的沟通与交流，使导学教师的业务能力不断提高，确保导学教师在工作中发挥应有的作用，保证开放教育学生的培养质量。

（二）注重培养优秀的学生干部

好的学生干部不仅自己会给其他同学做出榜样，也会分担导学教师的工作重担，而且在这个过程中也锻炼了学生的工作能力，又运用在自己的工作实践中。导学教师在选择班干部的过程中要一视同仁，不能因为个别小问题而否定他们的优点，广泛听取同学和任课老师的意见，综合学生的平时表现民主或择优选拔。选出优秀的学生干部，要充分信任和尊重，减少个人干涉，使他们充分发挥个人的工作主动性和能动性。

学生干部队伍应真正发挥先锋模范作用，真正发挥战斗堡垒作用。学校应健全团支部、学生会组织，主动让学生组织成为学校与学生、教师与学生沟通的桥梁，通过民主推荐、个人竞选产生学生干部队伍。结合开放教育学生的生理和心理特点，通过学生干部开展广泛的思想交流。帮助广大学生树立和培养学习自信心，一方面，肯定他们在以往的学习和工作中取得的成绩和努力，使他们充分看到自己的优点和能力；另一方面，循序渐进一对一式辅导，将他们在现在的环境中遇到的问题总结归纳，然后反馈经验。在交流沟通过程中，要注意交流态度，避免出现僵局挫伤学生的学习积极性；要充分尊重学生，成人学生的自尊心相对来说更强，并且也更容易受到伤害，老师的教育手段要不断改进，积极与学生磨合，减少代沟的出现。在沟通的同时，鼓励他们学习后要在自己原有的领域有所创新和进步，帮助他们做好职业规划和人生规划。在思想教育过程中，应尽量避免用说教的方式，毕竟这些学生都是成年人，而且多数已经有了家室或有比较丰富的社会经验。而强硬的教育态度只能引起学生的逆反心理，不仅不会配合老师的教育工作，甚至会放弃继续学习。对个别问题学生要单独关注，因材施教，明察暗访，找出学生学习欠缺的根源和影响因素，和周围同学、同事努力解决问题，最大限度地激发他们的学习主动性。

（三）通过营造校园文化氛围引导学生的学习和发展

开放教育的学生以参加远程教育学习为主，这些学生有着强烈的孤独感，他们渴望交流，希望像普通高校的学生一样有丰富的校园生活，感受来自众多同学的支持与友谊。学校应主动提供学生情感交流、培养兴趣和寻求帮助的平台，能够促进学生之间交流沟通，传承成长经验，解答学生疑惑，碰撞智慧思想，传递情感关怀，培养同学友谊，消除学习孤独感，增强学生对开放高校的身份认同感、归属感和凝聚力，营造积极向上的校园文化氛围，促进学生的管理、学习和发展。经常性地开展校区、班级之间各种比赛活动，增进学生之间的友谊，根据不同学生原来从事行业的不同，有针对性地聘请相关行业的专家学者到学校举行讲座，促进学生的积极参与和交流。同时，用各种比赛的形式加强同行的良性竞争，使学生之间互相帮助，共同进步。对学生的学习积极性，导学教师应合理引导，帮助他们树立明确的学习目标，使他们既有针对性又能自我检测和反馈。

二、提升教育服务意识

现代教育以促进人的现代化和主体的全面发展为中心。主体性、发展性是现代教育的本质规定。基于此，现代教育倡导"教育是一种服务"的教育管理理念。它强调教育者（教师）以满足受教育者（学生）个性发展，为受教育者创造全面发展和主体生成的情境和条件。它概括了当今教育的经营态度和思维方式。在如何开展教育管理和教育活动问题上，相对于传统的教育管理理念，它具有自身的特点。第一，教育服务理念体现了现代教育以人为本的精神，突出了主体，突出了主体的生成和主体性发展；以培养现代主体人格为根本。它直接着眼于人，着眼于人的发展。第二，教育服务理念下的教育管理活动是教育者与受教育者互为主客体、主体间的对象性活动，是在教育者的组织领导下，教育者与受教育者共同参与的活动；是教育者的启发、引导、指导与受教育者的认知、体验、践行的互动；是教育者的价值导向与受教育者自主构建的统一的活动；是教育者与受教育者的相互教育与自我教育、教学相长的活动。第三，教育服务是现代教育管理的整体特征，它不是教育活动的某个阶段或某个部分、某方面的特征。作为现代教育的根本指导思想，它是贯穿教育管理活动的始终和教育管理活动的各方面的。

教育服务的管理理念对于高校的改革、建设和发展有以下作用。

（一）教育服务理念为改革高校学生管理提供内部驱动力

我们的教育理念是培养人、改造人、塑造人，这具有很大的合理性和教育价值，但是怎样操作和实施，人们往往受一种片面的理念所指导。长期以来，人们一直将学生作为工作对象来加工，将教育完全观念化，以至于我们不能正确理解教育与社会、教育与个人发展之间的关系，使我们的许多教育政策与决策缺乏科学的基础。

树立高等教育服务理念，能够促使高校树立责任意识、市场意识和竞争意识，能够促使他们关注社会与受教育者的个人教育服务需求，推动高校自觉自主地进行改革，把握市场动向，完善服务体系，增强效益意识，提高服务质量。来自管理者自己对这种改革的需求和认同是改革高校学生管理最主要的动力。可以说，没有管理者对这种改革的深刻理解，没有管理者对学生管理的热情参与，没有管理者对学生管理的积极投入，学生管理理念要转变就十分困难。要求高校学生管理者树立教育服务管理理念，就是期望在形成教育服务理念的同时，一方面，使管理者意识到自己与服务，服务与学生的密切关系，因而去尝试改变对学生的态度，尝试用一种全新的视角去看待学生；另一方面，让管理者从根本上认识到传统管理的问题所在。服务理念先是将服务对象当成自己一切服务工作的对象和焦点，将学生满意不满意作为衡量管理业绩的重要指标，在客观上就迫使管理者去反思原来的管理理念并努力去接受新理念、新方法。只有这样，才能形成一种内在动力去推动他们进行改革。

（二）教育服务理念为引导高校学生管理提出新的目标

传统教育理念培养人一般只要求听话、驯服，而不注重独立思考能力。教师培养学生追求"齐步走""整齐划一"，对学生个体之间的差异和个体特征重视不够，因而培养出来的学生往往缺乏创新思维，很难适应时代发展的需要。学生是共性和个性的统一。共性是指学生的群体属性，而个性则指学生的个体属性。处于同一年龄阶段的学生，由于他们生命过程和生活经历的相似性，他们的身心发展在同一规律支配下，表现出某些相同或相似的属性和特征，即共性。但这些共性只是相对而言的，由于个体间遗传因子、家庭背景、社会环境及教育影响的差异，学生的身心发展无论是在内容上还是在水平上都是千差万别的，学生的性格、兴趣、爱好、智力、能力不完全相同，即具有个别差异。这种个别差异是绝对的，是不以人的意志为转移的。这是学生管理必须面对的事实。

树立高等教育服务理念，不仅能够让我们意识到学生共性和个性的差异，还能够让我们意识到：高等教育服务的生产者是教育工作者，他们通过消耗智力和体力，而生产出适合不同教育对象需求的，具有多方面性能的教育服务，处在生产领域。学生则是高等教育的消费者，处在消费领域。这种理念为高校学生管理实践提出了新的目标。作为提供教育服务的教育者，在学生管理中应以学生为本，尽量满足学生（作为消费者）的需要。不同的学生有不同的需要，同一学生不同时期的需求层次也不尽相同，需求的多样化就决定了教师工作的复杂程度。在提供教育服务时，教师不再是以前高高在上的管理者，而是成了"弯下腰去"为学生提供服务的教育服务生产者。要生产出优质教育服务，以满足不同人的所有合理需求，教师就要自觉地树立以人为本的服务理念，"弯下腰去"掌握学生的思想动态，不仅要了解他们需要什么、喜欢什么、想些什么、关心什么、拥护什么、反对什么、兴趣何在，更要了解不同年龄学生身心发育的规律和特征。要深入课堂，深入食堂，深入学生宿舍中，深入学生活动的各方面，只有这样，才能从学生的角度制定出符合他们身心发展需要的管理规章，才能努力完善他们的个性，充分发挥他们隐藏在主体内部的创造潜能，才能受到更多学生的欢迎和喜爱。要生产优质服务，教师还要了解学生需求的变化。社会在变，时代在变，生活环境在变，学生的思想观念也会随之发生变化。这就要求教师要不断调整教育方式，随时了解以前的规章是否符合发展的实际，以前的教育方式、教育手段是不是学生愿意接受的。

（三）教育服务理念为高校学生管理创造新型师生关系

传统的教育理念认为，学生是教育的客体，教师是教育的主体。受这种教育理念的影响，在学生管理中，教师和学生之间是管理者与被管理者的、等级式的、指挥与服从的关系，学生是绝对的弱势方，学校是绝对的强势方，教育者总是凌驾于学生之上，对学生指手画脚，发号施令，有时甚至采取"训斥"和"惩罚"的手段来压服，甚至制服学生。这种管理方法虽然可以暂时维护教育者的尊严和权威，也会取得一定的管理效果，但它付出了扼杀学生主体性、自主性和主观能动性的最大代价。

树立高等教育服务理念，要求教育者重新审视以前的师生关系，树立起新型的师生关系；从高等学校教师方面来看，在教育服务生产过程的师生关系中，学生作为教育服务消费者，在教育过程中拥有重要的地位，教师必须予以尊重，教师作为教育服务生产者，不能不认真考虑作为教育服务消费者学生的意见要求。这意味着教师必须改变角色意识，树立服务理念，从提高服务质量、保证消费者满意的角度出发来考虑一切，才能做到因材施教；从学生来看，意识到接受高等教育是对高等教育的消费，意味着他们必须树立独立意识和自主观念，他们必须对自己的选择和行为负责，不能完全依赖学校和老师。这种新型的师生关系有利于学生管理中师生平等地、朋友式地、相互尊重地交流对话。管理者也只有从观念上意识到对学生进行管理就是对学生的一种服务，认识到尊重学生就是在尊重自己，放弃学生就是在放弃自己，学生的失败就是你的失败，失去了学生就是失去了你自己，教师才可能真诚地去爱，真诚地付出，新型的师生关系才可能得以建立。在这种新型的师生关系中，学生管理倡导以"爱"为核心的情感管理。爱是一切教育的起点，是开启学生心灵的一把金钥匙，也是教育引导和管理学生的一种精神动力。只有爱学生，管理学生才能做到十分耐心，了解学生才能非常细心，为学生服务才会一片热心。而爱学生的最有效途径就是和学生交朋友，成为学生的良师益友。这样，一方面，可以唤起学生管理者的友爱之心，使学生管理者乐于并善于与学生交友；另一方面，可以使学生把学生管理者看成最值得信赖的人，向管理者敞开心扉，吐露心声，心悦诚服地、愉快地接受管理。

（四）教育服务理念为高校学生管理的评价提供新的依据

无论什么条件下，任何一所学校的学生管理都有取得良好效果的预期。不同时期，人们衡量学生管理质量的依据不尽相同。传统的教育理念从管理者的角度出发，管理质量意味着管理特征对组织的规定与要求的符合程度。这一视角使组织更关注效率，即用最小的成本获得最大的收益，而看不到不同的被管理者对同样的管理，感知不到同样的质量水平。

树立高等教育服务理念，衡量教育质量的标准则主要是服务对象的满意度。这一视角更关注服务对象需要的满足。与传统理念相比，这一理念已经意识到了不同的服务对象会对同一产品感知到不同的质量水平。当学生或家长感知到满意的服务时，也就是他们对所有服务特征的期望都得到满足或超额满足时，他们把整体服务感知为优质，并因此对学校和教师保持忠诚，从而对学校产生归属感。用满意度来衡量学生管理，传统的强迫式的管理方法必然失去效力，这就促使学生管理者转变理念，认真研究学生，了解学生的身心特点，了解学生的需求，创新教育方法，来满足学生的需求，从而为高校学生管理提供新的衡量依据。

用满意度来衡量学生管理，具体表现在要符合学校教育质量的以下几个特征。

①有效性，也就是能有效地发挥教育服务产品的功能和作用，满足学生学习的欲望，促进学生的发展。

②经济性，是顾客为了得到教育服务所承担的费用是否合理，优质与廉价对

顾客是同等重要的。

③安全性，是学校保证服务过程中学生的生命不受危害，健康和精神不受伤害，人格不受歧视，合法权益受到尊重和维护。

④时间性，顾客对服务的时间上有需求，他们需要及时、准时和省时。

⑤舒适性，需要舒适的学习环境，以及令他们感到舒适的服务态度。

⑥文明性，顾客需要学校有一个自由、亲切、受尊重、友好、自然和善意的、理解的氛围，希望教师有较高的知识修养、文化品位和优雅的举止谈吐。

用满意度来衡量学生管理要以服务对象为衡量主体。学校应给予学生充分的评估权；学校应制定教育服务质量标准，并使服务者了解标准；研制学生满意度问卷调查，用以作为衡量学生管理的主要标准。当然，用满意度来衡量学生管理并不意味着对传统衡量标准的彻底抛弃。为了对高校学生管理做出更科学的评价，我们以为，可以建立高校学生管理满意体系。这种满意体系除了学生满意外，还包括管理者自己满意，包括上级对下级满意、下级对上级满意及家长满意、社会满意等。这种系统化的满意体系有利于学生的健康成长，有利于学校的管理，使师生之间建立起共同学习、共同进步的良性循环。

（五）在学生管理工作中树立服务意识的几点要求

1. 思想观念要转变

长期以来，传统的学生管理工作是以管理者为中心开展的，管理者对学生拥有绝对的权威，管理者与学生的关系是"管"和"被管"的关系，管理的内容主要表现为要求被管理者"做……""不做……""如果……"，管理的基本方式是"要求""批评"（甚至是训斥、吓唬）和"处分"。这样的管理方式在特定的历史时期，对矫正学生的不良行为习惯是起到积极作用的。

但在这样的管理理念下培养出来的学生缺乏独立思考的能力，缺乏创新精神，依赖性强。随着社会主义市场经济的不断发展，社会竞争日益激烈，社会对高校学生素质、能力的要求不断提高，传统的管理模式已经不再适合当前的高校学生管理工作，我们就应该结合新情况，用发展的思维去改进它，并完善它。在管理中融合服务的思想，体现"以人为本"的管理理念就是适应新形势的有效方法，我们应着实意识到它的重要性，切实贯彻到管理工作的各方面和环节中。

2. 工作态度要转变

学生是整个教育过程的主体，在学生管理工作中要充分尊重学生的个性和人格，转变以前高高在上、不俯身子的管理者的姿态，带着管理就是服务的理念，不断提升自身工作对学生的吸引力和亲和力，主动深入学生群体，经常倾听学生的意见和建议，及时对工作不足之处加以整改，贴近学生生活，贴近学生实际，视学生为朋友，宽厚待人，主动去尊重、理解、关心和帮助他们，引导他们以主人翁的姿态投入学习、工作和生活，促进他们道德自觉自律意识的养成，最大限度地发挥他们的创造潜能。

3. 工作作风要转变

说得好不如做得好，树立落实服务意识，关键是在工作作风上的转变。要把解决学生的思想问题和实际问题结合起来，主动观察学生关心关注的热点和焦点问题，及时高效、公平、公正地做好学生的评优评奖、党员的发展、经济困难学生精神和物质的帮扶、就业推荐和指导等工作，让学生感受到实实在在的服务效果。特别是在对待学习希望生和个别违纪同学的管理中，要学会感动他们，通过各种有效的帮助教育途径，比如指导学习方法、多表扬他们的优点等，使他们觉得老师的工作是为他们着想，是为了实现、发展和维护他们的利益，从而自觉学好、表现好，促进整个群体管理的顺利开展。

4. 服务意识的树立要与坚持制度相结合

在学生管理中，制度是工作的保障，服务是工作的理念，稳定和谐是工作的目的。强调树立服务意识不是抛弃制度的约束，而是增加制度落实的人性化，没有制度依靠的服务是无力和软弱的。对于个别纪律观念薄弱、思想觉悟低、道德品质差、屡次违反纪律的学生，应该按照规章制度给予相应的处分和处理，这样才能维护绝大多数学生的权益，赢得绝大多数学生的支持。同时，规章制度的坚持与落实需要服务意识的体现，只有怀着服务好学生的思想，才能赢得学生的理解与配合，才会将外在的规定转化为他们内在的自我要求，学生管理才会具有实效性和持久性。

（六）在学生管理工作中树立服务意识的几点建议

1. 建立一套科学、规范、完善的学生工作制度

高校应按照国家有关法律规定，依据本校实际情况制定完整的、可操作性强的程序、步骤和规章制度，并以此规范学生的行为，行使有效的管理。完善学校的规章制度，第一，应确定制定主体，不仅学校领导参与、管理者参与，作为被管理者的学生也要参与，这样才能充分体现学生的利益，实现"以人为本"。第二，学生管理制度应当完善，不仅要注重实体内容，还要注重程序内容。比如学生处分制度，应当列明学生在哪些情况下会受到处分，还应有学生辩护机制和申诉机制。在所有的程序都完成后，再由决策机构来认定处分该不该执行。第三，学校应有快速的反应机制，对国家某项新的学生管理政策或者法规出台后，学校应快速制定出相应的实施意见。第四，除了这些强制性的规定外，还应当有一系列的自律性的规定外，使学生明确集体生活中行为自律的重要性而自觉规范自己的行为。

2. 发挥学生主体能动性，变被动管理为自我管理

在工作中要注意调动好学生自身参与管理的积极性，让学生积极参与学生管理工作，改变学生在学生管理工作中从属和被动的地位，不单纯地把学生看作教育管理的客体，以利于消除高校学生对于被管理的逆反心理，实现高校学生的自我管理。学生管理中宜推行以学生工作处指导下的，以辅导员、学生干部为调节的，以学生自律委员会为中心的相对的学生管理方式。既能锻炼学生的能力，又达到了管理的目的。

3. 完善对学生管理者的选拔模式和培训机制

提高学生管理工作者的待遇，建立一支专业稳定的学生管理队伍。一是学生管理者的选拔模式要创新。如今的学生管理工作者的选拔制度存在一定的缺陷，有的是毕业生为了留校做老师而将从事学生管理工作，作为以后成为任课教师的跳板；有的则是通过各种关系安排进来。因此，在这样的情况下，学生管理工作者很难保持高度的热情，管理水平也不一定很高。而新的选择模式是要面向全社

会，以完善的选拔机制来完成对学生管理工作者的选拔，这样才能招募到各类人才，使学生管理队伍进一步扩大并提高一定的质量。在选拔人才的时候尤其要注意考查他们在教育学、心理学、管理学方面的知识。在国外，做家政服务都必须具备心理学、教育学相关证件，持证上岗。作为学生管理者的选拔就更应注重教育、心理、管理方面的知识，最好是具备这方面的学历。二是学生管理者培训机制要创新。学生管理工作是一项很灵活多变的工作，需要管理者有足够的经验和专业知识来处理各种突发事件，因此对管理队伍的专业培训显得尤为重要。在新型学生管理模式下，任课老师是一种了解学生情况和反馈情况的角色，宿舍管理者也是一个重要的角色，因此，原来这种专业性的培训机制针对的主要是校、院、班三级的学生管理工作者要改变，应面向专业课教师、学生辅导员和宿舍管理员，对学生辅导员、宿舍管理员要注重教育学、心理学、管理学方面知识的更新与培训，以及他们对突发事件的应急能力，让他们将"学会管理"与"学会学习"结合起来，使学生管理工作者能不断超越自我，从而培养出一支专业稳定的学生管理队伍。注重专业课教师对学生工作相关知识的了解程度的培训，使他们从被动到主动关心学生的成长，关心学生工作，从而在各高校树立全员育人的思想。三是关注学生管理者的待遇。学生管理工作需要管理者保持极大的耐性和工作热情，管理工作相当烦琐，使很多管理者不能维持工作的长期性，而管理者的经常变动则影响学生管理工作的开展和完善，因此，提高学生管理工作者的待遇，使其能稳定地从事这一工作是必要的。

4. 加强学生的德育和心理健康教育

当今高校教育中的人才培养，不仅要使学生获得专业知识和技能，也要培养其道德修养和心理素质。而高校学生面临来自学业和就业等多方面的压力，独生子女的心理弊端便显露出来，承受能力差，容易造成一些消极的后果。高等学校是培养主流意识形态的重要阵地，对构筑高校学生良好的精神世界起到重要的作用。高校学生管理者应通过各种渠道和方式，帮助高校学生树立正确的世界观、人生观、价值观，形成高尚的道德情操和坚强的心理素质。所以，高校学生管理工作中的一个重要内容就是加强学生的德育和心理健康教育。对于这一点，很多高校已经认识到并正在改进，特别要注意结合高校学生实际，广泛深入开展谈心活动，有针对性地帮助高校学生处理好学习成才、择业交友、健康生活等方面的具体问题，提高思想认识和精神境界。要制订高校学生心理健康教育计划，确定相应的教育内容、教育方法。积极开展高校学生心理健康教育和心理咨询辅导，引导高校学生健康成长。

"以人为本"的管理模式是顺应当今形势行之有效的模式。学生管理者要结合实际情况，积极运用这种模式，在管理中树立服务意识，充分调动学生自我管理的积极性和能动性，实现管理者和被管理者的有机融合，实现学生管理的时效性和持久性。

三、创新管理方式

创新是高校学生管理的灵魂，也是高校发展的关键。高校只有大力进行管理的创新，摒弃陈旧、落后的管理方式和方法，创建一种与时代发展相适应的新的管理机制，才能真正提高高校的管理水平，从而实现高校提高办学质量和办学效益，培养大批优秀创新人才的现实目标。尽管全面创新管理是针对企业的创新提出的，但对高校也同样适用。

（一）高校创新发展战略的制定为全面创新指明了方向

高校在战略措施的制定上，要找准切入点，突出特色，坚持特色办校，将有限资源用于战略性、关键性的发展领域，使之发挥最大的效用。高校的优势来源于管理者将内部所具有的专业特色优势、人才优势、学术科研成果、管理经验、资源和知识的积累、整体创新能力等多种因素整合。只有建立在现有优势基础上的战略，才会引导高校获取或保持持久的战略优势。推进特色办校战略，不仅在某一学科或专业上有特色，而且尽可能进一步在某一领域上有特色。

（二）创新文化的建设是实现高校全面创新的源泉

各种创新活动都离不开高校创新氛围，如果高校中人们的思想僵化，思路不清，机械、呆板，满足现状，不思进取，缺乏创新欲望、动机，对创新举动不予理睬甚至百般阻挠，就不可能形成强烈的创新氛围。据研究，国内外的一些著名高等学校，其保持长盛不衰的活力之源就是独特校风的延续和更新机制的存在。

（三）技术创新是实现高校全面创新的手段

现代信息技术对教师的学科知识结构及掌握现代化教育技术的程度也提出了更高的要求，引起教学方法和手段的现代化及课程内容的更新，影响教学过程和人才培养的过程，对高校学生的思维方式、行为模式、价值观念、政治倾向等都产生深刻的影响。

（四）创新制度设计是高校实现全面创新的保障

任何一个制度和政策设计的终极目标都是要最大限度地激发人的积极性。高校必须承认个人在知识发展中的独特性，建立"以人为本"的有利于学生创新思维、创新能力培养的管理制度，既有利于充分发挥学生的学习积极性，又有利于充分发挥教师的教学积极性。

（五）学习型组织是高校实施全面创新的必然选择

随着我国高等教育向大众化阶段的迈进，高校办学规模不断扩大，管理幅度和管理层次也相应增加，高校实际上已经成为一个复杂的组织系统，传统的金字塔式的组织结构已很难适应知识经济的要求。因此，应改变组织结构，建立一种有机的、高度柔性的、扁平的、符合人性的、能持续发展的、充分发挥员工的创造性思维能力的组织。

（六）全时空创新在高校学生管理中的应用

全时空创新每时每刻都在创新，使创新成为涉及学校各个部门和师生员工的必备能力，而不是偶然发生的事件。这就要求在课程体系中增加创新能力的训练和综合实践课程，提高学生在亲身实践中发现问题、解决问题的能力，进而激发灵感。同时，教师要更新教育观，转变教育思想，改变常规教学方法，把知识的最新成果及学术界正在争论的问题随时融入教学中，身体力行站在创新的最前沿。况且，在全球经济一体化和网络化的背景下，高校应该考虑如何有效利用创新空间，在全球范围内有效整合创新资源为己所用，实现创新的全球化，即处处创新。

（七）全员创新在高校学生管理中的应用

全员创新要求师生员工必须学习、学习、再学习，不仅要系统学习掌握基础的现代科学文化知识，而且要钻研某一专业方面的前沿领域，做到博与专、基础与特长的和谐统一，加强当前的阶段性学习，更要强调终身学习，不断增加新知识、新技能，保持良好的知识结构。高校学生管理人员再也不能像以往那样用传统的组织手段来指挥一群富有知识、渴望创造的教育工作者，必须不断探索高校学生管理中的新规律、新问题，研究现代化高校学生管理的新的方法论，寻求新形势下行之有效的管理方法，努力增强高校学生管理的科学性和艺术性，不断提高管理成效，用信息化管理方式取代传统管理方式，更要学习借鉴国内外先进的高校学生管理经验。

（八）全面协同在高校学生管理中的应用

正常的教学秩序需要稳定的教师队伍和部门之间的协同管理创新。目前，高校规模的不断扩大使高校学生管理创新呈现出纵向的多层次和横向的多部门性特点，并且相互依存。无论从高校教育和教学管理的主体还是从客体来看，都不可避免地会出现利益和要求的多元化局面。高校学生管理中的协同创新行为是高校多个部门创新的组合过程，必须让所有参与协同的部门了解当前高校组织创新的实际情况，这不仅有利于单个部门的创新，而且在创新的过程中能进一步增进相互的理解和信任，利用部门之间相互协同创新，增强高校的凝聚力，提高高校的管理效率和创新能力，最终实现解决矛盾，化解纠纷，消除内耗，达到整体创新的目的。

参考文献

［1］司马秀秀. 教育信息化背景下高校管理模式创新研究［M］. 延吉：延边大学出版社，2023.

［2］张燕，安欣，胡均法. 现代高校教育管理与教学创新研究［M］. 天津：天津科学技术出版社，2023.

［3］孙洋，杨瑞勋. 信息化时代教育技术的创新应用［M］. 北京：中国书籍出版社，2023.

［4］陈东梅. 新时代高校教育发展路径的研究［M］. 北京：北京工业大学出版社，2023.

［5］陈美中. 高校学术研究成果丛书：新时期高校管理问题研究［M］. 北京：中国书籍出版社，2023.

［6］同晓. 高等教育管理信息化建设［M］. 北京：中国商业出版社，2023.

［7］蒋尊国，蒋丽凤. 高校教育管理探究［M］. 长春：吉林出版集团股份有限公司，2023.

［8］赵小芳，张东，张辉. 大数据时代高校教育管理研究［M］. 天津：天津科学技术出版社，2023.

［9］郑小冬，李雅琳，张立立. 高校教育教学模式研究［M］. 长春：吉林出版集团股份有限公司，2023.

［10］宋环. 高校后勤服务与管理探究［M］. 沈阳：辽宁人民出版社，2023.

［11］吕韩飞，倪祥焕. 信息安全管理实务［M］. 大连：大连理工大学出版社，2023.

［12］王烨. 大数据时代高校教育管理研究［M］. 长春：吉林出版集团股份有限公司，2023.

［13］范良辰. 大数据环境下高校教育管理信息化改革研究［M］. 北京：中国原子能出版社，2022.

［14］李寿星. 高校学生教育管理创新研究［M］. 北京：化学工业出版社，2022.

［15］刘晶，刘玮. 高校教育教学与管理研究［M］. 长春：吉林摄影出版社，2022.

［16］唐华丽. 高校教育教学管理研究［M］. 长春：吉林文史出版社，2022.

［17］陈立娟. 信息技术下的高校教学资源应用与开发研究［M］. 哈尔滨：黑龙江科学技术出版社，2022.

［18］熊靖. 高校教务管理系统的研究与设计［M］. 北京：知识产权出版社，2022.

［19］杨婷婷. 高校教师教学能力发展与教育研究［M］. 长春：吉林摄影出版社，2022.

［20］姚丹. 高校教育信息化管理与学生管理工作［M］. 北京：中国纺织出版社，2021.

［21］梁丽肖. 教育信息化背景下高校管理机制探究［M］. 长春：吉林人民出版社，2021.

［22］卢保娣. 大数据时代高校教育管理及其信息化建设［M］. 长春：吉林大学出版社，2021.

［23］高健磊. 新时期高校管理与发展路径探索［M］. 北京：中国政法大学出版社，2021.

［24］李玉萍. 高校教师信息化教学能力发展研究［M］. 合肥：中国科学技术大学出版社，2021.

［25］吴爱萍. 高等教育的发展与管理实践［M］. 长春：吉林出版集团股份有限公司，2021.

［26］周非，周璨萍，黄雄平. 教育教学管理与素质培养研究［M］. 长春：吉林人民出版社，2021.

［27］徐玉婷. 新时期学生教育与管理工作研究［M］. 北京：北京工业大学出版社，2021.

［28］吴春笃，陈红. 新时代高校服务育人理论与实践［M］. 镇江：江苏大学出版社，2021.

［29］仇丹丹. 云技术及大数据在高校生活中的应用［M］. 天津：天津科学技术

出版社，2021.

[30] 陈民. 高校教育管理创新与实践 ［M］. 长春：东北师范大学出版社，2020.

[31] 常凤亮，齐元军. 高校教育管理创新与实践 ［M］. 长春：吉林大学出版社，2020.

[32] 解方文. 高校教育创新及其管理体系的建设 ［M］. 北京：经济管理出版社，2020.

[33] 孟冬妍. "互联网+"环境下的高校创新教育管理与研究 ［M］. 长春：吉林人民出版社，2020.

[34] 宋丽萍. 新媒体环境下高校学生教育管理工作创新研究 ［M］. 长春：吉林大学出版社，2020.

[35] 梅伟惠. 高校创业教育的组织模式与运行机制创新研究 ［M］. 杭州：浙江大学出版社，2020.

[36] 吕村，谭笑风. 高校教育管理与教学研究 ［M］. 长春：吉林文史出版社，2020.

[37] 刘常国，王松涛，宋华杰. 高校创新创业优质教育资源建设与实践研究 ［M］. 北京：北京工业大学出版社，2020.